O Direito Privado brasileiro na visão de
Clóvis do Couto e Silva

Conselho Editorial
André Luís Callegari
Carlos Alberto Molinaro
Daniel Francisco Mitidiero
Darci Guimarães Ribeiro
Draiton Gonzaga de Souza
Elaine Harzheim Macedo
Eugênio Facchini Neto
Giovani Agostini Saavedra
Ingo Wolfgang Sarlet
Jose Luis Bolzan de Morais
José Maria Rosa Tesheiner
Leandro Paulsen
Lenio Luiz Streck
Paulo Antônio Caliendo Velloso da Silveira
Rodrigo Wasem Galia

S586d   Silva, Clóvis Veríssimo do Couto e
       O Direito Privado brasileiro na visão de Clóvis do Couto e
Silva / Clóvis do Couto e Silva; org. Vera Maria Jacob de Fradera.
2. ed. rev. – Porto Alegre: Livraria do Advogado Editora, 2014.
       223 p.; 16x23 cm.
       ISBN 978-85-7348-912-5

       1. Direito Privado. I. Fradera, Vera Maria Jacob de, org. II. Título

CDU 347

       Índice para catálogo sistemático
Direito privado

(Bibliotecária responsável: Marta Roberto, CRB 10/652)

O Direito Privado brasileiro na visão de
Clóvis do Couto e Silva

Vera Maria Jacob de Fradera
(organizadora)

2ª EDIÇÃO
revista

livraria
DO ADVOGADO
editora

Porto Alegre, 2014

© Clóvis do Couto e Silva, 2014

Organização
Vera Maria Jacob de Fradera

Capa, projeto gráfico e diagramação
Livraria do Advogado Editora

Revisão
Rosane Marques Borba

Direitos desta edição reservados por
Livraria do Advogado Editora Ltda.
Rua Riachuelo, 1300
90010-273 Porto Alegre RS
Fone/fax: 0800-51-7522
editora@livrariadoadvogado.com.br
www.doadvogado.com.br

Impresso no Brasil / Printed in Brazil

Ao organizar esta segunda edição de textos seleciona-dos da obra do Professor Clóvis do Couto e Silva, rei-teramos os agradecimentos aqui consignados, quando da primeira edição desta obra, a todos os que contribuí-ram para a sua consecução, a começar por seus irmãos, Almiro e Paulo do Couto e Silva, ao Ministro Ruy Rosado de Aguiar Júnior, por suas importantes suges-tões, às bibliotecárias de nossa Faculdade, pela preciosa ajuda na busca dos textos, às vezes de difícil localização, à Direção da biblioteca do Ministério da Justiça, que, acionada pelo Ministro Ruy, colocou a nossa disposição precioso material referente à participação de Clóvis do Couto e Silva como membro da Comissão elaboradora do projeto de Código Civil brasileiro. À Livraria do Advogado Editora, na pessoa do senhor Walter Abel Filho, nosso penhorado agradecimento pela confiança em nós depositada para realizar esse trabalho.

Vera Maria Jacob de Fradera

Prefácio

Certa vez, observou-me o Prof. Clóvis do Couto e Silva que alguns juristas se caracterizam pela criação de obra sistematizada em cursos, tratados, compêndios; outros, pela produção de ensaios, estudos, artigos de periódicos, onde aprofundam o conhecimento de tema específico. O seu trabalho intelectual teve essa última feição. Embora manifestasse o propósito de reunir a tese de livre-docência ("A obrigação como processo"), o trabalho sobre responsabilidade civil, fruto de um curso ministrado na Universidade de Paris XII ("Principes fondamentaux de la responsabilité civile en Droit Brésilien et Comparé" – inédito), e uma terceira parte, ainda não escrita, sobre contratos, para compor um Curso de Direito das Obrigações, a verdade é que a sua produção intelectual, além daquela tese publicada em livro, está concentrada nos inúmeros trabalhos que nos deixou, divulgados em revistas nacionais e estrangeiras. Surpreendido pela morte precoce, no auge de sua realização como advogado, jurista e professor, ficaram a meio caminho seus projetos de sistematização da vasta produção científica e de implantação do Mestrado em Direito, na Universidade Federal do Rio Grande do Sul, ao qual dedicou o melhor de seus esforços e que pretendia ver como um ponto de excelência acadêmica. Era indispensável, portanto, que, dentre seus inúmeros discípulos, um deles assumisse o encargo de recolher o que fora escrito pelo mestre, classificar o material e cuidar da sua publicação, a fim de facilitar a consulta e garantir o acesso a trabalhos jurídicos do mais alto nível, que se incluem, com destaque, entre o que de melhor se escreveu no Brasil, nos diversos ramos do Direito Privado. Essa incumbência tocou à Profa. Vera Maria Jacob de Fradera, sua dileta aluna do curso de graduação e no Mestrado, que, com a sua competência e afanoso cuidado, resgatou uma dívida de todos nós.

A compilação de tudo o que foi escrito e deve ser republicado permitirá a edição de uma coletânea com mais de cinco volumes. Neste primeiro livro, sob o título "O Direito Privado brasileiro na visão de Clóvis do Couto e Silva", a organizadora selecionou, para a primeira edição, de 1997, treze trabalhos, vindos a lume em diferentes épocas, a maioria deles sobre Direito das Obrigações – versando sobre boa-fé objetiva, negócio jurídico, contratos de seguro e de *engineering*, responsabilidade civil – e, ainda, um de história do nosso Direito, outro sobre o direito real de hipoteca, escrito como membro da comissão encarregada de redigir o Projeto do Código Civil, que integrou juntamente com os Profs. Miguel Reale, José Carlos Moreira Alves e Agostinho Alvim, e um último sobre a composição dos litígios pela arbitragem, a respeito do que elaborou projeto de lei, a convite do Ministério da Justiça, ao tempo do Min. Paulo Brossard. Ao preparar a segunda edição, a ilustrada Organizadora decidiu incluir um precioso artigo sobre o conceito de empresa.

Esse conjunto serve bem para evidenciar as duas características que considero principais na obra de Clóvis Veríssimo do Couto e Silva: o profundo conhecimento do Direito Comparado e a modernidade do seu pensamento.

Graças ao domínio das línguas em que foi escrito o Direito dos povos ocidentais, teve acesso direto a todas as fontes importantes da cultura jurídica, que apreendeu com o brilho de sua inteligência, lucidez e prodigiosa memória, e cujo conhecimento lhe oportunizou inúmeros convites para ministrar cursos nas universidades da Europa, e lhe rendeu a amizade dos doutores Michael R. Will, na Alemanha, Paolo Grossi, na Itália, Camille Jauffret-Spinosi, Philippe Ardant e François Chabas, na França, Mário Júlio de Almeida Costa, na Argentina, Juan Dobson e Jorge Mosset Iturraspe, no Uruguai, Nuri Olivera e tantos mais, em tantos lugares. Esse seu apreço pelo Direito Comparado foi por ele mesmo explicado como uma inclinação dos juristas brasileiros e portugueses, "em argumentar com as opiniões de autores e textos estrangeiros do Direito nacional", o que nos veio da necessidade de utilização do Direito subsidiário para suprimento das lacunas das Ordenações; primeiramente, pela aplicação do Direito Romano e do Canônico e, no que fossem omissos, pelas glosas de Bartolo e Acursio, e, depois da Lei da Boa Razão (1769), pelas regras do Direito Romano conformes com a boa razão e pelo Direito estrangeiro. O seu conhecimento sobre as instituições jurídicas de diferentes nações lhe permitiu, por exemplo, identificar, na teoria da "quebra positiva do contrato" de H. Staub, a aplicação no Direito germânico do conceito da *common law* de *anticipated breach of contract*, e apontar as semelhanças entre os instrumentos jurídicos adotados pelos diversos sistemas, quando trataram de regulamentar a mobilização da riqueza imobiliária.

Outro aspecto que ainda desejo realçar, na obra desse excepcional jurista, que ocupou, junto com alguns poucos, a primeira linha dos nossos cientistas do Direito, é o fato de ele ter trazido para o debate nacional, com anterioridade de décadas, questões das mais relevantes para o Direito Civil, que somente muito mais tarde despertaram o cuidado dos estudiosos, estando algumas delas ainda hoje a merecer a devida atenção. Refiro-me, entre os temas que compõem esta edição, à boa-fé objetiva, à teoria sobre a alteração da base do negócio, ao contrato de *engineering* e à responsabilidade alternativa.

Partindo de uma ideia inovadora a respeito da própria relação obrigacional, vista na complexidade e no dinamismo de um processo, e concebendo o Direito como um sistema aberto, percebeu claramente a mudança do eixo do Direito Obrigacional, que se deslocou do princípio da autonomia da vontade para reconhecer, no princípio da boa-fé, uma fonte autônoma de direitos e de obrigações. Enquanto a doutrina e os nossos tribunais mantinham seu apego à concepção tradicional de obrigação, amparados na obra de Clóvis Beviláqua, cujo Código silenciou sobre a boa-fé e, no desapreço dos pandectistas pelos conceitos indeterminados, o Prof. Clóvis do Couto e Silva sustentava a possibilidade da utilização do conceito da boa-fé objetiva no Direito brasileiro, "por ser um princípio considerado fundamental, ou, essencial, cuja presença independe de sua recepção legislativa". Somente com a sua acolhida, como fonte criadora de direitos e deveres, atuando ativamente, é que se teria a exata compreensão da natureza jurídica das obrigações que resultam das tratativas e dos atos existenciais; ainda através dele, na sua atuação negativa e impeditiva, ao valorizar a lealdade e a ética nas relações, é que se encontra fundamento para impedir o exercício abusivo de certas pretensões, como ocorre com a preclusão antecipada, resultante da longa inação do credor, ou para negar a resolução do contrato, quando houver o adimplemento substancial. Foi Clóvis do Couto e Silva o primeiro a versar esses temas entre nós, e suas lições são de atualidade cada vez maior.

Essa mesma preocupação com a nova realidade do Direito Privado é que o levou a escrever sobre o contrato de *engineering*, ponto de referência obrigatória para quem estudar o assunto, e a abordar o tema da responsabilidade, inclusive moral, com a profundidade exposta nos trabalhos constantes desta coletânea, onde se destaca o artigo sobre a responsabilidade alternativa. Escreveu sobre a empresa muito antes de o Código Civil de 2002 dedicar um Livro ao direito de empresa, e sua lição contribui para a compreensão do novo diploma.

Os textos aqui compilados justificavam essa edição, e faço votos de contarmos, em breve, com a sua continuidade, para satisfação de tantos quantos se dedicam ao estudo do nosso Direito.

Brasília, abril de 2014.

Ruy Rosado de Aguiar Jr.

Sumário

1. O Direito Civil brasileiro em perspectiva histórica e visão de futuro.............11

2. O princípio da boa-fé no Direito brasileiro e português............................31

3. Teoria da causa no Direito Privado...57

4. Negócios jurídicos e negócios jurídicos de disposição............................71

5. A teoria da base do negócio jurídico no Direito brasileiro.........................87

6. O seguro no Brasil e a situação das seguradoras...................................95

7. Contrato de *Engineering*..111

8. A hipoteca no Direito comparado..131

9. O juízo arbitral no Direito brasileiro...169

10. Dever de indenizar...183

11. O conceito de empresa no Direito brasileiro..207

— 1 —

O Direito Civil brasileiro em perspectiva histórica e visão de futuro[1]

Conferência proferida na Faculdade de Direito da Universidade de Florença em 6.5.86, na qualidade de Professor visitante, a convite do *Centro di Studi per la Storia del Pensiero Giuridico Moderno*.

Sumário: 1.1. Introdução; 1.2. O centralismo jurídico e o Direito brasileiro; 1.3. A descentralização jurídica e a ideia de código; 1.4. Conclusão.

1.1. Introdução

Para conhecer a situação atual de um sistema jurídico, ainda que em suas grandes linhas, é necessário ter uma ideia de seu desenvolvimento histórico, das influências que lhe marcaram as soluções no curso dos tempos. De outro modo, ter-se-á a justaposição de soluções jurídicas, sem que se defina sua estrutura íntima. Convém, assim, examinar a posição do Direito de determinado país em face dos Códigos mais influentes, e, nesse caso, não haverá dúvida de que a questão é a de saber em que medida o Direito Privado brasileiro, especialmente o Código Civil brasileiro, sofreu influência do Código Napoleônico, ou do Código Civil germânico de 1900, levando-se em conta o fato de que ele foi publicado em 1916.

Conviria ressaltar que a maioria dos Códigos latino-americanos sofreu profunda influência do Direito francês – e não poderia ser diversamente – porquanto eles foram editados antes de 1900. Não se pode, porém, dizer que tenha sucedido o mesmo com o Direito brasileiro. Não é, entretanto, difícil estabelecer as razões pelas quais o Direito Civil brasileiro manteve-se imune à influência do Código Napoleônico, ao contrário do que sucedeu com o Código Comercial de 1850, que sofreu forte influência do Código Comercial francês de. 1808. A razão principal está no fato de terem vigorado no País as

---

[1] Artigo publicado: Revista dos Tribunais n° 628, 1988; Revista Ajuris n° 40, 1987; Revista de Informação Legislativa n° 97, 1988.

Ordenações Filipinas, com as suas leis complementares que, no curso do século, se publicaram, tendo-se na devida conta que esse corpo legislativo esteve em vigor em Portugal desde 1603 até 1867; e, no Brasil, até a entrada em vigor do Código Civil brasileiro, em 1916 – portanto, por mais de 300 anos.

A primeira questão – que dá originalidade ao Direito Civil brasileiro – é o fato de não havermos adotado ou recebido em extensa medida – pois recepção de ideias ou métodos como os da Escola da Exegese sempre há de ter existido – o Código Civil francês, tendo em vista a sua importância em confronto com a doutrina do Direito Comum.

A razão pode residir no fato de não havermos tido no século XIX uma revolução como ocorreu na Itália com o *Risorgimento*, que favoreceu, decerto, a adoção de ideias do Código Civil francês no Código de 1865. Os juristas brasileiros anteriores à independência do Brasil eram todos praxistas, preocupados com a aplicação no foro dos princípios das Ordenações e suas leis complementares ou extravagantes. Com a Independência do Brasil, em 1822, ocorreu o oposto: surgiram verdadeiros juristas, especialmente Teixeira de Freitas. A própria Constituição de 1824, Constituição Imperial, havia determinado, em seu art. 179, XVIII, que se organizasse "um Código Civil e Criminal, fundado nas sólidas bases da justiça e da equidade".

Para se ter uma ideia a respeito do Direito atual brasileiro seria, talvez, necessário dividir o trabalho em duas partes. Uma em que se expusesse a situação do Direito português e do brasileiro até a entrada em vigor do Código Civil brasileiro, e depois os progressos que a partir daí ocorreram. Numa primeira parte, poder-se-ia examinar o desenvolvimento histórico do Direito brasileiro, especialmente a sua posição em face do Código Napoleônico. Depois, seriam estabelecidos os princípios do Direito Privado brasileiro atual, designadamente a orientação do projeto do Código Civil brasileiro no pertinente à Propriedade, Direito de Família e Direito Contratual, ainda quando dele não se desenhe mais do que uma simples visão geral.

1.2. O centralismo jurídico e o Direito brasileiro

A particularidade mais importante do Direito Civil brasileiro é o seu desenvolvimento orgânico, sem acidentes notáveis, desde o período rei nícola até os nossos dias. A razão de ser para esse desenvolvimento pode ser encontrada no centralismo jurídico vigorante a partir das Ordenações Manuelinas e o Direito Romano, que se infundiu nessa legislação e no Direito subsidiário, que se deveria aplicar nas suas lacunas. Por isso, uma questão é sempre importante: por que não se recebeu no Brasil o Código Civil Napoleônico, como sucedeu, p. ex., no Código italiano de 1865 e, em boa medida, no Código Civil português de 1867 e em certas regiões da Alemanha antes de sua unificação? Quais as causas dessa imunidade, quando outros países de grande tradição jurídica – e a Itália mais do que qualquer outro – não puderam evitar, ou, até mesmo, desejaram receber, além das classificações, os princípios gerais constantes no Código Napoleônico?

No século XIX, nenhum Direito igualara a extraordinária influência do Código Civil Napoleônico. Para esta influência, convergiram dois elementos fundamentais: a excelência mesma de seus princípios, a sua modernidade e o prestígio cultural da França. Qual desses dois fatores terá prevalecido, será difícil dizer. Ambos parecem ter sido igualmente fortes. É ainda um capítulo aberto o fato de a excelência de um Código se constituir no fator primordial de sua recepção; ou se o prestígio cultural – e atualmente político e econômico – das nações hegemônicas não é, só por si, fator de transferência de suas soluções jurídicas e de sua peculiar metodologia.

A partir das Ordenações Afonsinas, Portugal passou a contar com uma legislação unitária e centralizada. A filosofia que impregnou as Ordenações a partir das primeiras, as Afonsinas (1446 ou 1447), foi a de coordenar a legislação, dar-lhe a unidade – ao mesmo tempo em que se manifestou a decadência do Direito local e consuetudinário – mantida pelas posteriores Ordenações Manuelinas e Filipinas. O centralismo é, assim, um fenômeno antigo no Direito português, não havendo lugar para a discussão a respeito da superioridade do Direito costumeiro ou local, pois o Direito Romano não foi apenas o inspirador da legislação geral portuguesa, mas também importante fonte subsidiária.[2]

No século XV, é notável a dispersão das leis; em face disso, cresceu de pronto a necessidade de se consolidarem as disposições vigentes, o que veio a suceder com as Ordenações Afonsinas. Essas Ordenações eram divididas em cinco livros, e no Livro IV está toda a matéria de Direito Civil. Nele estão disciplinados os contratos de aforamento e arrendamento; o regime de mercadores estrangeiros; fretamento de navios; a celebração dos contratos; direitos dos cônjuges e das viúvas; a usura; contrato de trabalho; compra e venda; sucessão, incluindo os testamentos tutela e curatela; fiança; doação; locação; parceria rural; regime de terras e prescrição.

Este é o núcleo inicial no qual se compendiam – sem sistema, é verdade – os principais modelos que se irão manter, com modificações profundas, é certo, até nossos dias. Assim, as disposições de Di-

---

[2] V. Almeida Costa, *Apontamentos para a História do Direito*, Lisboa, 1979, p. 473 e 485.

reito Romano, colhidas nas fontes ou nas Leis das Sete Partidas – lei castelhana que foi Direito subsidiário antes das Ordenações – os costumes do Reino e as decisões dos tribunais passam a constituir Direito escrito e a ser aplicados normativamente.

A razão estava em que o estudo que se fazia na Universidade de Coimbra era de Direito Romano e Canônico e, nos corpos administrativos das Chancelarias, como sucedia em toda a Europa, encontravam-se pessoas com essa formação.

Por isso, já nas Ordenações Afonsinas, a influência do Código de Justiniano não poderia deixar de ser muito grande. À sua vez, a consolidação das regras num código – inclusive os costumes – enfraqueceu as que não foram incluídas nas Ordenações. Em razão disso, operou-se um fato peculiar com enormes consequências no futuro: o centralismo jurídico português, que se instaura ao tempo dos descobrimentos e que as caravelas civilizadoras levaram consigo para os mais diversos pontos do mundo. Mas, ainda assim, essas Ordenações, embora constituíssem Direito pátrio em vigor, não eram estudadas na Universidade de Coimbra até que sobreviesse, com o Iluminismo, a reforma do Marquês do Pombal da Universidade de Coimbra, em 1772.

Houve prevalência absoluta do raciocínio segundo o Direito Romano, que era, aliás, juntamente com o Direito Canônico, Direito subsidiário, isto é, o conjunto de regras aplicáveis quando a espécie não estivesse prevista nas aludidas Ordenações. É curioso observar que, em Portugal, houve, na Idade Média, decerto um regime senhorial, mas não a prática de contratos feudo-vassálicos, razão por que muitos autores negam a existência do feudalismo.[3]

Em razão desse centralismo, não obteve sucesso o que Walter Ullmann denomina de *ascending conception of government and law*, em que o Direito se encontra no próprio povo, resultando desse fato a responsabilidade dos órgãos que o exercem, como seus delegados. A outra concepção é a de o poder promanar do rei, não tendo o povo nenhuma participação relevante, *descending conception of government or law*.[4] No Direito português, prevaleceu a "tese descendente" a

---

[3] V. Marcello Caetano, *História do Direito Português*, Lisboa-São Paulo, 1981, p. 149-176. Nunca houve no Direito português, p. ex., algo semelhante à Magna Carta, em que é evidente a característica feudal do pacto, porquanto o rei se obriga em face dos barões e enfraquece, com isso, o poder real (Walter Ullmann, *Principles of Government and Politics in the Middle Ages*, Londres, 1966, p. 171).

[4] Walter Ullmann, ob. cit., p. 20 e ss. O Direito Público português conheceu a *Curia Regis* ou as Cortes, como passaram a ser denominadas. Embora fossem relevantes as suas funções no curso dos tempos (v. especialmente Marcello Caetano, *Subsídios para a História das Cortes Portuguesas*, Lisboa, 1961, e *História...* cit., p. 475-480, em que se enumeram as ementas das reuniões das Cortes, no reinado de D. João I e D. João II, de 1387 a 1490), não tinham elas a mesma função legislativa do Parlamento inglês.

partir das Ordenações Afonsinas, ao contrário do que sucedeu no Direito inglês, em que o fundamental era *la ley de la tierra*, em cuja feitura participavam o rei, os nobres, o clero, toda a comunidade do reino. Dessa diferença notável resultaram consequências importantes no estudo do Direito (os *Inns of Court* do Direito inglês), e, em Portugal, a manutenção, por largo espaço de tempo, do Direito Romano e do Canônico; e deram lugar às concepções sistemáticas que viriam séculos após.

No sentido de manter íntegro o sistema de Ordenações, as lacunas eram preenchidas pela aplicação do Direito Romano e do Canônico e, no que fossem omissos, pelas glosas de Acursio e Bartolo, salvo se fossem contrárias à *communis opinio doctorum*.

Por isso, afirma Guilherme Braga da Cruz que "a atribuição de valor normativo em Portugal à Glosa Magna de Acursio e às opiniões de Bartolo, a título de Direito subsidiário – e que vai durar até o século XVIII, 1769 – representa, que saibamos, um caso singular no quadro dos Direitos europeus. Apenas em Itália há notícias de a glosa de Acursio, mas não a obra de Bartolo, ter sido mandada aplicar subsidiariamente pelos estatutos da cidade de Verona".[5] Essa disposição proveio da Carta Régia de 18.4.1426, anterior ainda às Ordenações Afonsinas, que D. João I dirigiu ao Conselho de Lisboa.

A afirmação serve para demonstrar que o apreço pelos textos do Direito Romano foi sempre uma característica do Direito português e, depois, do Direito brasileiro, ao ponto de determinar-se, de modo normativo, a sua aplicação, sempre mais importante e ampla, tendo em vista que as Ordenações, inclusive as Filipinas, continham inumeráveis lacunas. É certo que, a partir de 1769, com a Lei da Boa Razão, foram suprimidas as aplicações subsidiárias de Acursio e Bartolo e só foram aplicadas as soluções do Direito Romano conformes com a boa razão. O Direito subsidiário, que não deixou de existir, em razão de as disposições do Livro IV das Ordenações, que regulavam o Direito Privado, possuírem muitas lacunas, passa a consistir primeiro na utilização frequente dos autores do *usus modernus pandectarum*, Struve, Stryk, Böhmer, Leyser e Heinecius,[6] e, depois, na aplicação do Direito estrangeiro, no século XIX, especialmente o Código Civil francês e o

---

[5] Guilherme Braga da Cruz, *O Direito Subsidiário na História do Direito Português*, Coimbra, 1975, nota 56, p. 221; Nuno Espinoza Gomes da Silva, *História do Direito Português*, Lisboa, s/d, p. 341 e ss.; Almeida Costa, "La présence d'Acurse dans l'historie du Droit portugais", *in Atti del Convegno Internazionali di Studi Acursiani*, v. 2/1.055 e 1.056, Milão, 1968; Pontes de Miranda, *Fontes e Evolução do Direito Civil Brasileiro*, Rio, 1981, § 4°, p. 34-41; Karl Heinsheimer, "Das Zivilgesetzbuch und die Soziale Entwicklung, Entstehung und Einheit Brasiliens", *in Die Zivilgesetze der Gegenwart*, v. III/20-38, Manhein, Berlim, Leipzig, 1928.

[6] V., por último, Mário Reis Marques, "Elementos para uma aproximação do *usus modernus pandectarum*", *in Boletim da Faculdade de Direito de Coimbra*, v. LVIII/813.

Código Geral da Prússia. Ainda quando não se tenha feito um exame da prevalência dos Códigos estrangeiros em época anterior à edição do Código Civil de 1867, não parece desarrazoado pensar que a primazia deve ter competida ao Código Civil francês, embora se deva admitir a importância do Código Geral prussiano. Para isso colaborou a circunstância, enfatizada por muitos, de ser o Código Napoleônico o Código da burguesia, que recolhe certas exigências da Revolução que não eram diversas do *Tiers État*, especialmente a da igualdade de todos perante a lei, podendo concluir-se, sem dificuldade, que o Código Civil é o representante mais genuíno do espírito francês, penetrando nos costumes, na sua vida cultural e literária. Há, por igual, outra particularidade: o Código Civil português é de 1867 e nele não se vislumbra a influência dos autores do Direito Comum mais recente, como Savigny. A reforma do Direito português, com a supressão do método da exegese e o exame da doutrina mais moderna europeia, especialmente a germânica e a italiana, começa bem mais tarde, na viragem do século XIX, com Guilherme Alves Moreira.[7]

Com a Independência do Brasil, em 1822, não se instituiu a República; manteve-se a Monarquia, e o Patriarca da Independência, José Bonifácio de Andrada e Silva, era licenciado pela Universidade de Coimbra na Faculdade de Leis e na de Filosofia, onde se cultivavam as Ciências Naturais, tornando-se, inclusive, um mineralogista ilustre nos fins do século XVIII, e não tinha nenhuma simpatia pela Revolução Francesa e, decerto, pelo seu Código Civil.

Mesmo que o Código Civil francês haja tido uma influência sem paralelo, porquanto, como salienta Hattenauer, seus colaboradores trabalharam com espírito de missão, uma vez que o Código deveria servir ao mundo todo, conferindo a todos os homens a igualdade e a liberdade no campo do Direito Civil,[8] ainda assim muitos juristas prefeririam, ao invés da recepção de ideias do Código Napoleônico, a adoção como código do *System des heutigen römischen Rechts*, de Savigny. Para isso basta lembrar Federico Del Rosso, professor da Universidade de Pisa, que afirmou não haver necessidade de nenhum outro Código; o *Sistema* de Savigny seria o verdadeiro Código: "Ecco il vero Codice".[9] Nesse grupo de juristas conservadores, sem os excessos de Federico

---

[7] Nuno Espinoza Gomes da Silva, "A Ciência do Direito no último século em Portugal", *in* Rotondi, *Inchieste de Diritto Comparato*, 1972, p. 547-566.

[8] Hattenauer, *Die geistgeschichlichen Grundlagen des deutschen Rechts zwischen Hierarchie und Demokratie*, Heidelberg, 1980, n. 162 (trad. espanhola de Macias Picavea, Madri, 1983, p. 81 e ss.).

[9] V. Filippo Ranieri, "Savigny e il dibattito italiano sulla codificazione nell'Età del Risorgimento", *in Quaderni Fiorentini* 9/365, Milão, 1980; sobre Federico Del Rosso, v. Paolo Grossi, "Tradizioni e modelli nella sistematizacioni post-unitaria della proprietà", *in Quaderni Fiorentini* 5-6/215, Milão, 1976-1977.

Del Rosso, deve-se incluir Teixeira de Freitas,[10] um grande espírito sistemático, que, como advogado, teve de voltar-se, desde cedo, para a prática do Direito; e, por esse motivo, pôde com segurança publicar, em 1857, a sua monumental *Consolidação das Leis Civis* e, mais tarde, o *Esboço de Código Civil Brasileiro*, que se começa a publicar em 1860.

Sem muita demora, Teixeira de Freitas tomou conta da cena jurídica brasileira, e com ele ganham corpo muitas ideias inspiradas em Savigny. Nesse ponto, o Direito brasileiro separou-se, em verdade, do de Portugal, combinando novas influências, sendo a mais importante delas a de Savigny, decerto o maior jurista do século XIX. Vale registrar que a teoria da posse de Savigny foi por ele adotada, conforme diz Teixeira de Freitas em sua *Consolidação das Leis Civis*, e, mais tarde, quando realiza o Esboço, é visível essa sua influência dos modelos que ele faz incluir em sua "Parte Geral". Porém, houve setores em que concepções do Direito francês ingressaram no Direito Civil. Em sua *Consolidação das Leis Civis*, um verdadeiro código em sua aplicação, Teixeira de Freitas traz à colação a orientação do Código Comercial brasileiro de 1850, que não foi imune às ideias do Direito Privado francês.

Dos seus estudos resultaram duas ideias extremamente importantes para Teixeira de Freitas, e que o levaram à celebridade.

A primeira, a da necessária inclusão, num código, de uma parte geral em que os conceitos de pessoa, bens e fatos jurídicos, que deverão vigorar em todo o Direito, fossem claramente disciplinados, como depois se veio a fazer no Código Civil alemão. A outra foi a da unificação das obrigações civis e comerciais. Essas duas ideias sistemáticas tiveram uma repercussão na história recente do Direito brasileiro e, de certo modo, inauguraram um debate que perdura até nossos dias. É oportuno lembrar que a aludida unificação se operou no Código suíço das Obrigações, de 1912, e no Código italiano de 1942. O Código Civil brasileiro, obra de Clóvis Beviláqua, contém uma Parte Geral, mas o Direito das Obrigações civis e comerciais permanece separado. A influência do Direito germânico cresce no Direito brasileiro com a orientação que lhe deu Tobias Barreto, conhecida sob a denominação de *Escola de Recife*.[11] O Código Civil brasileiro recebe em grande medi-

---

[10] Pode parecer paradoxal, mas a influência de Savigny não levou Teixeira de Freitas a recusar a ideia de codificação, como sucedeu com muitos, especialmente com Federico Del Rosso. Ao contrário, Teixeira de Freitas, em seu *Esboço de Código Civil*, adotou conceitos de Savigny, representativos do Direito Romano, do *heutiges römisches Recht*; isto deve ter resultado do fato de Portugal estar vivendo por longo espaço de tempo sob uma codificação, as Ordenações.

[11] Sobre a influência da Escola de Recife v., por último, Mário Losano, "La Scuola di Recife e l'influenza tedesca sul Diritto brasiliano", *in Materiali per una Storia della Cultura Giuridica, Raccolto da Giovanni Tarello*, v. IV/323-415, Bolonha, 1974.

da estas novas ideias, pois seu autor era um dos corifeus dessa orientação cultural.

O projeto de Clóvis Beviláqua, de que resultou o Código Civil brasileiro, é obra de cunho doutrinário, de um professor de Direito, regente da cadeira de "Legislação Estrangeira", como então se denominava o Direito Comparado. Nele mesclam-se muitas influências, não só jurídicas como filosóficas.

Não fazia muito, em 1889, um movimento revolucionário extinguira a Monarquia e instaurara a República. A filosofia dominante na República era o Positivismo de Augusto Comte, decorrendo daí a separação da Igreja e do Estado, que passa, assim, a legislar a respeito da família e do casamento, o que veio a suceder com a Lei nº 180, de 1891, exarando princípios que vieram a integrar o livro do Direito de Família no Código Civil brasileiro.

A influência positivista era dominante, não havendo sinais de nenhuma orientação marxista, sendo interessante anotar que, em muitos países, especialmente na Europa Central, o positivismo foi vigorosa barreira ao desenvolvimento das ideias marxistas.[12]

Se examinarmos os institutos básicos do Código Civil brasileiro de 1916, veremos que ele é um dos melhores Códigos do século XIX, ainda quando publicado no século XX.

As noções de propriedade, família e contratos são, ainda, as da última fase do Direito Comum, pois o Código Civil germânico publicado em 1900 não foi considerado durante o período de tramitação do Código Civil, e poderia ter sido, pois ele somente foi publicado em 1916.

As restrições ao direito de propriedade, as concepções mais modernas a respeito da família e dos contratos, não eram ainda conhecidas, porquanto talvez não houvessem elas ainda sido adotadas em termos legislativos, o que veio a suceder, em geral, após 1918. A família era eminentemente patriarcal; o divórcio não era admitido, não tanto por influência da Igreja Católica, mas sobretudo por força das ideias de Augusto Comte. A propriedade era compreendida segundo a tradição liberal, e as poucas restrições que dela decorriam provinham do direito de vizinhança. O Direito Contratual tinha sua fonte na autonomia da vontade, não se levando em conta o aparecimento dos denominados "contratos de adesão", como os denominou Raymond Saleilles ao verificar que a autonomia concreta das partes havia diminuído extraordinariamente por força da desproporção do poder

---

[12] V. Lucjan Blit, *The Origins of Polish Socialism*, Cambridge, 1971, p. 17: a condenação do marxismo provinha do fato de ser contrário "to the scientific laws governing the economic and social life of modern nations".

de discutir as cláusulas contratuais existentes entre elas. Também a doutrina da cláusula *rebus sic stantibus* não fora adotada, e o meio econômico não a poderia exigir. Numa economia agrária, com moeda estável, não haveria por que sugerir-se a adoção dessa cláusula, vigorante apenas em épocas de crise.

A responsabilidade civil era, salvo raras exceções, que provém do Direito Romano, fundada na culpa. Estava-se ainda no início do século, e nem se pensava na responsabilidade fundada no risco. Entretanto, na Prússia, uma legislação de 3.11.1838 (§ 25) cuidou de casos em que a responsabilidade por risco poderia ter maior abrangência, especialmente com o desenvolvimento das vias férreas.[13] Em 1912, foi editado o Decreto-Lei nº 2.681, que instituiu entre nós a responsabilidade objetiva para esse tipo de transporte. Considerada apenas um *topos*, localizado em setor específico, essa nova situação não foi considerada no Código Civil, que a ela não se referiu.

Em suma, o centralismo jurídico teria de levar, inelutavelmente, à ideia do código, no seu sentido tradicional e positivista, como algo que incorpore em seu universo a totalidade normativa de um país. Em razão dessa situação peculiar foi possível manter, num País com as dimensões do Brasil, uma uniformidade de aplicação do Direito desde a época do descobrimento até nossos dias.

E o Direito Positivo foi, na generalidade dos casos, aplicado às mais diversas regiões e etnias, sem que houvesse necessidade de recorrer-se ao denominado *group rights*, como sucedeu em algumas nações, talvez porque na colonização portuguesa a miscigenação foi elemento civilizatório de elevada importância.

Há autores que sustentam que, sem as instituições específicas do feudalismo inglês, não se poderia compreender nem o seu sistema constitucional nem a Constituição americana,[14] pois seriam decorrên-

---

[13] V. Michael R. Will, *Quellen eröhter Gefahr*, Munique, 1980, p. 2 e ss.

[14] Sidney Painter, *Feudalism and Liberty*, Baltimore, 1961, p. 253; Walter Ullmann, *Individual and Society in the Middle Ages*, Baltimore, 1966, p. 68. É uma curiosidade a verificação de que, instaurada a República no Brasil, foi, pouco depois, promulgada a Constituição Republicana de 1891, que "recebeu", em grande medida, princípios da Constituição americana de 1787. Entre esses princípios, "modelo interno", estavam o Federalismo, a separação de Poderes e o controle constitucional das leis e atos do Poder Executivo pelo Poder Judiciário. Ocorreu, porém, que prevaleceu na redação desses princípios, na construção de seu "modelo externo", uma técnica analítica – pode-se dizer romanística – e não a forma sintética da Constituição americana. Na aplicação pendeu-se para o modo interpretativo peculiar ao Direito Privado, em que a norma se constitui como limite à função hermenêutica – sob pena de infringir-se o princípio da separação dos Poderes – e não o seu início. Aplicou-se, assim, a Constituição com as técnicas hermenêuticas do Direito Privado (v. Clóvis do Couto e Silva, "As idéias da Constituição de 1891", *in RDP* 55/54-60, 1980). Em consequência, não foi o Direito Civil absorvido pelas técnicas interpretativas do Direito Constitucional americano; mas o Direito Público foi aplicado segundo técnicas do Direito Privado, fruto da grande *vis attractiva* desse setor do Direito.

cias da *ascending conception of government and law*. O certo é que a aplicação de cada princípio produz consequências diversas, atendendo às situações peculiares em que ele se insere.

O "centralismo jurídico" levou à codificação e à unidade nacional. É difícil saber o que teria acontecido com a aplicação simultânea da *ascending conception of government and law*; como se teria obtido um equilíbrio na aplicação de princípios tão divergentes, no curso de nossa história, que é, em grande medida, a história de Portugal?

É preciso considerar que desde cedo no Direito inglês se constituiu um "estamento de juristas" que se tornou depositário do Direito, sem o que não se teria operado o desenvolvimento orgânico da *Common Law*.

Por fim, o Direito subsidiário, no longo espaço de tempo em que foi praticado, especialmente a partir da Lei da Boa Razão, fez com que muitos juristas observassem com interesse as ideias dos juristas e das legislações estrangeiras, porquanto a solução do caso dependia da "descoberta" da opinião do autor que, em face do caso concreto, representasse a *recta ratio*. A "boa razão" consistia, principalmente, segundo o § 9º da lei de 18.08.1769, "nos primitivos princípios que contêm verdades essenciais, intrínsecas, inalteráveis, que a ética dos mesmos romanos havia estabelecido e que os Direitos Romano e Natural formalizaram ...".

Guardadas as proporções, eram esses princípios, como se vê, uma "cláusula geral", permitindo que a jurisprudência agisse com maior liberdade.

Ficou, de tudo, o gosto – maior, talvez, em Portugal que no Brasil, e ainda em pleno vigor em nossos dias – em argumentar com as opiniões de autores e textos estrangeiros em confronto e complementação do Direito nacional.

Esse intercâmbio de ideias pode ser considerado como uma permanente recepção do Direito estrangeiro, com o que se supera o fatal imobilismo dos códigos.

1.3. A descentralização jurídica e a ideia de código

O aspecto característico do Direito Privado atual reside na progressiva edição de leis especiais, não raro contendo regras de Direito Material e Processual. Por isso, conviria examinar o que sucedeu no Direito brasileiro após a edição do Código Civil de 1916 no pertinente ao Direito de Propriedade, ao Direito de Família e ao Direito Contratual, indicando as principais modificações. Elas põem novamente em discussão a ideia de código como o universo das normas em vigor em determinado momento. Assim, apenas havia sido publicado o Código Civil brasileiro, quando foi editada a Constituição de Weimar, que, em seu art. 153, entre outras regras, exarou um princípio que se iria tornar célebre, *Eigentum verpflichtet*, "a propriedade obriga". Não foi fácil estabelecer o seu significado. Por um lado, porque o Direito Constitucional e o Direito Civil eram considerados territórios autônomos, incomunicáveis, consequência natural da separação nítida entre o Estado e a sociedade, própria à concepção liberal então dominante; por outro, porque vigorava uma neutralidade valorativa que definia o Direito Privado.

Em obras notáveis, Paolo Grossi tem analisado as concepções da propriedade no Direito medieval e moderno. Numa polêmica com Scozzafava a respeito das concepções de Pothier sobre a propriedade e a questão da propriedade em sentido moderno, adverte: "A propriedade tinha conteúdos diversos, segundo a finalidade dos bens: com a relação às coisas imóveis, a propriedade de um bem alodial e de uma *tenure* são realidades bem diversificadas; e no interior desta última não estão, decerto, no mesmo plano a propriedade do vassalo, do *censitaire*, do *champartier*. A unidade jurídica é, em 1771, algo que ainda pertence ao futuro, e será a Revolução que a realizará, transformando tudo em bem alodial, reduzindo tudo à propriedade alodial".[15]

Denomina-se essa unidade jurídica de neutralidade valorativa, fruto da excessiva generalização e da perda do conteúdo empírico da noção de propriedade. E assim perdurou por dilatado espaço de tempo, durante todo o século XIX, até que o conceito de propriedade se vinculou a valores que começaram a ser inscritos nas Constituições, conferindo-lhe um forte sentido social.

Quando o art. 153 da aludida Constituição de Weimar exarou o princípio de que "a propriedade obriga", dando expressão a uma ideia ainda informe, mas vigorante no mundo social, Martin Wolff assinalou que se tratava de um princípio tradicional do Direito germânico.[16] Este princípio deveria servir como uma diretiva para adequar as de-

---

[15] Paolo Grossi, "Un paradiso per Pothier", *Quaderni Fiorentini* 14/439, Milão, 1985.

[16] Martin Wolff, "Reichsverfassung und Eigentum", in *Festgabe der Berliner Juristichen Fakultät für Wilhelm Kahl*, Tübingen, 1923, p. 8. Mas há autores, como Werner v. Simson ("Das Eigentum Jenseits von Martin Wolff", in *Festschrift für Ernst von Caemerer*, Tübingen, 1978, p. 241-254), que consideram a posição de Martin Wolff demasiadamente positivista, porque, no fundo, estaria ainda vinculada ao conceito de coisa, conforme a definição do BGB (§§ 903 e 905). Pretendem alguns autores que, ao modelo da *Common Law*, a tutela da propriedade deveria abranger todos os interesses e expectativas legítimas, como sucede, em grande medida, com a tutela constitucional da propriedade, que não se restringe ao conceito de propriedade conforme o Direito Civil. Será, porém, difícil considerar como propriedade, em termos de Direito Civil, todas as espécies de *property rights*, atendendo a peculiar estrutura do direito de propriedade no campo do Direito Privado, e não apenas à sua eficácia (v. W. Fridmann, *Law in a Changing Society*, Berkeley, 1959, p. 66 e ss.).

cisões às necessidades dos novos tempos. Em suma, segundo Martin Wolff, "do aludido princípio resultaria para todo e qualquer direito subjetivo, e não apenas para o de propriedade, uma dupla obrigação para o seu titular: o dever de exercer o direito se for de interesse público que ele seja exercido e não fique paralisado; e o dever de exercer o direito de uma forma que satisfaça ao aludido interesse público".

Acresce, ainda, que o princípio "a propriedade obriga" tem, ademais, o significado de que o "patrimônio obriga", para concluir que nesta última fórmula vive, concomitantemente, uma fração do postulado revolucionário da fraternidade.

Assim, a concepção moderna de propriedade toma uma outra conotação, e a diversidade dos objetos sobre os quais ela recai, passa a exigir uma regulamentação que lhe seja própria, de tudo resultando vários tipos de propriedade. A grande modificação que se operou no Direito brasileiro relacionou-se, como na maioria dos países, com a propriedade agrária e urbana[17] – em última análise, com a Reforma Agrária e urbana.

A concepção social da propriedade teve acolhida legislativa nas Constituições de quase todos os países. No Brasil, a Constituição de 1934 (art. 113, § 17) inicia essa orientação, sendo que a de 1946 (art. 141, § 16) amplia essa posição, permitindo a desapropriação não só por necessidade ou utilidade pública, mas também por interesse social. Essa mesma orientação, ainda com maior amplitude, foi acolhida pela Constituição de 1967 (art. 157, III, e § 1º) e pela EC 1/69 (arts. 160, III, e 161). As disposições constitucionais, de natureza ampla, têm sido consideradas, no geral, como regras programáticas – tanto vale dizer, em geral, não são elas autoexecutáveis (*self executing*). Por isso, a concretização dessa disposição geral a respeito da função social da propriedade dependerá sempre de lei ordinária que venha determinar as espécies de restrições ao direito de propriedade.

A questão da Reforma Agrária prende-se, no Brasil, ao fato do excessivo fracionamento da propriedade rural em certas regiões; ao mesmo tempo que em outras há enormes regiões praticamente inaproveitadas, os latifúndios. O Direito das Sucessões brasileiro não conheceu o direito de primogenitura (*Anerbenrecht*), nem, também, o sistema em que a propriedade é atribuída ao filho mais jovem, que, em algumas regiões, permanecia com seus pais.

A propriedade rural e a urbana obedeciam ao sistema geral do Direito das Sucessões, com a divisão entre os herdeiros, não tendo o

---

[17] O problema aparece com intensidade semelhante em todos os países. V. Ludwig Raiser, "Das Eigentum in deutschen Rechtsdenken seit 1945", in *Quaderni Fiorentini* 5-6/763 e ss. Milão, 1976--1977.

direito de primogenitura grande importância na sucessão legítima no sistema das Ordenações.[18] Por outro lado, muitas vezes foram ocupadas terras por pessoas que não possuíam nenhum título, e o problema ganhou tamanhas proporções que a Lei n° 601, de 1850, veio a regular a matéria. Durante longo espaço de tempo, a questão das terras e dos seus ocupantes ficou regulada apenas pelo Código Civil, que não tinha qualquer dispositivo relevante no particular, e pela aludida Lei 601, de 1850, tendo, afinal, sido editado o Estatuto da Terra (Lei n° 4.504, de 30.11.64).

O Estatuto da Terra consagrou o módulo rural, ou seja, a dimensão mínima em que o imóvel rural pode ser fracionado (art. 65). Surgiram, contudo, questões a respeito da aplicação do módulo, porquanto como se poderia resolver o conflito quando, nas sucessões, os herdeiros não podem dividir, faticamente, a propriedade? Configura-se um condomínio, sem possibilidade de divisão, não restando outra solução senão a de que um dos condôminos venha a adquirir a propriedade do outro para, por esse modo, extinguir a indivisão.

Observa Paola Porrù[19] que o módulo rural do Direito brasileiro coincide com as disposições dos arts. 846 e 847 do CC italiano, no qual se exaram regras a respeito da *minima unità colturale*, que impede o fracionamento dos imóveis rurais, e se define o módulo rural como *l'estensione di terreno necessaria e sufficiente per il lavoro di una famiglia agricola*.

Para a extinção dos latifúndios, previu-se a desapropriação por necessidade social (Lei n° 4.132, de 10.9.62), dando-se eficácia concreta às disposições do art. 147 da CF de 1946, que facultou pela primeira vez entre nós esse tipo de desapropriação. Uma outra técnica destinada a dar valor concreto à concepção social de propriedade está em reduzir os prazos de usucapião para os que tornarem a terra produtiva. Esta forma de colonização é das mais antigas e peculiar a uma situação em que haja abundância de terras não cultivadas. É curioso observar que na *Lex Baiuvarorum* (tít. 17, c. 25) se denomina a posse de que resulta a propriedade de *opera*. Essa mesma ideia permaneceu através dos séculos e inspirou as várias espécies de usucapião rural.

Muitas vezes, ideias relativas ao usucapião aparecem mescladas com elementos próprios à especificação. O trabalho humano, mesmo em matéria imobiliária, teria a virtude de produzir uma *species nova*, resultando daí um tipo peculiar de especificação.

---

[18] V. Galvão Telles, *Apontamentos para a História do Direito das Sucessões de Portugal*, Lisboa, 1963, p. 185.

[19] Paola Porrù, Analisi Storico-Giuridica della Proprietà Fondiaria, *in Brasile*, Milão, 1983, p. 124.

No Direito brasileiro, a utilização do usucapião de terras para fins de Reforma Agrária, abreviando-se o prazo para aqueles que as tornaram produtivas ou nelas estabeleceram a sua morada, vem da Constituição de 1946 (art. 156, § 3°; Estatuto da Terra, art. 98).

O prazo para aquisição, segundo o Estatuto da Terra, era de 10 anos. A recente Lei n° 6.969, de 10.12.81, reduziu o prazo para 5 anos e adotou regras constantes do projeto do Código Civil, especialmente a do art. 1.240, segundo o qual: "Todo aquele que, não sendo proprietário rural nem urbano, possuir, como seu, contínua e incontestavelmente, por 5 anos consecutivos, imóvel considerado por lei suficiente para assegurar-lhe a subsistência e a de sua família, nele tendo a sua morada, adquirirá o domínio, independentemente de justo título e boa-fé".

Essa orientação já vinha desde as primeiras leituras do projeto do Código Civil e acabou por cristalizar-se na Lei n° 6.969/81.

O conceito de propriedade tem sido, entretanto, objeto de outras modificações substanciais, especialmente quanto ao direito de vizinhança. Este, segundo o Código Civil, conferia tutela restrita às propriedades vizinhas (arts. 554 e ss.). O desenvolvimento de técnicas modernas passou a exigir proteção maior, que não se restringisse a simples imissões de prédios contíguos, mas que viesse a atingir valores ou interesses que nem sempre se subjetivam em determinadas pessoas. Sob esse aspecto, o Direito brasileiro recentemente regulamentou a responsabilidade por danos causados ao meio ambiente, ao consumidor e a bens ou direitos de valor artístico, histórico, turístico e paisagístico (Lei n° 7.437, de 22.7.85, art. 1°).

Como nem sempre é possível estabelecer-se uma legitimação concreta nesses casos, admitiu-se que, além do Ministério Público e entidades de Direito Público, certas entidades privadas poderiam representar os interessados, e as indenizações daí resultantes passariam a formar parte de um fundo (arts. 5° e 13).

Em suma, a aplicação da concepção social de propriedade, em suas linhas mais simples, se veio a alargar, por um lado, as hipóteses de desapropriação, especialmente a desapropriação para fins de Reforma Agrária, por outro, reduziu o prazo de usucapião de bens rurais para cinco anos, desde que neles os interessados tivessem suas moradas e houvessem tornado produtiva a área de terras. Procurou-se estender também essa proteção aos danos à Ecologia, tutelando-se os interesses difusos, através da legitimação de entidades criadas para essa finalidade.

No Direito de Família, as modificações foram profundas. Ao tempo do Código Civil, a família era extremamente patriarcal, e os problemas da emancipação feminina e da igualdade dos cônjuges no casamento se foram propondo progressivamente em nosso meio.

Não são muitos os textos legislativos que consagraram essa progressiva modificação. Entre as disposições do Código Civil, incluía-se o princípio da incapacidade relativa da mulher casada, mantida por largo espaço de tempo até a edição da Lei nº 4.121, em 1962. Essa foi a primeira reforma do Direito de Família; através dela extinguiu-se a incapacidade relativa da mulher casada e procurou-se conferir a ambos os cônjuges, no plano patrimonial, a relativa igualdade. Essa situação não era, entretanto, suficiente. O Direito brasileiro caracterizou-se, até a EC 9, de 21.6.77, por não admitir o divórcio. Admitia-se apenas a separação, ficando impedidos os cônjuges de realizar novo casamento. Essa era a situação enquanto se discutia o projeto do Código Civil; e não havia como alterá-la. Entretanto, com a modificação do texto constitucional sobreveio a Lei nº 6.515, de 26.12.77, que regulou os casos de dissolução da sociedade conjugal e do casamento e o seu respectivo processo. Cuida-se de lei mista, regulando não só os aspectos de Direito Material como, também, os de Direito Processual pertinentes.

Não se conclua que a Lei nº 6.515/77 disciplina apenas aspectos relativos ao divórcio, pois trata, por igual, da proteção da pessoa dos filhos, do uso do nome e dos alimentos, constituindo-se numa pequena reforma de todo o Direito de Família. Pode-se afirmar que essa lei se inspirou bastante em princípios já existentes no projeto do Código Civil, ainda quando se deva levar em conta que nele não se previu o divórcio, mesmo porque, à época, vigorava a proibição constitucional.

A Lei nº 6.515/77, que introduziu pela primeira vez o divórcio em nosso País, combinou o princípio do desfazimento da sociedade conjugal por culpa com hipóteses de dissolução sem culpa. Não temos, portanto, o chamado *divorce-faillite*, "divórcio-falência", na totalidade dos casos. A regra entre nós é de que o autor da ação de separação deve imputar a outro cônjuge a prática de "conduta desonrosa ou qualquer ato que importe em grave violação dos deveres do casamento ou que torne insuportável a vida em comum" (art. 5º). Foram previstos dois casos em que não há necessidade de imputação de alguns dos fatos anteriormente mencionados; e isso pode suceder quando houver ocorrido o que se denomina de "ruptura da vida em comum" por mais de cinco anos consecutivos, e decorrendo desse fato a impossibilidade de sua reconstituição (art. 5º, § 1º). Outra hipótese que pode ser fundamento para o pedido de separação judicial que antecede obrigatoriamente o divórcio é o "de grave doença mental, manifestada após o casamento, e que torne impossível a continuação da vida em comum, desde que, após uma duração de cinco anos, a enfermidade tenha sido reconhecida como de cura improvável" (art. 5°, § 2°).

Na discussão do projeto do Código Civil no Senado Federal houve quem propusesse a existência de um único tipo de divórcio, o divórcio-falência, excluindo-se o divórcio com base na culpa, como é ainda a regra básica do projeto do Código Civil e na Lei n° 6.515/77, Lei do Divórcio. Todavia, não nos parece que no Brasil, ainda hoje, seja possível a aplicação do divórcio-falência em todos os casos, pois ele supõe um tipo de família diverso do existente em nosso País. Acresce a particularidade de o Brasil possuir diversas realidades, não sendo matéria fácil estabelecer uniformidade de regramentos para os cônjuges, excluindo por completo a culpa nas hipóteses de dissolução do casamento.

Longe se estava ainda de resolver o problema da família, porquanto, mesmo que a Lei n° 6.515/77 tivesse igualado os filhos legítimos aos ilegítimos para efeitos patrimoniais, como veio a fazer em texto expresso, não se tinha ainda disposto com amplitude sobre o princípio da igualdade. Este veio a ser consagrado no projeto do Código Civil.

A progressão do princípio da igualdade, no Brasil, apresenta características curiosas. Após a Lei n° 4.121/62 (Estatuto da Mulher Casada), houve como que uma paralisação, que durou largo espaço de tempo, pois nem mesmo a Lei do Divórcio conseguiu nivelar os cônjuges no casamento. O projeto do Código Civil, entretanto, procura aplicá-lo em sua totalidade, apesar de adotar como regime-regra o da comunhão parcial, em que não é fácil a realização desse princípio. Para isso, o regime da participação final dos aquestos, adotado como supletivo no projeto do Código Civil, poderia ser uma solução melhor, uma vez que, nesse sistema, durante o casamento, os bens são considerados como separados, para se comunicarem ao tempo de sua dissolução.

Um dos institutos mais importantes é o da adoção. Há algum tempo o Direito brasileiro consagrou a legitimação adotiva para os menores abandonados. E o Código de Menores consagrou a chamada adoção plena (Lei n° 6.697, de 10.10.79, arts. 29 e ss.).

Cuida-se, agora, de saber se seria o caso de se incluir no projeto do Código Civil um tipo de adoção sem possibilidade de rescisão da sentença que o constituiu. Mesmo quando se tenha de admitir a adoção plena como uma necessidade em nosso dias, ainda assim a questão é extremamente delicada, merecendo acolhida hipóteses de rescisão da sentença, que constitui a adoção. Admitir-se, como querem muitos, que essa sentença seja imune a qualquer rescisão, ou que consagre apenas algumas hipóteses de rescisão, que raramente ocorrem, acabaria até mesmo por violar direitos do adotado, especialmente o direito de investigar sua paternidade, que se configura como direito de personalidade. Tendo em vista o risco que disso decorre para as crianças adotadas, é necessário que estabeleçam, ainda que contra a orientação da maioria das legislações modernas, hipóteses mais amplas em que essa revisão seja possível, sob pena de se criar gravíssimo risco para os adotados.

Há, por fim, um instituto em que o Direito italiano influenciou bastante o projeto do Código Civil: o bem de família. Embora não se tivesse consagrado exatamente o patrimônio familiar do Direito italiano, previsto nos arts. 167 e ss. do CC, sob a denominação de *fondo patrimoniale*, na verdade, foi proposto um regime jurídico semelhante, e que veio a redundar numa composição entre o bem de família do Direito americano (*home stead*) e o "fundo patrimonial" do Direito italiano (arts. 1.740-1.751).

A questão estaria em saber se seria possível constituir, p. ex., o bem de família apenas com ações, com a finalidade de obter uma renda, ou se deveria, obrigatoriamente, incluir, além das aludidas ações, um imóvel para a residência da família. Nessa última hipótese modificava-se a concepção de "fundo patrimonial", como se configura no Direito italiano, para aproximar-se do bem de família do Direito americano, muito embora pudesse ele ser acrescido de outros valores mobiliários com a finalidade de dar uma renda que permita a manutenção da família em sua residência. Prevaleceu a ideia de que o fundamental seria a afetação de um imóvel residencial para utilização dos cônjuges, podendo acrescentar-lhe, sob o mesmo regime jurídico, outros valores mobiliários que venham a produzir uma renda.

Modificações importantes ocorreram no Direito Contratual. Nessa matéria, a partir do início do século, começaram a surgir, sempre com maior frequência, os contratos de adesão e as condições gerais dos negócios, que alteraram profundamente todo o sistema contratual.

Chegou-se, mesmo, a afirmar que esses contratos de adesão não pertenceriam ao Direito Civil, pois a sua esfera seria, agora, a do Direito Econômico. Foram inumeráveis as modificações no Direito brasileiro, ainda quando estas não tivessem guarida legislativa. Em muitos países a matéria ficou por conta da autonomia da vontade ou afetada à formação jurisprudencial, não se estabelecendo regras específicas, a não ser quanto a certos institutos. No Direito germânico, só recentemente é que se fez incluir no Código Civil um tipo de contrato de empreitada que obteve certa autonomia: o contrato de viagem (§§ 651-a e ss.). No nosso sistema jurídico ganham sempre mais importância as promessas de venda como figura substitutiva da compra e venda de bens imobiliários. Estas acabaram por ser consideradas como direitos reais *sui generis*, porquanto todas as alienações estavam sendo feitas por esse novo modelo jurídico a partir do Decreto-Lei n° 58/37 e da Lei n° 649/49, hoje regulados pela Lei n° 6.766, de 19.12.79.

A natureza dessas promessas de vendas de imóveis, registradas, ocasionou inumeráveis discussões no sentido de saber que tipo de direito real poderia delas resultar. O certo é que elas se tornaram o meio normal das transmissões imobiliárias, e o projeto do Código Civil disciplina a promessa de compra e venda como um novo tipo de direito real (arts. 1.226, VII, 1.415 e 1.416). Além disso, estabeleceu-se ao lado do penhor um contrato com a mesma finalidade, destinado a garantir as operações das mais diferentes espécies, especialmente no mercado financeiro, que é a alienação fiduciária em garantia. Regulamentada pelo Decreto-Lei n° 911, de 1°.10.69, a alienação fiduciária em garantia, juntamente com a reserva de domínio, figura regrada apenas no Código de Processo Civil (arts. 1.070 e 1.071), tornaram-se as garantias mais importantes na venda dos bens móveis.

Por esse motivo, a alienação fiduciária em garantia foi objeto de regulamentação no projeto do Código Civil (arts. 1.360-1.367).

Em suma, a ideia de código como totalidade normativa, *corpus juris* completo e acabado, não tem mais sentido. Em momento algum pode essa ideia realizar-se plenamente. Teria a ideia de código perdido a sua importância em face do número crescente de leis especiais?

A complexidade social atingiu grau tão elevado, acarretou a edição de tão grande número de leis, que, em todo o mundo, se observa a tendência de reduzi-las ao indispensável. É da constatação comum a existência de uma *overregulation* ou *Verrechtlichung*, que se propõe como o grande problema, não só legislativo como, também, problema, em face do crescimento enorme e desordenado do Executivo, que se hipertrofia na edição de decretos, que são verdadeiras leis. Ao observador apressado poderia parecer que a ideia de código teria perdido por completo o seu sentido. E, na verdade, quem admitiria um código que seguisse o modelo do da Prússia, com mais de 19.000 artigos?

1.4. Conclusão

Não faz muito tempo, Arthur Steinwenter escreveu um ensaio notável a respeito da Ciência Jurídica austríaca sob o império do Código Civil de 1911.[20] Questionava aquele Jurista famoso a respeito do modo como deveria o Código Civil da Áustria ser atualizado. Examinou as diferentes espécies de atualização de códigos para fixar-se no próprio conceito de Código Civil: o Código Civil poderia ser um Código central.

O pensamento que norteou a Comissão que elaborou o projeto do Código Civil brasileiro foi o de realizar um Código central, no sentido que lhe deu Arthur Steinwenter, sem a pretensão de nele incluir a totalidade das leis em vigor no País. A importância está em dotar a sociedade de uma técnica legislativa e jurídica que possua unidade valorativa e conceitual, ao mesmo tempo em que infunda nas leis especiais essas virtudes, permitindo à doutrina poder integrá-las num sistema, entendida, entretanto, essa noção de modo aberto. Não se trata, a toda evidência, de um modelo sistemático, ao estilo das Ciências Exatas: porém, a concepção oposta tornaria incompreensível o Direito, pois ele exige um núcleo valorativo e uma técnica comum no Código Civil e nas leis especiais. Não se pode, portanto, dizer que o grande número de leis se oponha à ideia de código. Isto significaria, em última análise, a recusa absoluta à ideia de sistema.

Já se viu que a característica do Direito português e do brasileiro consistiu numa centralização normativa, com base nas Ordenações, especialmente nas Ordenações Filipinas, sem desconhecer que, no largo espaço de tempo em que estiveram em vigor, foram acrescidas por muitas disposições complementares ou extravagantes. Por esse motivo, houve necessidade de que se fizesse uma consolidação, tendo sempre como ponto de referência as próprias Ordenações, que não perderam, assim, sua importância.

De um certo modo, não sucede outra coisa em nossos dias. Agora, mais do que antigamente, impõe-se a existência de um Código Civil, como elemento indispensável à preservação da unidade ideal do próprio Direito Privado, exigência constante no desenvolvimento do nosso Direito, desde o período do descobrimento até os nossos dias.

O Código Civil, como Código central, é mais amplo que os códigos civis tradicionais. É que a linguagem é outra, e nela se contêm "cláusulas gerais", um convite para uma atividade judicial mais

---

[20] Arthur Steinwenter, "Kritik am Österreischischen Bürgerlichen Gesetzbuch – einst und jetzt", in *Recht und Kultur, Aufsätze und Vorträge eines Österreichischen Rechtshistorikers*, Graz, Köin, 1958, p. 57-64.

criadora, destinada a complementar o *corpus juris* vigente com novos princípios e normas. O juiz é, também, um legislador para o caso concreto. E, nesse sentido, o Código Civil adquire progressivamente maiores dimensões do que os códigos que têm a pretensão, sempre impossível de ser atingida, de encerrar em sua disposição o universo do Direito.

— 2 —

O princípio da boa-fé no Direito brasileiro e português[1]

Este trabalho foi escrito com base na conferência realizada na 1ª Jornada Luso-Brasileira de Direito Civil, em Porto Alegre, em 18 de julho de 1979, ao qual se acrescentaram alguns tópicos novos, para melhor compreensão do tema.

Sumário: 2.1. Introdução; 2.2. O princípio da boa-fé e a autonomia de vontade; 2.3. A boa--fé e o Direito dos juízes; 2.4. A boa-fé nos Direitos brasileiro e português anteriores ao CC de 1966; 2.5. A boa-fé no Código Civil português de 1966.

2.1. Introdução

O princípio da boa-fé encontra no direito as mais variadas aplicações. No Direito brasileiro, a sua importância manifestou-se particularmente no Direito das Coisas, e assim sucedeu na doutrina do século passado e do início deste século, praticamente na totalidade dos países.

A boa-fé, compreendida como um estado subjetivo, tem sido objeto de inumeráveis estudos, não valendo reproduzi-los agora.

Parece, pois, importante circunscrever o tema ao Direito Obrigacional, onde a boa-fé constituiu-se no elemento que, em muitos países, operou verdadeira transformação jurídica, através da doutrina e do Poder Judiciário.

Seguramente, o primeiro jurista a mencionar, entre nós, a aplicação objetiva do princípio da boa-fé foi Emilio Betti.[2]

---

[1] Artigo publicado: *Estudos de Direito Civil Brasileiro, 1ª Jornada Luso-Brasileira de Direito Civil,* Porto Alegre, 1979.

[2] Efetivamente no seu magnífico curso proferido na Faculdade de Direito da Universidade Federal do Rio Grande do Sul, em 1958, salientava Betti a existência dos deveres de cooperação do devedor, resultantes da aplicação do princípio da boa-fé. A respeito de Emilio Betti, de sua importância para a ciência do direito atual, v. *Emilio Betti e la Scienza Giuridica del Novecento, nos Quaderni Fiorentini per la Storia del Pensiero Giuridico Moderno,* dirigidos por Paolo Grossi, vol. 7, Milano, 1978.

Sucede que o Código Civil italiano, a que seguidamente os autores aludem, dispôs amplamente a respeito da boa-fé, como já anteriormente o fizera o Código Civil alemão.[3]

O princípio possui, na atualidade, grande relevância, não faltando quem afirme haver transformado o conceito de sistema e a própria teoria tradicional das fontes dos direitos subjetivos e dos deveres. Por isso, quase todos os escritores que escrevem sobre o Direito das Obrigações costumam dele ocupar-se, muito embora no Direito Brasileiro não haja, praticamente, estudos a respeito. O intervencionismo estatal e os contratos de adesão têm merecido a preferência dos juristas que escreveram a respeito da teoria geral das obrigações. Parece importante chamar novamente a atenção, como já o fiz anteriormente em estudo dedicado à teoria geral das obrigações,[4] para o princípio da boa-fé.

2.2. O princípio da boa-fé e a autonomia de vontade

A história da importância do princípio da boa-fé relaciona-se com a da *autonomia da vontade*. Pode-se mencionar que no século XIX o princípio da autonomia foi o mais importante, e o conceito de *pacta sunt servanda*, o seu corolário necessário. A essa amplitude de aplicação correspondeu uma profunda restrição no princípio da boa-fé, resultante do predomínio absoluto do voluntarismo jurídico, da obediência ao direito estrito, da metodologia da Escola da Exegese. Essa situação não é, entretanto, peculiar, apenas, ao direito continental, porquanto abrange, também, os países de *common law*, nos quais verificou-se um esvaziamento na aplicação do princípio da boa-fé.[5]

Como se sabe, a *liberdade contratual* é também princípio importante no direito anglo-americano, entendido, porém, como liberdade para vincular-se juridicamente (*freedom of contract*), mas não como acordo real de vontades, razão pela qual, em muitos casos, não se valoriza o erro unilateral e se constroem os denominados *implied contracts*.[6]

---

[3] Código Civil italiano, arts. 1.175, 1.337, 1.374 e 1.375; BGB, § 242.

[4] *A Obrigação como Processo*, 1ª ed., Porto Alegre, 1964; 2ª ed., São Paulo, 1976, sem modificações no texto. As citações são da 2ª edição.

[5] G. Kühne (Der Vertrauensgedanke im Schuldvertragsrecht, Vergleichende Betrachtungen zum deutschen und anglo-amerikanischen Recht, *in:* Rabel's, 32 (1972) 261-283) anota como se opera o esvaziamento do princípio da boa-fé no século XIX, também no direito angloamericano, em decorrência do individualismo e do liberalismo econômico. Ainda hoje se discute o papel da vontade na formação autônoma, isto é, sem necessidade de lei, de direitos subjetivos, como se verifica do estudo de Natalino Irti, Itinerari del Negozio Giuridico (*Quaderni Fiorentini* 07, 1978, p. 395). Este jurista sustenta que a vontade é uma força originária, independente do ordenamento jurídico; é fonte primária de direitos subjetivos e deveres, o que não nos parece exato.

[6] G. Kühne, op. cit., p. 263.

— 32 —

No que respeita ao direito continental, parece necessário mencionar haver ficado o princípio da boa-fé, ainda no século XIX, no Direito das Obrigações, sujeito a restrita aplicação. Contudo, entre os romanistas, é conhecida a polêmica que se estabeleceu entre Bruns e Wächter a respeito da boa-fé, tomando como ponto inicial o conceito da boa-fé necessário à aquisição por usucapião.

Discutiu-se, se, no Direito Romano, o conceito da boa-fé era unívoco, ou se, pelo contrário, comportava mais de um significado. Questionou-se se o conceito de boa-fé era, no Direito Obrigacional, objetivo, e no Direito das Coisas, subjetivo, como queria Wächter, ou se representava exteriorizações de um só conceito, como afirmava Bruns.[7]

Parece claro que essa polêmica se circunscreveu ao círculo dos romanistas, uma vez que, neste campo, entre os civilistas, objeto de atenção era, quase exclusivamente, o princípio da autonomia da vontade. Poder-se-ia indagar, pela importância então atribuída ao Código Napoleônico, qual a significação do princípio no Direito francês, sobretudo, quando, em seu art. 1.135, definiu o aludido Código, com rigorismo exemplar, o mencionado princípio da boa-fé: *Les conventions obligent non seulement à ce qui y est exprimé, mais encore à toutes les suites que l'équité, l'usage, ou la loi donnent à l'obligation d' après sa nature.*

Todavia, os juristas da época, da Escola da Exegese, não deram aplicação expressiva ao art. 1.135. Contribuiu, para isso, não só a metodologia própria dos Comentadores do Código Napoleônico, como também a doutrina da separação dos Poderes professada por Montesquieu, que reduziu, em muito, o poder criador da Jurisprudência.

Para alguns juristas, esse princípio, entendido como o foi em sua expressão mais radical, teria sido um dos elementos mais importantes do *imperialismo cultural*, coarctando as possibilidades de adaptação e vivificação do direito legislado.[8]

Superada a metodologia da Escola da Exegese, pela Pandectística, com suas concepções sistemáticas, porém mantida uma inexata compreensão do princípio da separação dos poderes, tudo isso levou a considerar-se o mundo jurídico como algo fechado, dimensão própria à aplicação do raciocínio axiomático. Os conceitos não perfeitamente definidos – principalmente os de natureza ética como o da boa-fé

---

[7] A respeito dessa discussão, v. Corradini, *Il Contributo della Buona Fede e La Scienza Del Diritto Privato*, Milano, 1970, p. 113 e 119.

[8] Outro princípio vinculado ao da separação dos Poderes é o da sujeição absoluta do juiz à "vontade" legislativa. Merryman (*Judicial Responsability in the United States*, Rabel'sZ 41 (1977) p. 33) considera como "one of the most successful ventures in the history of cultural imperialism, throughout the civil law world".

— 33 —

– não foram aplicados, resumindo-se a comentários superficiais e lacônicos, a respeito do seu significado.

Na verdade, o século XIX foi o apogeu do liberalismo e não causa estranheza o fato de os juristas fundamentarem as mais diversas instituições com base numa vontade, seja real, seja presumida. O certo é que pouco espaço foi deixado para a aplicação do princípio da boa-fé, fora do Direito das Coisas, o qual se resumia, no geral, à teoria do usucapião e à da aquisição dos frutos.

Nas codificações europeias do início do século, sobressai pela sua importância o Código Civil germânico. Este Código Civil tem a característica de conter o § 242, que, mais tarde, deveria constituir o elemento fundamental para uma compreensão absolutamente nova da relação obrigacional. Não se pense, contudo, ser o aludido § 242, no pensamento dos autores do Código Civil alemão, algum *dispositivo* específico, conferindo ao juiz poderes extraordinários de *criação jurídica*, ao ponto de transformar a sua figura no símile moderno do pretor romano. Nada mais inexato: o § 242 não significava outra coisa senão mero reforço ao § 157, no qual se determinava a regra tradicional de *interpretação dos negócios jurídicos segundo a boa-fé*. Não se pensou, de nenhum modo, em atribuir ao juiz a função fundamental de criar o direito, por meio de aplicação, muito embora expressasse a regra de que: "o devedor é obrigado a realizar a prestação do modo como o exige a boa-fé levando em conta os usos de tráfico".

Não era um dispositivo posto dentro do ordenamento com a finalidade de legitimar a criação jurisprudencial, sobretudo para reduzir os rigores da aplicação do direito estrito. Desde logo, manifestaram-se os juristas a respeito da importância do aludido § 242. Alguns, como Crome, afirmaram que o "§ 242 tende a dominar o Direito das Obrigações por inteiro".[9] Outros, porém, fiéis ao pensamento constante nos *Motive*, não davam importância maior ao aludido § 242, senão para suplementar ou complementar as regras de interpretação do § 157, isto é, de que "os contratos devem ser interpretados do modo como o exigir a boa-fé, tomando-se em consideração os usos de tráfico".

---

[9] Esser, *Schulrecht*, 1960, § 31, p. 100; os *Comentários* de Staudinger (Kuhlenbeck), 7ª e 8ª eds., 1912, § 242, manifestaram a mesma ideia de Crome. Contudo, juristas importantes da década de 1920, como Kress (*Lehrbuch des Allgemeinen Schuldrechts*, § 18, 1929, p. 374) e Leonhard (*Allgemeines Schuldrecht des BGB*, I, § 26, 1929, p. 70) não deram o mesmo relevo ao princípio, salientando este último o princípio da separação de poderes como elemento limitativo à criação jurisprudencial. Na verdade, progrediu, mais tarde, extraordinariamente o exame de conceitos como o da boa-fé, havendo quem distinga as cláusulas gerais dos conceitos indefinidos, mas é usual considerar-se o § 242 como uma cláusula geral. Ver a respeito da distinção entre conceitos ordinatórios e indefinidos, bem como entre estes e a cláusula geral, Henke, *Die Tatfrage, der unbestimmte Begriff im Zivilrecht und seine Revisibilität*, p. 59, 73 e segs., Berlim, 1966.

Um aspecto não suficientemente salientado é a circunstância de a aplicação do princípio da boa-fé, com a criação ou compreensão científica dos deveres secundários ou anexos, aproximar o conceito de relação obrigacional vigorante no Direito germânico com o da *common law*. Começava a reconhecer-se no princípio da boa-fé uma fonte autônoma de direitos e obrigações; transforma-se a relação obrigacional manifestando-se no vínculo dialético e polêmico, estabelecido entre devedor e credor, elementos cooperativos necessários ao correto adimplemento. Fundamental para essa modificação foi o estudo de H. Staub, *Positive Vertragsverletzung*, publicado em 1902, no *Festschrift für das deutsche Juristentag*, e, que, ao meu ver, revela a aplicação no Direito germânico do conceito da *common law* de *anticipated breach of contract*. Trata-se da recepção de um conceito no Direito continental, que haveria de contribuir decisivamente para uma nova concepção da relação obrigacional.

No Direito, é comum falar-se em recepção; mas, no geral, cuida-se da adoção por um país de um conjunto de leis, ou mesmo de um código inteiro de outro país. À medida que os diferentes sistemas se aproximam em face de situações, que, em toda a parte, são semelhantes, ocorrem problemas dessa espécie. Contudo, a recepção de um elemento mínimo, de um conceito é bem mais difícil de perceber. Pode-se afirmar que não raro têm sucedido tais recepções, não sendo tarefa despida de grande dificuldade perceber o caminho percorrido até a final adoção. Por vezes a mesma ideia aparece em diferentes lugares, não sendo fácil saber se se trata de "descoberta jurídica"[10] ou de recepção de algum conceito já existente em outro sistema jurídico. Um conceito que se tem procurado adotar, em geral sem sucesso por sua amplitude e originalidade, é o de *trust* do Direito anglo-saxôni-

---

[10] A. Steinwenter (Juristiche Erfindungen, *in: Recht und Kultur*, Graz Köin, 1958, p. 43) menciona a "descoberta" de H. Staub da "quebra positiva do contrato", que, como já aludimos, parece ser uma recepção no Direito germânico do conceito de "anticipatory breach of contract". Nesse sentido, também Williston, *Law of Contracts*, New York, 1938, §§ 1.337 e 1337-A, p. 828 e segs.; mais recentemente, Almeida Costa, *Direito das Obrigações*, Coimbra, 1979, p. 226, nota 2. A recepção dos conceitos não deve ser confundida com o desenvolvimento histórico de um conceito comum a mais de um sistema. Assim, da *difficultas* medieval foi possível chegar-se à noção moderna de base do contrato (*basis of contract*, Geschäftsgrundlage). Em outros casos, porém, a inspiração parece evidente. A "conduta socialmente típica" – na terminologia de K. Larenz – com seus reflexos na valorização da vontade nos negócios jurídicos – parece inspirar-se no conceito de *contracts for necessaries* de há muito vigorante na *common law*, sabendo-se que o termo *necessaries* significa mais do que "artigos necessários à manutenção da pessoa no círculo de vida dentro do qual ela opera" (Peters v. Fleming, 1840; Cheshire-Fifoot, *Law of Contract*, London, 1964, p. 348). Denominei a esses negócios de "atos existenciais" (v. nossa *Obrigação como Processo*, cit., p. 91 e segs.). Não seria impróprio, também neste caso, falar-se na recepção de um conceito da *common law* pelo direito continental. O desenvolvimento do estudo comparativo dos sistemas jurídicos, na atualidade, tem ocasionado a recepção de muitos conceitos, sobretudo no Direito comercial e econômico. Todavia, quanto aos conceitos recebidos no início do século, é difícil afirmar se se trata de descoberta ou de recepção.

co. Mas, outros são recebidos, muitas vezes sob a fundamentação de que se está a aplicar o princípio da boa-fé.[11] A importância, todavia, da "descoberta" da "quebra positiva de contrato" reside em que, por meio dela, começa a grande transformação da relação obrigacional, admitindo-se a existência de deveres acessórios ou implícitos, instrumentais e independentes, ao lado da obrigação principal. A "fonte" legislativa desses deveres, no Direito germânico, é precisamente o § 242 do BGB.

Entendeu-se, salienta Williston,[12] que o devedor está vinculado *not only to do what he has promised in express words but also to many things to which he must be understood to have bound himself in good faith.*

A partir da obra de H. Staub, em que se manifesta no Direito germânico do conceito de "quebra antecipada do contrato" sob a denominação de "quebra positiva do contrato", inicia-se uma concepção de relação obrigacional, com deveres secundários vinculados à aplicação do princípio da boa-fé. Essa transformação poderia representar apenas uma ligeira modificação no conteúdo da relação obrigacional não houvesse, simultaneamente, assumido o juiz funções criadoras do direito bem mais amplas, muito embora essa nova posição resultasse da aplicação de outra disposição, do § 138 do Código Civil germânico, em face de os tribunais começarem a declarar a nulidade de contratos em que se manifestasse a utilização abusiva do poder econômico de uma das partes, dos "contratos-mordaça" (*Knebelungsvertrag*), por serem contrários aos bons costumes (*contra bonos mores*).

Salienta John P. Dawson[13] que a jurisprudência germânica começa a libertar-se de uma concepção estrita do princípio da separação dos poderes, com a aplicação sempre mais ampla do § 138 do BGB aos aludidos contratos-mordaça, entendendo-os contrários aos bons costumes, muito embora não houvesse previsão específica para esse tipo de nulidade. Todo o contrato em que o outro contratante era "escravizado" é negócio jurídico nulo por ser *contra bonos mores*. Mais tarde, nos tempos da grande inflação ao redor de 1920, começou-se a falar no desaparecimento de base do negócio jurídico, outra importante criação da doutrina que se refletiu na jurisprudência.

---

[11] Entre esses pode-se mencionar o de *substantial performance* que, para certos efeitos, se equipara ao adimplemento total, não permitindo o exercício do direito de resolução.

[12] Ob. e loc. cit.

[13] "The General Clauses viewed from a Distance", *in:* Rabel'sZ, p. 441, e segs., 1977; e "Unconscionable Coercion, the German Version" *in:* Harvard L. Rev. 89 (1976) p. 1.041, 1.071-1.103.

2.3. A boa-fé e o Direito dos juízes

Essas modificações ensejaram as mais diferentes análises a respeito da interpretação e mesmo da fundamentação das inumeráveis decisões que faziam a concreção das disposições legislativas abertas, denominadas geralmente de "cláusulas gerais", em que ao juiz se facultara editar a regra do caso. Com a edição de conceitos abertos como o da boa-fé, a ordem jurídica atribui ao juiz a tarefa de adequar a aplicação judicial às modificações sociais, uma vez que os limites dos fatos previstos pelas aludidas cláusulas gerais são fugidios, móveis; de nenhum modo fixos.[14]

A contínua e progressiva libertação dos juízes germânicos de uma concepção fechada e axiomática do direito da Pandectística opera-se com base legitimadora nas disposições mais importantes para esse tipo de criação jurisprudencial, ou seja, nos §§ 242, 138 e 826 do Código Civil germânico. Com isto, os juízes passaram à frente dos juristas na elaboração do direito. Na verdade, aos juízes compete a decisão: é a sua matéria-prima. Mas aos juristas, cabe, por igual, o controle da fundamentação judicial. Inexistente o segundo elemento, de que resulta o equilíbrio no desenvolvimento das instituições jurídicas, é possível que impere o arbítrio, ou, pelo menos, a errônea concepção de ser direito tudo o que resulta das decisões dos juízes. Essa concepção possui adeptos não só nas "escolas realistas" do direito, como também entre

---

[14] A bibliografia é ampla a respeito desse tema. A obra mais conhecida é a *Topik und Jurisprudenz* de Viehweg, que foi, entre nós, traduzida e editada pelo Ministério da Justiça em 1979. Parece, entretanto, mais adequada à ciência do direito uma concepção de sistema aberto, ou móvel, como quer Wilburg (v. *Coing Zur Geschichte des Privatrechtssystems*, 1962, p. 27; Wilburg, *Zusammenspiel der Kräfte im Alfbau des Schuldrechts*, AcP, 163, p. 346 e segs.; Gerhard Otte, "Zwanzig Jahre Topik Diskussion", *in Rechtstheorie*, vol. 2, p. 182 e segs., 1970). Entre os lógicos, aponta-se como fundamental a coerência, consistindo o raciocínio dos juristas práticos "un gioco linguistico, talora con tratti di positivismo, talora con tratti di diritto naturale" (A. Peczenik, *Informatica e Diritto*, 2, Milano, 1978, p. 80). Pois precisamente são esses os elementos que permitem se considere o sistema jurídico como um sistema aberto, em que a coerência não é valor absoluto. Na verdade, insiste ainda Wilburg em negar o valor autônomo da boa-fé, isto é, a possibilidade de criação de soluções jurídicas com base exclusivamente em sua concreção. O fato de considerar-se o sistema como "aberto", permite a admissão da mobilidade, ou seja, a aplicação de outras disposições legais para solução de certos casos, percorrendo às vezes a jurisprudência um caminho que vai da aplicação de um dispositivo legal para outro tendo em vista o mesmo fato. Também, não se opõe – antes exige – que se considere o sistema como resultado do pensamento lógico e axiológico, como salienta Canaris (Systemdenken und Sistembegriff, 1969) composto de círculos escalonados de privaticidade e publicidade, como enfatiza Raiser (Die Zukunft des Privatrechts, *in Die Aufgabe des Privatrechts*, cit. p. 208-234). Todas essas posições revelam a grande amplitude de significados e concepções decorrentes da caracterização de um sistema como aberto. A particularidade do pensamento de Wilburg está em admitir não propriamente uma abertura "externa", para receber aspectos e concepções extrajurídicas mas uma "abertura interna" permitindo que se componham soluções de direito obrigacional com ideias fundamentais que formaram, e ainda formam, o Direito das Coisas, ou seja, pretende-se vincular normas que presidem a ordenação dos bens com o Direito das Obrigações Wilburg, (*Zusammenspiel der Kräfte*, cit., p. 379).

expressivos representantes do humanismo jurídico europeu.[15] Essa posição seria, porém, mais perigosa de que um positivismo legalista, infenso à aplicação de valores éticos e às concepções mais abertas do mundo jurídico, como, em geral, se admite em nossos dias. Os juízes, em face da aplicação do direito, não procedem, em todos os países, da mesma forma. Quando se alude à figura do juiz é preciso, desde logo, colocá-lo dentro de um sistema jurídico determinado, porquanto, no domínio de sua técnica, muito embora a semelhança de competência, as diferenças são notáveis. Se tomarmos para exemplificar o juiz francês da jurisdição ordinária e do Conselho do Estado aparecem, para logo, claramente as diferenças. Afora o campo da responsabilidade civil, onde é possível surpreender decisões que fixam novos rumos, em geral não se manifesta no juiz francês um hábil descobridor de soluções novas.[16]

No plano processual, é sabido, que, em reforma recente, procuraram-se aumentar os poderes do juiz, sobretudo o seu poder cautelar geral, no sentido de atender com eficiência as necessidades de tutela provisória. O progresso jurídico, na maioria, senão na totalidade dos países latinos, depende de lei que modifique o direito até então vigorante. A razão, para isso, talvez esteja na atenção quase mística dos juízes ao princípio da separação estrita dos Poderes, como já se men-

---

[15] É de estranhar que Álvaro D'Ors (*Una Introducción al Estudio del Derecho*, Madrid, 1963, p. 14) sustente essa mesma ideia afirmando: "O direito é aquilo que decidem os juízes". Parece, contudo, rebelar-se contra a própria ciência do direito, ao salientar que o Direito subjetivo é criação do racionalismo protestante (ob. e loc. cits.). Realmente, ela nasce, em termos modernos, com a Escola do Direito Natural Racionalista, em que aparecem, entre outros, os conceitos gerais do ato jurídico, no Direito material e processual. Mas é claro que, para isso, muito contribui a "segunda escolástica", a "escolástica dos espanhóis", ao colocar a *res* no centro do ordenamento; uma visão patrimonialística conduz e domina o sistema, sendo que a justiça que interessa é a comutativa, a justiça do individual. Com essas afirmações, Paolo Grossi, em notável estudo (La Proprietà nel Sistema Privatistico della Seconda Scolastica, *in La Seconda Scolastica nella Formazione del Diritto Privato Moderno*, Milano, 1973, p. 131), demonstra como o domínio passou a ser o centro do sistema jurídico, e com ele a autonomia, o que constitui uma modificação profunda em face das concepções medievais. Pois foi essa transformação que influiu decisivamente para o crescimento da moderna dogmática através de Hugo Grócio e sua Escola, sobretudo quanto à teoria dos atos jurídicos (Diesselhorst, *Die Lehre des Hugo Grotius vom Versprechen*, Kölngraz, 1959, p. 45 e segs.). É certo que essa Escola deu lugar, em outros aspectos, a uma concepção mais estrita do direito, e dificultou, com reflexos até nossos dias, a aplicação do princípio da boa-fé em face do valor dado ao dogma da vontade (F. Ranieri, *Rinuncia Tacita e Verwirkung*, p. 121, Padova, 1971).

[16] Mesmo nesse domínio, não raro encontram-se críticas sérias às novas conquistas da jurisprudência francesa, sobretudo quanto à teoria da garantia, de Boris Starck (*Droit Civil des Obligations*, 1972, ns. 58 e segs. p. 187) e André Tunc, que pretendem deva ser tomada em consideração a lesão sofrida pela vítima, e não a situação jurídica do autor, não sendo importante a verificação se ele agiu, ou não, com culpa. A propósito dessa teoria, ver a crítica de Von Caemmerer, Das Verschuldenprinzip in rechtsvergleichender Sicht; Rabel'sZ 42 (1978) p. 21 e segs.; e a decisão da Cass. Civ. de 26.06.53, J.C.P., 1953, II, 780; Esmein, *Le diable dans la bouteille*, J.C.P., 1954, I, p. 1163; e F. Chabas, *Responsabilité Civile et Responsabilité Pénale*, 1975, p. 17 e segs.

cionou. Todavia, o paradoxo está em que o Conselho de Estado francês, ao contrário, cooperou decisivamente para o desenvolvimento do moderno Direito administrativo, criando instituições novas, sem apoio em disposições legislativas precedentes. É assim visível que o "Direito dos juízes", ou seja, o resultante das decisões duráveis, suscetíveis de serem fundamentadas juridicamente, não se manifesta do mesmo modo em todos os setores, ainda mesmo nos países do "Direito do caso". Parece mais paradoxal ainda – se para isso não houvesse uma explicação – o fato mencionado por John P. Dawson,[17] de o *Uniform Commercial Code*, aplicado em todos os estados americanos, com a única exceção da *Louisiana*, conter (Section 2.302), no art. II, um discutido preceito relativo à venda de bens, esclarecendo que "se um Tribunal considerar um contrato, ou quaisquer de suas cláusulas, como 'inescrupuloso', poderá negar sua execução. Basta, portanto, comprovar que a cláusula é *unconscionable*. Em lugar de ofensa aos 'bons costumes' ou à boa-fé, elemento fundamental é o de ter ocorrido ofensa à 'consciência'."

O mencionado Código encerra toda a matéria comercial, e boa parte do Direito contratual, e os juristas americanos em face dos contornos fugidios e imprecisos daquele conceito, contra ele se rebelaram sem pressentir que estavam a insurgir-se contra uma forma de aplicação predominante no Direito inglês nos últimos seiscentos anos. Essa observação de John P. Dawson ilustra a existência na *common law* do mesmo problema.

Quando se leva na devida conta que o Direito público americano foi construído por sábias decisões com base na Constituição de 1787, pródiga em "cláusulas gerais", então se compreende a insensatez mencionada. Mas, por outro lado, é também certo que, na base da Constituição americana, estava um conjunto de doutrina política consubstanciado no *Federalist*, do qual era uma resultante.

O exame de muitas decisões da Suprema Corte revela a aplicação da Constituição, compreendida segundo aquela coletânea de ensaios políticos, a começar pelo famoso caso "Marbury vs. Madison", em que, pela primeira vez, se declarou inconstitucional uma lei; e boa parte da argumentação se fundamentava no *Federalist* nº 78.[18] Sucede, porém, que em muitos setores do Direito privado não há doutrina formada, e as decisões deixam de ser submetidas a um rigoroso exame crítico. Por esse motivo, nem sempre a criação judicial assume a importância desejada.

---

[17] Ob. e loc. cits.

[18] Ver nosso estudo "Fontes e Ideologia do Princípio da Supremacia da Constituição" *in Revista Jurídica*, vol. 38 (1959) p. 57-66.

O princípio da boa-fé endereça-se sobretudo ao juiz e o instiga a formar instituições para responder aos novos fatos, exercendo um controle corretivo do Direito estrito, ou enriquecedor do conteúdo da relação obrigacional, ou mesmo negativo em face do Direito postulado pela outra parte. A principal função é a individualizadora, em que o juiz exerce atividade similar à do pretor romano, criando o "Direito do caso". O aspecto capital para a criação judicial é o fato de a boa-fé possuir um valor autônomo, não relacionado com a vontade. Por ser independente da vontade, a extensão do conteúdo da relação obrigacional já não se mede com base somente nela, e, sim, pelas circunstâncias ou fatos referentes ao contrato, permitindo-se "construir" objetivamente o regramento do negócio jurídico, com a admissão de um dinamismo que escapa, por vezes, até mesmo ao controle das partes. Essa concepção objetiva da relação obrigacional assemelha-se, muito embora a diversidade conceitual, à interpretação objetiva da lei. Também quanto a esta última, vigorou, em princípio, a interpretação da "vontade" do legislador e, somente mais tarde, chegou-se à própria hermenêutica objetiva da lei, que prevalece, hoje, na maioria dos países.

De nenhum modo, sustenta-se a semelhança do preceito do negócio jurídico, concreto e particular, com o regramento da lei, abstrato e geral. Todavia, a modificação operada nos cânones hermenêuticos deve ter concorrido para esmaecer a importância do "dogma da vontade" e com isso permitir um tratamento objetivo da relação obrigacional. Seria, porém, um pensamento apressado pretender que a vontade teria cedido toda a sua importância em favor de uma concepção absolutamente objetiva da relação obrigacional. Vigora, no caso, uma solução de compromisso ou transacional pela admissão de mais um valor autônomo no sistema da relação obrigacional. Esse valor, aliás, nunca deixou de existir, estando, por vezes, reduzido e limitado, como já se mencionou, pela vontade.

A concepção de sistema aberto permite que se componham valores opostos, vigorantes em campos próprios e adequados, embora dentro de uma mesma figura jurídica, de molde a chegar-se a uma solução que atenda à diversidade de interesses resultantes de determinada situação. Em certos casos, o exame da vontade será prevalente; em outros não. O exemplo mais importante, para essa última solução, está nos atos existenciais, na "conduta socialmente típica".

Sustentar sempre a prevalência da vontade, ainda que só a sua manifestação, ou puramente o preceito que decorre do contrato, seria uma solução que não atenderia, as mais das vezes, às situações da vida. Assim, nem a teoria tradicional – que resolve todos os problemas com o raciocínio com base na manifestação de vontade – nem as modernas tendências – que separam os efeitos do negócio jurídico dos elementos que compõem o seu conteúdo – dão uma resposta aceitável em todas as hipóteses.[19]

Parece-me que somente um "sistema aberto", e até escalonado segundo círculos de interesse, públicos e privados, pode abranger todas estas situações, admitindo-se que o "ponto de inserção" para o raciocínio jurídico possa ser a manifestação de vontade, ou a simples "função de contrato" quando se tratar de ato existencial.

Por isso mesmo, não constitui tarefa fácil afirmar se o ato existencial é negócio jurídico ou simples ato real, ato-fato, uma vez que o direito, nesses casos, não valoriza e nem questiona a existência da vontade. No Direito inglês, para logo, sustentaram os juristas, como depois ocorreu no Direito continental, ambas as soluções.

Para uns, como Buckley,[20] o ato existencial é "negócio jurídico", razão pela qual a responsabilidade é *ex contractu*. Para outros, a responsabilidade resulta do fato mesmo do suprimento, e não do consentimento.[21]

Mencionam Cheshire e Fifoot no mesmo lugar: *he is bound, not because he has agreed, but because he has been supplied.* Nesse caso há a mencionada cisão entre o negócio e a sua função; e esta, tornada autônoma, é fonte para o nascimento da relação obrigacional, fundamentada no suprimento que foi feito, isto é, na utilização, e não na vontade. A exata categoria é relevante, porquanto, como advertem Cheshire e Fifoot,[22] se a responsabilidade resulta do fornecimento, ela é inexistente antes da entrega ou da prestação do serviço, podendo o fornecedor, possivelmente, recusar-se a prestá-la. Contudo, em se tratando de ato existencial, e há várias intensidades dentro desse conceito, em muitos casos não poderá ocorrer a negativa de contratações, mesmo porque a outra parte poderá estar obrigada a contratar, tal seja a existencialidade da prestação ou serviço. Nessa discussão, pareceu-me que a categoria jurídica dos atos existenciais seria a do ato real ou ato-fato.[23]

---

[19] Sobre o problema, ver o notável estudo de Ludwig Raiser "Vertragsfunktion und Vertragsfreiheit" *in Die Aufgabe des Privatrechts*, p. 63, Athenäum Verlag, 1977. E também Günther Haupt, *Uber Faktische Vertragsverhältnisse*, Leipzig 1941/43; cf. Siebert, *Faktische Vertragsverhältnisse*, Karlsruhe, 1958, esp. p. 17 e segs.

[20] Nash v. Inman (1908) *in* Cheshire-Fifoot, ob. cit., p. 350.

[21] Cheshire-Fifoot, ob. e loc. cit.: "Secondly, the infant is liable *re*, not *consensu*. In other words his liability is based not on contract, but on "quasi-contract"; e ainda, Cheshire-Fifoot, *Cases on the Law of Contracts*, London, 1973, p. 308. É aliás o que atualmente dispõe o art. 450, *a*, do CC francês, sendo que a inovação de não se invalidarem os atos "autorizados pelo uso" foi introduzida pela Lei de 14.12.64.

[22] Ob. e loc. cits.

[23] *Obrigação como processo*, cit., p. 91.

Numa concepção estrita de autonomia da vontade, numa teoria dos atos jurídicos com base exclusivamente na vontade, todos esses aspectos ficariam sem resposta. Negando-se o juiz a anular o "ato existencial", na verdade, limita a aplicação do princípio geral, dentro do direito, de os atos praticados pelas pessoas carentes de capacidade serem inválidos; e sobretudo não se decreta a nulidade ainda que tenha sido o ato praticado por absolutamente incapaz, como determina o Código Civil.[24] Essa restrição, todavia, não resulta de nenhum texto legal, muito embora não pareça razoável postular-se a invalidade de tais casos. Esses negócios, referentes às necessidades básicas para a sobrevivência do indivíduo em sociedade e correspondentes a uma conduta típica no intercurso social, constituem, pelo menos, uma restrição à incidência da norma jurídica determinadora da invalidade. Isto somente pode resultar, *lato sensu*, da boa-fé, como princípio limitador do Direito estrito, pois não parecerá ético, em tal situação, pretender a invalidade dos atos praticados. Muitas outras limitações existem, embora nem todos os sistemas jurídicos as admitam. A principal delas é a de preclusão; outra seria a *substancial performance*, ou seja, um adimplemento tão próximo ao resultado final, que, tendo-se em vista a conduta das partes, exclui-se o direito de resolução, permitindo tão somente o pedido da indenização.

Ambos os conceitos são difíceis de construir: o primeiro, de preclusão, porquanto permite a objeção ao exercício de uma pretensão, antes do transcurso do prazo de prescrição, uma vez que a conduta do credor gerou uma convicção fundada de que não iria dinamizá-la; o outro, de "adimplemento substancial", porque colide com a regra de que, não cumprido inteiramente o contrato, pode o credor exigir o adimplemento, ou resolver o contrato, pedindo perdas e danos (CC brasileiro, art. 1.092 e parágrafo único).

No caso, facultar-se-ia o pedido de adimplemento e o de perdas e danos; mas não se permitiria o pedido de resolução, se essa pretensão viesse a ferir o princípio da boa-fé.

A preclusão resultante da boa-fé é instituto do Direito alemão, anglo-americano e grego,[25] tendo similar na renúncia tácita, de que se utilizam as doutrinas francesa e italiana para resolver problemas semelhantes.

---

[24] Art. 145, I.

[25] F. Ranieri, *Rinuncia Tacita*, cit., p. 72 e 122; Michael R. Will, *Verwirkung internationalen Privatrecht*, Rabel'sZ, 42 (1978) p. 211-226.

2.4. A boa-fé nos Direitos brasileiro e português anteriores ao CC de 1966

O exame dos mais importantes códigos civis promulgados recentemente, e mesmo de alguns projetos de modificação do Direito das Obrigações, demonstra que, em diversos artigos, tem-se formulado o princípio da boa-fé. Ele representa hoje, talvez, o princípio fundamental para a construção do que parece ser "o direito comum europeu". O mais recente Código Civil, fora das nações socialistas, é o português, de 1966, fazendo incluir o princípio no Direito Obrigacional nos arts. 227, I, 239, 437 e 762, 2ª alínea.

O Código Civil português é uma obra admirável, de uma plêiade excepcional de juristas que Portugal possui e que, num trabalho de mais de vinte anos, produziu um excelente Código, cuja excelência se mede também pelo alto nível das obras que, com base nele, foram escritas.[26] No Direito brasileiro, o CC em vigor, de 1916, não dispôs especificamente a respeito da boa-fé no campo do Direito das Obrigações, sucedendo o mesmo, embora a diversidade de sistemas de ambos os códigos, com o anterior CC português de 1867, obra de Visconde de Seabra.

Comecemos, entretanto, pelo Direito brasileiro. Os autores que escreveram, posteriormente ao CC brasileiro, não mencionam em geral a importância do princípio da boa-fé para uma moderna concepção da relação obrigacional; não a definem como uma complexidade, uma estrutura ou um sistema de processos.[27]

Prevalece, ainda, o conceito do vínculo obrigacional, que o Direito Romano transmitiu ao Direito moderno e a todos os países que o receberam. Os juristas brasileiros no início do século, os principais deles no campo do Direito Civil, sofreram forte influência da Pandectística, bastando citar Clóvis Beviláqua, Lacerda de Almeida, os Espínolas; e na atualidade o grande jurisconsulto Pontes de Miranda. Essa orientação cultural não é suficientemente analisada – mesmo porque constitui um fato isolado na América Latina, em geral de orientação

---

[26] O governo português em 1944 decidiu elaborar um projeto de Revisão Geral do Código Civil. Por meio do Decreto 33.908, de 04.09.44, determinava-se a constituição de uma Comissão, sendo designado o Prof. Dr. Vaz Serra, para a presidência, propondo este, para membros dessa Comissão, os Profs. Drs. Manoel de Andrade, Pires de Lima e Paulo Cunha, sendo, mais tarde, designado outro vogal, o Dr. Inocêncio Galvão Telles (v. Vaz Serra, "A Revisão Geral do Código Civil", *in Boletim da Faculdade de Direito de Coimbra*, vol. XXII (1946) p. 451 e segs.). O projeto dela resultante, sobretudo quanto ao sistema, mereceu elogios de muitos juristas estrangeiros, não faltando quem lhes aponte o esmero da técnica e a originalidade (Wengler, *Der Entwurf für ein neues portugiesches Zivilgesetzbuch*, AcP 167 (1967) 64). Para uma visão ampla, ainda que sintética, v. *Código Civil português, Exposição Documental*, Ministério da Justiça, 1966, e o prólogo nele constante de Guilherme Braga da Cruz.

[27] Ver, entretanto, o nosso estudo *A Obrigação como Processo*, cit., p. 6 e segs.

— 43 —

francesa – porquanto aqui se irradiou a famosa "Escola do Recife", cuja influência não se cinge, de nenhum modo, à área geográfica onde se localiza aquela Faculdade de Direito, uma vez que os seus discípulos se disseminaram por muitos lugares dentro do País.[28]

A influência da Escola de Recife constitui, assim, um momento específico dentro do Direito brasileiro. Mas esse movimento não atinge, propriamente, a Escola de São Paulo, em que os aspectos práticos predominaram até data recente, não havendo trabalhos sistemáticos de importância no Direito Civil. Isto talvez possa esclarecer o predomínio, desde cedo, do Direito Processual sobre as demais disciplinas jurídicas, com a formação de que mais tarde se denominaria de a "Escola Paulista de Direito Processual", cujo início antecede, em muito, a vinda de Enrico Tulio Liebmann ao Brasil, e os anos em que lecionaria no "Largo de São Francisco", muito embora houvesse nos professores de Direito Civil uma reação contra a Escola da Exegese, através do conhecimento de autores italianos, tais como Cogliolo, Gabba e Gianturco, que professaram o método sistemático e eram adversários sérios daquela Escola.[29]

Os alunos da Escola de Recife, no início do século, irradiaram-se por vários Estados, constituindo o núcleo fundamental de inúmeras faculdades de Direito. No geral, essas migrações de egressos da Escola do Recife resultaram das dificuldades de sobrevivência nos estados nordestinos, ingressando na magistratura de muitos estados e vindo a lecionar direito nos cursos jurídicos que começaram a disseminar-se no País.

Algo semelhante ocorreu em Portugal no início do século com o grande civilista – que alguns chegaram mesmo a comparar com Mello Freire – Guilherme Alves Moreira. Os discípulos, que sob a orientação desse grande mestre se formaram, difundiram o método sistemático

---

[28] A bibliografia sobre a Escola de Recife é muito vasta, podendo citar-se, entre outros, Miguel Reale, "O Culturalismo na Escola de Recife", in Horizontes do Direito e da História, São Paulo, 1956, p. 225-233; Antonio Paim, "Importância e Limitações da Obra Filosófica de Tobias Barreto" in Tobias Barreto na Cultura Brasileira: uma Reavaliação, São Paulo, 1972, p. 159 e segs.; mais recentemente, o Prof. Mário Losano escreveu um excelente estudo: "La Scuola di Recife e L'influenza Tedesca Sul Diritto Brasiliano" in Materiali per uma Storia della Cultura Giuridica, Raccolti da Giovanni Tarello, IV, Bologna, 1974, p. 323-415. Nesse estudo, Mário Losano refere que a orientação da Escola de Recife, através de Clóvis Beviláqua, se traduz no Código Civil ainda hoje em vigor. Acrescenta ainda: "Oggi, in fine, la tradizione di Clóvis Beviláqua continua nella monumentale ed enciclopedica opera di Pontes de Miranda che credo sia l'unico giurista al mondo ad aver scritto da solo, tra l'altro, um trattato di diritto civile in sessenta volumi". Poder-se-ia acrescentar que essa orientação cultural abrangeu o extremo Sul do País, através da obra de Ruy Cirne Lima, sobretudo no campo do Direito administrativo. Para uma visão geral do Direito brasileiro, ver Miguel Reale, "A Ciência do Direito no Último Século: Brasil", in M. Rotondi, Inchieste di Diritto Comparatto, vol. 6, Padova, 1976, p. 143-171.

[29] Reynaldo Porchat, "São Paulo e a Ciência do Direito", in Eduardo Espínola, Pandectas Brasileiras, vol. 3, 1927, p. 341-342.

ou sintético, pondo termo, em Portugal, à influência da Escola da Exegese. O panorama do ensino jurídico em Portugal nessa época apresenta a particularidade de existir somente a Faculdade de Direito da Universidade de Coimbra, porquanto, apenas em 1912, é fundada a Faculdade de Direito de Lisboa, por professores de Coimbra que para lá tinham ido, no geral, para cumprir alguma missão política e permaneciam em definitivo.

Sendo assim – logo se percebe – o espírito da Faculdade de Direito de Lisboa passou a ser um prolongamento do de Coimbra, até que, com o volver dos tempos, tomaram os professores, nela formados, posições próprias, denotando uma orientação inconfundível.[30] Mas é preciso ter presente também a situação legislativa no Brasil e em Portugal. No Brasil, até o momento, está em vigor o Código Civil de autoria de Clóvis Beviláqua, no qual, apesar do imenso valor de sua obra, não se deu a importância de figurar em disposição legislativa, no Direito das Obrigações, ao princípio da boa-fé.

No Código Comercial de 1850, em seu art. 131, alude-se à boa-fé como elemento importante para interpretação dos negócios jurídicos. Todavia, nossos melhores comentaristas, como Carvalho de Mendonça, não dão valor maior ao princípio, e não referem a possibilidade de constituir a boa-fé fonte autônoma de direitos e obrigações.[31]

Menciona-se, decerto, a antiguidade do preceito que determina ser necessária a boa-fé para o comércio. Assim, já aludiam os Alvarás de 16.11.1771, de 20.7.1758 e de 30.5.1759, e sobretudo a Lei de 16.12.1771, § 6º.

Retornemos, porém, ao Código Civil. Vimos, pois, que o princípio da boa-fé não foi acolhido no Código, talvez porque os autores não tivessem apreço ao princípio ou ele deveria ser considerado como reforço a uma simples regra de interpretação. Quando da redação do Projeto, nada fazia pressentir a importância que o aludido princípio mais tarde teria para uma concepção moderna da relação obrigacional, sucedendo o mesmo, à época da discussão, no Poder Legislativo. A situação, portanto, do direito em vigor no Brasil não difere da que ocorreu em Portugal sob o império do Código Civil de 1867. Nele não havia nenhum dispositivo considerado importante a respeito, muito embora fosse o Código dotado de uma sistematização original, como anotou em trabalho notável Almeida Costa,[32] todo ele preso, ainda, às

---

[30] Ver Nuno Espinosa Gomes da Silva, *A Ciência do Direito no Último Século: Portugal, in* Rotondi, *Inchieste di Diritto Comparatto*, vol. 6, 1976, p. 559.

[31] J. X. Carvalho de Mendonça, *Direito Comercial*, vol. 6, p. 224, ed. 1925.

[32] "Enquadramento Histórico do Código Civil português", *in Boletim da Faculdade de Direito de Coimbra*, vol. XXXVII, (1961) p. 155.

— 45 —

concepções individualistas do seu tempo. Opera-se mudança radical com o advento do atual Código Civil português, em 1966.

No Direito brasileiro, poder-se-ia afirmar que, se não existe dispositivo legislativo que o consagre, não vigora o princípio da boa-fé no Direito das Obrigações. Observe-se, contudo, ser o aludido princípio considerado fundamental, ou essencial, cuja presença independe de sua recepção legislativa.

Veja-se o que sucedeu com o princípio da autonomia. Para este, há, entre nós, inclusive uma base constitucional, porquanto o art. 153, § 3º, da Constituição da República Federativa do Brasil, dispõe que "ninguém será obrigado a fazer ou deixar de fazer alguma coisa senão em virtude de lei".

Numa interpretação meramente gramatical, seria possível concluir, sem embargo de consagrar-se um absurdo, que, se o aludido princípio da boa-fé não integra o ordenamento legislativo, não pode exercer sua função limitadora do exercício abusivo dos direitos subjetivos. Outros países, ao tempo em que se endeusava a autonomia da vontade, ou seja, no século XIX, não continham nas suas legislações nada a respeito da mencionada autonomia, mas nem por isso – e quem poderia fazê-lo – se pretendeu que a liberdade contratual não fosse princípio jurídico, integrante do *corpus juris* vigente. Quando num Código não se abre espaço para um princípio fundamental, como se fez com o da boa-fé, para que seja enunciado com a extensão que se pretende, ocorre ainda assim a sua aplicação por ser o resultado de necessidades éticas essenciais, que se impõem ainda quando falte disposição legislativa expressa. A percepção ou a captação de sua aplicação torna-se muito difícil, por não existir uma lei de referência a que possam os juízes relacionar a sua decisão.

Por vezes, são os pressupostos de fato que são modificados, de sorte que a regra a se concretizar ou incidir não incide nem se concretiza. Só o conhecimento perfeito do caso é que poderia permitir a análise da concreção: qual foi o fato adicional que não existia ou não estava provado; ou qual foi o que se subtraiu, muito embora tivesse existido, ou estivesse provado. Nas situações mais evidentes, é possível que o juiz julgue, aplicando o princípio da boa-fé, mas com uma outra denominação, afirmando que se trata, por exemplo, de construção jurisprudencial a partir de uma interpretação integradora da vontade das partes; quem sabe, com a aplicação do art. 85 do Código Civil, forte na conclusão de que se deve interpretar a verdadeira intenção das partes contra a superfície verbal da manifestação.

Nada impede que assim se faça. Mas faltando uma regra que sirva como elemento de conexão, o exame concreto torna-se difícil e, em

— 46 —

alguns casos, absolutamente impossível, a menos que fosse facultado consultar toda a matéria de que se serviu o juiz para sua decisão, ou seja, o fato na sua integralidade.

Quanto ao Direito brasileiro, os juristas não deram importância e valor às cláusulas gerais. Assim aconteceu com Clóvis Bevilacqua, a mesma tendência de aplicação da Pandectística, muito embora com concepções filosóficas diversas, como Lacerda de Almeida, não se pode dizer que tivesse tido reflexos essa feição de encarar a relação obrigacional. Pontes de Miranda, como se sabe, é o ponto mais alto da civilística pátria, mas nele não se manifesta a aplicação desse tipo de raciocínio, em que, de alguma forma, se procuram harmonizar concepções tão dissemelhantes, como o pensamento sistemático e o tópico, dando lugar, com diversos matizes, as diferentes concepções dos sistemas abertos. Surpreende-se uma diferença fundamental entre o Direito português após o Código de 1867, do Visconde de Seabra, e o nosso Direito, apenas no âmbito de abrangência da civilística que sofreu influência da Escola do Recife. Por outro lado, a situação em Portugal, no início do século, antes do aparecimento de Guilherme Alves Moreira,[33] não é diversa do que aconteceu na Escola de São Paulo em que predominava um pensamento mais voltado para a prática do que para o raciocínio especulativo. Não faz muito, esclareceu Marcello Caetano o fato de, à época, ser comum os professores portugueses lecionarem várias matérias, antes de dedicarem-se à que manifestavam predileção.

Guilherme Alves Moreira não se especializou para logo, pois convinha aos professores o exercício de outras disciplinas, sobretudo daquelas que lhes dessem uma melhor formação. Por isso, foi lente, por igual, de "História do Direito" e de "Princípios Gerais do Direito Público".

No Direito Público, deparou com uma figura, segundo menciona Paulo Merêa, até certo ponto consular no Direito Público italiano, Vitório Emanuele Orlando.[34] Esse publicista tinha uma particularidade interessante: detestava tudo aquilo que se referisse à Escola da Exegese, à doutrina enfim que tinha seus principais adeptos nos grandes comentadores do Código Civil napoleônico, e seus seguidores, mas que revelava uma metodologia também aplicada ao Direito Público. Guilherme Alves Moreira sofreu uma profunda influência de Orlando. O publicista siciliano estabeleceu uma orientação firme e nova para o

---

[33] Guilherme Braga da Cruz, *A Revista de Legislação e Jurisprudência*, vol. I, Coimbra, 1975, p. 244, nota 609.

[34] *Esboço de uma História da Faculdade de Direito de Coimbra*, vol. III, p. 42; Guilherme Braga da Cruz, *A Revista de Legislação e Jurisprudência*, cit., I, p. 431, nota 1051.

Direito Público italiano, e latino em geral, em face da repercussão que teve, a começar pela sua famosa preleção em 1889 na Universidade de Palermo.

A orientação de Orlando, a que tanto apreço votava Guilherme Alves Moreira, consistia em romper definitivamente com a Escola da Exegese, sustentando inclusive que se deveria começar *ex nihilo*; tudo o que se fizera na Itália no Direito Público pouco valor possuía e era necessário iniciar uma nova sistematização, atento às concepções do moderno Direito privado, em que começavam avultar estudos de grande importância. Assim, sob a inspiração dessa nova tendência, operou-se grande modificação nos métodos de estudo e compreensão no Direito Público, substituindo Guilherme Alves Moreira a exegese dos textos e o exame das soluções legais, pelo seu estudo sistemático, ou sintético. A mesma orientação aplicou mais tarde ao Direito Civil. A observação torna-se evidente quando se examina a sua obra mais importante no campo da dogmática jurídica, as "Instituições do Direito Civil".

Ao tratar do Direito das Obrigações, quando analisa o conteúdo da relação jurídica,[35] ele cita, com pormenores, o Direito alemão, e aponta para a disposição do § 241 do Código Civil germânico, segundo o qual "por força da relação obrigacional legitima-se o credor a exigir do devedor uma prestação. A prestação pode consistir uma abstenção". Não menciona, porém, o § 242, que exara o princípio da boa-fé.

Mantendo, pois, a linha tradicional do Direito da época, não valorizou a boa-fé como elemento fundamental para uma nova concepção das obrigações. O mesmo ocorreu com o seu sucessor e discípulo, José Gabriel Pinto Coelho, que lecionou em Coimbra e depois em Lisboa. Nos livros a que tive acesso, a respeito do Direito Comercial[36] e sobre a "Responsabilidade Civil",[37] pode-se surpreender uma forte influência da doutrina italiana de seu tempo, mas não se alude, em nenhum lugar, ao princípio da boa-fé.[38]

Por fim, autores há, como Nuno Espinosa Gomes da Silva, que situam "a renovação dos métodos da doutrina civilística a partir da terceira década do presente século, abrangendo os juristas que vão

---

[35] *Instituições de Direito Civil*, vol. II, p. 17, Coimbra, 1911.

[36] *Direito Comercial Português*, vol. I, Coimbra, 1914.

[37] *A Responsabilidade Civil baseada no Conceito de Culpa*, Coimbra, 1906.

[38] Não tive acesso ao seu *Direito das Obrigações*, mas pela falta de referência dos autores portugueses, não me parece que o aludido princípio tenha sido examinado. As edições, aliás, são destinadas aos alunos.

elaborar o Código Civil"[39] destacando-se, então, Vaz Serra, em Coimbra, e Paulo Cunha, em Lisboa, com grande influência sobre os seus discípulos.

Parece claro que esse progresso jurídico somente se tornou possível através da viragem metodológica a partir de Guilherme Alves Moreira, com que se pôs termo em Portugal à influência da Escola da Exegese, e se despertou a inteligência jurídica para novas concepções, que depois se transformariam em face das novas correntes filosóficas e jurídicas. Pouco importa, portanto, se a sua concepção era positivista. Aliás, vale salientar que a noção de sistema ainda hoje imperante é, em boa parte, a da jurisprudência de conceitos[40] com as conquistas resultantes da aplicação das cláusulas gerais das mais diversas espécies. Por isso, nem sempre é fácil dizer como deve ser aplicado o direito, ou como, na verdade, se realiza o fenômeno da concreção. A criação do direito, com base na concretização de princípios éticos, exige um trabalho conjunto dos juízes e juristas cabendo a estes últimos o exame crítico da fundamentação das decisões para que não impere o arbítrio.

2.5. A boa-fé no Código Civil português de 1966

A situação modifica-se, fundamentalmente, com o advento do Código Civil português de 1966, o qual contém quatro artigos da mais alta relevância a respeito da boa-fé.

Contudo, o próprio Vaz Serra manifestou a necessidade de elaborarem-se trabalhos especialmente para feitura do novo Código Civil, pois o projetado Código não teria o apoio em estudos prévios dos quais seria o coroamento.[41] Estes estudos foram feitos, muitos deles, pelo próprio Vaz Serra, inclusive sobre o conteúdo das Obrigações.[42]

É preciso desde logo verificar se o princípio tem preponderância sobre as demais disposições do Código Civil e se constitui regra cogente insuscetível de ser modificada pelas partes. Essa primeira colocação resulta em última análise do fato de operar como regra limitadora da atuação de outras disposições jurídicas e, consequentemente, inderrogável, na medida em que a sua derrogação constituiria infrin-

---

[39] Nuno Espinosa Gomes da Silva, *A Ciência do Direito no Último Século: Portugal*, cit., p. 558-559.

[40] Ver Coing, Bemerkungen zur überkommenen Rechtssystems, *in Vom deutschen zum europäischen Recht*, Festschrift für Hans Dölle, Tübingen, 1963, p. 25-40.

[41] *A Revisão Geral do Código Civil*, cit., p. 480.

[42] "Objeto da Obrigação, A Prestação, Suas Espécies, Conteúdo e Requisitos", *Boletim do Ministério da Justiça*, Lisboa (74) 1958; ver Código Civil português, Exposição Documental, cit. p. 61 e segs.

gência à própria boa-fé. Em face das diversas funções que o princípio da boa-fé exerce, não se pode afirmar ser ele sempre cogente; por isso não se deve concluir, como salientam alguns, que a ele competiria uma relevância maior do que a dos demais preceitos do Direito Civil. Nos direitos latinos em geral, esquecidos os juristas da tradição do Direito romano clássico, o progresso jurídico, no geral, depende de lei, porquanto não há jurisprudência anterior que lhe sirva de apoio, senão em raros casos. A revolução jurídica faz-se por meio de lei. Talvez para isso, em tempos modernos, tenha contribuído decisivamente, como já foi salientado, o respeito profundo do juiz pela lei no seu enunciado aparente.

Essa mística atinge, porém, na atualidade, o próprio Direito anglo-saxônico, causando espécie a afirmação de um consagrado jurista americano de o conhecimento do Direito germânico atual poder constituir elemento importante para o progresso jurídico nos Estados Unidos, ao fazer exame minucioso da jurisprudência dos tribunais alemães sobre a aplicação do princípio da boa-fé e dos bons costumes.[43]

Sabe-se que com as cláusulas gerais liberam-se os legisladores e atribuem a faculdade de especificar ou individualizar o seu conteúdo aos juízes, para que se restabeleça, com o tempo, o processo através do qual do "Direito do caso" chega-se à formulação de "normas novas", extraindo-se dele as *rationes decidendi*.

A disposição do princípio da boa-fé, no Código Civil português, apresenta a singularidade de situar o art. 227 antes do art. 239, no qual se traça uma linha divisória, quanto possível exata, entre interpretação integradora – matéria atinente à Parte Geral – e aplicação objetiva da boa-fé.

Essa última regra possui maior generalidade do que a anterior. Mas o sistema foi outro, ou seja, o de separar os casos de aplicação negocial da boa-fé, dos que não se manifesta a presença prévia de declaração da vontade, como sucede com a *culpa in contrahendo*.

Reserva-se, pois, para a culpa *in contrahendo* uma disposição específica, separando-a de nada menos do que outras três hipóteses em que o mencionado princípio é referido. Assim, segundo o art. 227, "quem negocia com outrem para conclusão de um contrato deve, tanto nas preliminares, como na formação dele, proceder segundo as regras da boa-fé, sob pena de responder pelos danos que culposamente causar a outra parte".

---

[43] John P. Dawson afirma expressamente: "While our legal system could not follow all the german advances, our attempts to resolve these difficulties may be guided by the german experience" *in The Uniconscionable Coercion*, cit., Harvard Law Review, vol. 89 (1976) p. 1.041.

Não vale aqui mencionar todas as aplicações do artigo que modifiquem substancialmente a teoria clássica das fontes de direitos subjetivos e deveres, com base no contrato e no delito, para admitir que na fase da negociação já existiam direitos e deveres, resultantes da boa--fé. O contato social é assim "fonte" para o nascimento dos aludidos deveres.[44]

No art. 239, I, do Código Civil, disposição peculiar do Direito português, exara-se a regra mais importante a respeito da interpretação integradora da vontade e do princípio da boa-fé, segundo o qual "na falta de disposição especial a declaração negocial deve ser integrada em harmonia com a vontade que as partes teriam tido se houvessem previsto o ponto omisso, ou de acordo com os ditames da boa-fé, quando outra seja a solução por eles imposta".

Segundo esse preceito, no qual se cuida de completar a declaração da vontade formadora do conteúdo do negócio, se não for possível preencher, construindo o ponto omisso da declaração com a vontade presumível das partes, ou porque essa "construção" ofende à lealdade ou à confiança, então aplicar-se-á o princípio objetivo da boa-fé. Chega-se, pois, à concretização da boa-fé quando não for possível integrar a vontade das partes. Convém ressaltar que à falta do princípio normativo da boa-fé, costumam os tribunais relacionar as suas decisões com a "ficção" da vontade, como por vezes sucede no Direito brasileiro. Estabelecida uma linha divisória para aplicação de ambos os princípios, talvez não fosse necessário especificá-los quanto ao próprio adimplemento, uma vez que este deve satisfazer a relação obrigacional em sua integralidade, com o cumprimento dos deveres expressos e implícitos.[45]

Nesse sentido, afirma-se que a boa-fé enriquece o conteúdo da obrigação de modo que a prestação não deve apenas satisfazer os deveres expressos, mas também é necessário verificar a utilidade que resulta para o credor da sua efetivação, quando por mais de um modo

---

[44] A respeito da *culpa in contrahendo*, ver no Direito português, Motta Pinto, "A Responsabilidade Pré-negocial pela não Conclusão de Contratos", *in Boletim da Faculdade de Direito de Coimbra*, Suplemento XIV (1966) p. 142-252. Nesse estudo faz-se a distinção, adotada no art. 237, entre uma "fase preparatória" e uma "fase decisória", ou de "formação do contrato" (p. 168); e, sobretudo, Almeida Costa, no seu magnífico livro, *Direito das Obrigações*, cit., p. 221 e segs. *A culpa in contrahendo* foi considerada como "problema específico do Direito obrigacional", ou como "relação jurídica resultante imediatamente da lei", e daí sua disposição legislativa própria no Código Civil.

[45] Esse discrime, como já se afirmou, provém da *common law*, ver Williston, *Law of Contracts*, cit., § 3º, p. 3 e segs. No Direito português, Motta Pinto (*Cessão da Posição Contratual*, 1970, p. 337), Antunes Varela (*Das Obrigações em Geral*, vol. I, 1972, p. 104) e a generalidade dos autores atuais fazem essa distinção.

puder ser cumprida.[46] Houve, no caso, um aumento de deveres na relação obrigacional.

O princípio da boa-fé atua defensiva e ativamente; defensivamente, impedindo o exercício das pretensões, o que é a espécie mais antiga; ou ativamente, criando deveres, podendo inclusive restringir o princípio de o cumprimento ser completo ou integral, permitindo outra solução. É a doutrina do adimplemento substancial, estabelecida por Lord Mansfield em 1779, no caso Boone v. Eyre,[47] isto é, em certos casos, se o contrato já foi adimplido substancialmente, não se permite a resolução, com a perda do que foi realizado pelo devedor, mas atribui-se um direito de indenização ao credor. Assim sucede, quando alguém se obriga a construir um prédio e a construção chega praticamente ao seu término (adimplemento substancial); não se faculta sempre, neste caso, a perda da retribuição contratada,[48] ou a resolução do contrato por inadimplemento. Por igual, no Direito germânico já se decidiu que não se pode recusar uma prestação oferecida, embora não completa, porquanto falta realizar-se uma parte relativamente diminuta da prestação, se não se opuser à aceitação nenhum interesse objetivamente fundamentado.[49] O Código Civil português, no art. 762, n. 2, determina que "no cumprimento da obrigação, assim como no exercício do direito correspondente, devem as partes proceder de boa-fé". Muito embora no art. 763 do mesmo Código tenha-se expresso – como não poderia deixar de ser – o axioma de que o adimplemento deve ser integral, parece, entretanto, que isso não impede se venha adotar a teoria do adimplemento substancial. Como se sabe, cuida-se de exceção ao princípio de o pagamento dever ser completo. A formulação do art. 762, n. 2, em que se limita pela boa-fé, o exercício de direito relativo ao cumprimento, permite a aplicação da teoria do adimplemento substancial, quando o exercício do direito de resolução configurar-se como abusivo.

Não só se torna impossível o exercício do direito de resolução, como também se nega a faculdade de o beneficiário recusar-se a aceitar a prestação não integral. No Direito Português – já vimos – há a disposição do art. 434, que expressa a hipótese mais comum. Mas ou-

---

[46] Ver nossa *Obrigação como Processo*, cit., p. 40-41.

[47] Cheshire-Fifoot, *Law of Contract*, cit., p. 463. Em parte essa doutrina foi adotada pelo CC português, no art. 434, n. 2, onde se afirma que "nos contratos de execução continuada ou periódica a resolução não abrange as prestações já efetuadas, exceto se entre estas e a causa da resolução existir um vínculo que legitime a resolução de todas elas".

[48] No caso Hoenig vs. Isaacs (1952), Lord Denning sustentou que a questão está em saber se o adimplemento total é condição prévia para o pagamento. E responde que nem sempre assim sucede, ver Cheshire-Fifoot, *Cases on the Law of Contract*, cit., p. 413-414.

[49] OLG. Dresden Seuff A. n. 217, *in* K. Larenz, Lehrbuch des Schuldrechts, I, § 10, b, 1962, p. 105.

tras há decorrentes de boa-fé. Nesse casos, a regra é a de que "desde que haja um adimplemento substancial está legitimado o contratante ao preço estipulado, sujeito tão somente a uma reconvenção ou uma ação em reparação por omissões ou defeitos na execução".[50]

Cuida-se de saber agora se a jurisprudência portuguesa vai ampliar ou não a regra do art. 434, n° 2, do Código Civil, combinando-a com a disposição mais geral do art. 762, n° 2, também do Código Civil, ao modelo do que sucede na *common law* e no Direito germânico.

Cumpre examinar uma disposição da mais alta importância, porque nela se estabelece, numa formulação melhor do que a do Código Civil italiano, o princípio de que (art. 437, n. 1): "se as circunstâncias em que as partes fundarem a decisão de contratar tiverem sofrido uma alteração anormal, tem a parte lesada direito à resolução do contrato, ou à modificação dele segundo juízos de equidade, desde que a exigência das obrigações por ela assumidas afete gravemente o princípio da boa-fé e não esteja coberta pelos riscos próprios do contrato".

Configura-se a base do negócio jurídico, como conceito jurídico dos mais importantes, impondo-se o direito de resolução e o de modificação do contrato, quando as circunstâncias que serviriam de base ao contrato se houverem modificado substancialmente. A disposição mais importante é a da revalorização das prestações, quando com a aplicação da equidade se estabelece novamente o equilíbrio perdido. Essa solução é a mais consentânea com o negócio jurídico, que se reestrutura materialmente, do que a atribuição do direito de resolução, a outra faculdade titulada pela parte prejudicada. Tanto assim que, exercido o direito formativo de resolução, perde este sua eficácia se a outra parte declarar submeter-se à modificação equitativa do contrato.[51] A revalorização das prestações entrou no Código Civil italiano[52] com a denominação de *eccessiva onerosità*, mas foi criação da jurisprudência alemã e da doutrina, partindo da impossibilidade econômica, e depois adotando-se o conceito de "desaparecimento" da base do negócio jurídico, com fundamento ainda na jurisprudência criadora com base no § 242 do BGB.[53]

---

[50] Ver Cheshire-Fifoot, *Law of Contracts*, cit., p. 464. Quanto ao Direito americano, ver Corbin, *On Contracts*, §§ 700 e segs., p. 652, St. Paul, Minn, 1952.

[51] CC, art. 437, 2.

[52] Arts. 1.467 a 1.469.

[53] Não se deve confundir a revalorização das prestações com o valorismo ("correção monetária") aplicada em nosso País. O valorismo, na atualidade, independe de lei, deixando de aplicar-se o denominado "princípio de legalidade da correção monetária". Ainda assim, fora do campo legislado, a correção monetária abrange, por exemplo, as indenizações por atos ilícitos e o enriquecimento sem causa. Mas essas soluções situam-se, praticamente, no campo da reparação e não do desenvolvimento da relação jurídica. Hipótese semelhante seria a das dívidas alimentares, mas essas pertencem ao Direito de Família.

O Código Civil português contempla assim, com a teoria da base do negócio jurídico, a interferência mais profunda que pode haver na autonomia da vontade. Em face das concepções do século XIX tudo isso pareceria uma impossibilidade.

Os contratos devem ser mantidos tal como foram pactuados: *qui dit contractuel dit juste*.

Aliás, Marcello Caetano, em livro magnífico,[54] menciona, ao examinar a teoria da imprevisão, que ela está no Código Civil italiano sob a denominação de *eccessiva onerosità*. Essa teoria, nos tempos atuais, provém, não só do Direito privado germânico, mas, por igual, de uma famosa decisão do Conselho de Estado francês na pendência entre a municipalidade de Bordéus e a respectiva companhia concessionária de gás, proferida em 1916, a que se seguiram outros julgados. Essas decisões do Conselho de Estado submeteram a um novo juízo crítico o princípio de *pacta sunt servanda*. E, os códigos civis que, na atualidade foram sendo publicados, passaram, no geral, a disciplinar o fenômeno da "base do negócio jurídico" com o que se afasta a concepção abstrata de vontade, em favor da vontade negocial concreta no Direito das Obrigações.

Finalmente não se poderia deixar de mencionar, porque se relaciona ainda que indiretamente com a boa-fé enquanto dever de consideração para com a outra parte, a disposição constante no CC português de 1966, em seu art. 127, em que se adotou a posição de considerar válidos "os negócios jurídicos próprios da vida corrente do menor, que, estando ao alcance de sua capacidade natural, só impliquem despesas na disposição de bens, de pequena monta". Essa regra consagra os "atos existenciais" ou "a conduta socialmente típica", e, de nenhum modo, se restringe aos menores, pois abrange os atos de todos os incapazes.[55] Considera-os, porém, negócio jurídico. Tomando a posição de considerar negócio jurídico, e não ato-fato *(Tathandlung)*, surge a questão de saber se o ato for existencial e, entretanto, a contraprestação do incapaz superior ao razoável, se poderia, ou não, o juiz, mantendo o ato necessário, reduzir a aludida contraprestação excessiva. Observe-se que, sendo negócio jurídico, não caberia, em princípio, essa interferência, não acontecendo o mesmo se a fonte fosse *ex re*, ato-fato resultante sobretudo do fornecimento ou utilização feita.

Parece, todavia, que não se atinge, apenas, a pretensão à decretação de invalidade, mantendo a categoria de negócio jurídico; mas, ao contrário, a impossibilidade de anular resulta de o ato indepen-

---

[54] *Princípios Fundamentais do Direito Administrativo*, Rio de Janeiro, 1977, p. 247.

[55] CC português, art. 139.

der da vontade. Ambas as concepções, entretanto, têm sua base no fato de não parecer ético, nem razoável, pretender invalidar um ato jurídico que recai "sobre coisas necessárias, sem as quais não pode uma pessoa razoavelmente existir".[56] Assim, explica-se porque o "ato existencial", por não depender da vontade, constitui-se em ato-fato ou ato material, em que não se cogita, nem se investiga a existência da vontade.

---

[56] Cheshire-Fifoot, *Law of Contract*, cit., p. 348.

— 3 —

Teoria da causa no Direito Privado[1]

Sumário: 3.1. Breve lineamento histórico do problema da causa; 3.2. Importância da teoria da causa; 3.3. Teoria objetiva: o problema no Direito italiano; 3.4. Teoria subjetiva: o problema no Direito francês; 3.5. A teoria da causa no Direito brasileiro.

3.1. Breve lineamento histórico do problema da causa

No direito romano não havia uma concepção exata, nem mesmo de limites nítidos do que deveria ter-se, verdadeiramente, como causa. A *causa civilis*, a chamada causa segundo o direito civil – cujo conceito apareceu num fragmento de Pompônio (Dig. 15, 1, De pecul., 49, § 2º) – admitia tantos conceitos quantas as espécies de contrato; assim nos contratos escritos é a escrita na forma consagrada; nos contratos "re" era a dação da cousa; nos quatro contratos do direito das gentes ela está menos materializada.[2]

Os contratos do Direito Romano caracterizam-se pelo rigor formal (as diferentes espécies da *stipulatio*), embora os bens destinados ao consumo e outros de menor valor fossem objeto de comércio sem emprego de forma.[3]

A compra e venda das coisas *nec mancipi* consistia então numa dupla tradição, da cousa e do preço, em que cada uma das tradições funcionava de causa respeito à outra – eis aqui o princípio da sub-rogação, no estado puro, por isso que não complicado por formalismo.[4]

No direito germânico antigo, pode-se concluir que existia também esse princípio da sub-rogação. De fato, a obrigatoriedade de certos contratos reais se expressava, de imediato, pela circunstância de que a retenção da cousa recebida, que devia devolver-se, estava comi-

---

[1] Publicado na Revista Jurídica nº 8. Porto Alegre, Ed. Sulina, 1954.

[2] Conf. ORTOLAN, LABBÉ, *Législation Romaine*, III, 332/3, ed. 1883.

[3] Conf. ARANGIO RUIZ, *La Compravendita in Diritto Romano*, I, 40, ed. da C. E. D. Eugenio Jovene, 1952.

[4] ARANGIO RUIZ, op. cit., I, 41.

nada com pena pecuniária, e o não pagamento desta podia acarretar a perda da paz.[5] Pelo pagamento de uma soma em mão (*arrha*), derivada da prestação prévia (*res*), recebeu o contrato sem forma – agora contrato de *arrhas* – a sua força vinculante de um contrato real.[6] Havia, portanto, uma prestação prévia que ligava as partes, e se a outra não quisesse cumprir o ajustado, a primeira poderia exigir seu cumprimento.

Na Idade Média propriamente dita, aparece a causa no *animus donandi* (Bártolo); Mennochius distingue entre *causa finalis* e impulsiva, sendo aquela a razão próxima do ato.[7] Mas, o grande sistematizador da teoria da causa apareceu muito mais tarde.

Domat, além de formular pela primeira vez, com precisão, o princípio da sub-rogação, i. é, "l'engagement de l'un est le fondement de celui de l'autre", separou, com nitidez, os motivos das condições: "il faut (diz ele) faire beaucoup de différence dans les donations, entre les motifs qui les donateurs expriment comme étant les causes de leur liberalité, et les conditions qu'ils imposent. Car, au lieu, qui le défaut d'une conditions annulle la donation conditionelle, elle ne laisse pas de subsister, quoique les motifs qui y sont ne se trouvent pas être véritables. Ainsi, s'il est dit dans une donation qu'elle est faite pour des services rendus, ou pour faciliter au donataire une acquisition qu'il voulait faire, la donation NE sera pas annulée, quoiqu'il n'y ait pas des services rendus, et l'acquisition ne se fasse point. Car il reste toujours la volonté absolue de celui qui a donné, et, qui a pu avoir d'autres motifs qui ceux qu'il a exprimés. Mais s'il était dit que la donation n'est qu'a condition de l'emploi pour une telle acquisition, comme pour acheter une et que la charge ne soit pas achetée, la donation n'aura point d'effet".[8] E "la nature de l'éxécution des conditions tiennent aux termes qu'on emploie pour les exprimer",[9] que é a regra prática de interpretação.

Essa primeira sistematização da teoria da causa, aliás conhecida como doutrina clássica, e que tem a respeito desta um ponto de vista subjetivo (há outra que a considera objetivamente) distingue também entre causa e motivo (*Lois civiles*, Livre II, titre I, sect. I, n° 5), é, com algumas modificações posteriores, a teoria ainda hoje dominante na França.

---

[5] R. BRUNNER – VON SCHWERIN, *Historia del Derecho Germánico*, p. 210 (ed. Labor).

[6] Idem, supra.

[7] Repertório Enciclopédico do Direito Brasileiro – CARVALHO SANTOS, vol. da Ca-Cl.

[8] DOMAT, *Lois Civiles*, liv. 1, tit. 10, secção 1ª, n° 13, *apud* também GRÉNIER, *Traité dês Donation*, 1° vol., p. 175 e segs. – ed. Thibaud-Landriot, 1826.

[9] GRÉNIER, op. e loc. cits.

3.2. Importância da teoria da causa

O aspecto mais importante da teoria da causa é, sem dúvida, o de integrante necessário de uma teoria dos atos jurídicos, o que importa dizer que outros elementos existem e são fundamentais, e. g., a existência necessária do direito subjetivo[10] e o princípio de autonomia da vontade (ou privada) ou da liberdade.

A teoria da causa explica como os "actes juridiques sortent du domaine de l'abstraction à la fois et de celui de l'anarchie, pour se réaliser socialement..." (Josserand, razões prefaciais a "Les Mobiles...")

Todo o direito privado se constitui sobre o conceito de direito subjetivo e nele se encontram dois elementos. Um é a possibilidade de querer e de agir, em conformidade e dentro dos limites imperativos, e podemos chamar-lhe elemento interno. O outro é constituído pela impossibilidade de qualquer impedimento por parte dos outros (*rectius*: a coletividade), e da correspondente possibilidade de reagir contra o provável impedimento.[11]

Mas, nem todos os direitos subjetivos envolvem a mesma esfera de ação possível, e por isso é costume dividi-los em absolutos e relativos; aqueles exercíveis (ou melhor, outorgam uma possibilidade de exercício), *erga omnes* (e. g., o direito de propriedade, cujo termo é geral), estes somente entre as partes (e. g., os direitos obrigacionais em que o termo da pretensão do credor é o devedor e o termo da obrigação do devedor é o credor).[12]

---

[10] Há quem negue a existência dos direitos subjetivos; contam-se entre eles jusfilósofos do porte de DUGUIT (Traité de Droit Constitutionel, principalmente) e H. KELSEN (*Teoria Pura do Direito*). A diferença entre esses dois representantes do pensamento jurídico antisubjetivo reside no ponto de partida, como afirma J. DABIN: "Pour Kelsen, il ne saurait autre question de droits subjectif antérieure ou supérieure à la norme de droit objectif non pour les raisons anti-métaphysiques, logiques et sociologiques qu'invoque DUGUIT, mais parce que, dans le plan de la "théorie pure du droit" (reine Rechtslehre), dégagée *a priori* de tout ce qui n'est pas proprement le droit (théologie, morale, politique, sociologie), le problème est "meta--juridique", étranger à la science *du droit*." (*Droit Subjectif*, p. 14, ed. Dalloz, 1952). Mas é que (conclui DABIN) "sans le droit subjectif, c'est la norme objetive, practiquement, la volonté des gouvernants, qui serait erigée en absolu. En conséquence et par exemple, dans la mesure où le droit objectif protège – et doit protéger – l'utilisation libre et pleine des choses matérielles au profit d'un sujet déterminé, il consacre sans doute le droit subjetif de propriété, mais dans la mesure où il limite – et doit limiter cette pleine liberté d'utilisation, en grevant des charges ou de démembrements la propriété ou en l'empêchant de se tourner contre autrui ou la communauté, il ramène à la ligne du "social" le droit subjectif de propriété". (op. cit., 54)

[11] DEL VECCHIO, *Lições de Filosofia do Direito*, p. 309, 2ª ed.

[12] À distinção, porém, não é omnicompreensiva. Os direitos de família têm um aspecto relativo, porquanto obrigam a pessoa determinada a uma certa conduta, por exemplo, a mulher deve seguir ao marido; mas tem também um aspecto absoluto, uma vez que a todos é proibido atacar no senhorio familiar. (ENNECERUS, KIPP, e WOLFF, *Trat. de Dir. Civ.*, vol. I, tomo 1, § 74, p. 520).

— 59 —

Essa relação de direito subjetivo é suscetível de modificações no que respeita ao sujeito ou ao objeto, e o exemplo disso é a possibilidade de transmissão das coisas alienáveis ou de sub-rogação das inalienáveis.

Para que isso aconteça é necessário que haja uma ação por parte do titular do direito, i. é, um negócio jurídico de disposição ou o empenho na translação do ônus de uma para outra coisa (*rectius*: de um para outro bem).

Ainda mais: para que esta ação do titular do direito seja valorizada positivamente pelo ordenamento jurídico, mister se faz que ela se estenda dentro dos limites fixados pelas normas imperativas ou cogentes.

Onde a lei não impõe, mas dispõe ou silencia, está o princípio da autonomia da vontade. A norma dispositiva outorga essa concessão à parte; outro tanto não acontece com os mandamentos de império, que exigem a reverência dos destinatários. O número de normas cogentes e dispositivas depende do caráter do ordenamento em que elas se inserem. Num sistema normativo, onde triunfa a ideia liberal, como o Código Napoleão, diminuem sobremaneira aquelas enquanto aumentam estas. Nos regimes de força e imponência estatal, o fenômeno processar-se-á inversamente pelo aumento excepcional das normas cogentes. Diz-se, por isso, que o século XIX caracterizou-se pelo abuso com que se empregou o princípio da autonomia da vontade.[13]

Atualmente, nem mesmo a finalidade social imperante no campo do direito vai a ponto de ab-rogá-lo.

De outro lado, o princípio da autonomia da vontade está consagrado em nossa Constituição, e o seu art. 141, § 2º, na esteira da melhor tradição jurídica, declara: "Ninguém pode fazer ou deixar de fazer alguma cousa senão em virtude de lei".[14]

Mas o princípio da autonomia da vontade não é um mito ou uma realidade histórica, como querem os publicistas. Se o conceito que dele tiveram os civilistas do século XIX não pode satisfazer mais nos

---

[13] Sobre os excessos jurídicos que se fizeram em nome desse princípio, diz M. WALINE: "En France, Cambacérès, dans son discours préliminaire sur la 3ème projet du Code Civil, va jusqu'a supposer des conventions tacites pour expliquer les obligations légales. Pour lui, lorsqu'une obligation parait dériver directement de la loi, c'est que celle-ci suppose une convention. Le philosophe Fouillé écrit encore en 1885 que "le droit contractuel tend à se confondre avec le droit civil tout entier'. Des nombreux jurisconsultes expliquent alors le régime de la sucession ab intestat par l'idée du testament tacite, oubliant – que la sucession ab intestat a partout précédé la succesion testamentaire et qu'elle dérive en realité de l'idée d'une coproprieté familiale, qu'enfin il faudrait supposer que le législateur se fût référé, pour établir cette sorte de testament qui serai la sucession *ab intestat*, aux intentions d'une sorte de *homo juridicus* aussi mythique que le fameux *homo aeconomicus*". (*L' Individualisme et le Droit*, p. 178/9, ed. Montcherestien, 1949).

[14] V. AGUIAR DIAS, *Da Cláusula de Não Indenizar*, p. 52 e segs., ed. de 1947).

dias presentes, em virtude de outros aconteceres jurídicos e epocais, diversos dos daquele tempo, é de se concluir que, nem por isso, ele desapareceu, como se verá.

É meridiano que, hoje, por autonomia da vontade não se designa um poder próprio a criar efeitos jurídicos somente pela vontade dos contratantes, fora de toda habilitação legislativa. A doutrina de autonomia da vontade seria, assim, certamente falsa, em teoria, e contrária ao direito positivo.[15] Tirar-lhe, entretanto, todo o valor (mudança do conceito de autonomia para heteronomia) seria confundir a competência dispositiva da parte com a competência normativa do ordenamento jurídico. É que, respeito à iniciativa privada, a ordem jurídica não tem senão uma função negativa, limitadora e disciplinadora; nem é possível que possa substituir-se à parte na tarefa que é propriamente sua. Tal tarefa consiste em efetivar aquilo que é conteúdo do negócio jurídico, ou seja, de configurar e orientar o objeto segundo a precedente estimação. Afirma-se, destarte, a exigência de distinguir perfeitamente entre o conteúdo do negócio e o tratamento jurídico – os assim chamados efeitos jurídicos dele, em relação às diversas esferas de competência. O conteúdo preceptivo (um dever ser) do negócio está sob a competência dispositiva das partes na órbita que é admitida e circunscrita pela lei; os efeitos jurídicos, ao contrário, estão, exclusivamente, sob a disciplina da lei; são, portanto, reservados a sua competência normativa.[16]

O titular do direito subjetivo, ou o seu procurador, quando engendra um negócio de disposição, o faz conforme um fim (os tomistas já diziam: *omne agens agit propter finem*) que deve estar dentro dos limites da autonomia da vontade. Esse fim imediato nada mais é, na verdade, que a causa do ato jurídico valorizada embora indiretamente, como se demonstrará.

3.3. Teoria objetiva: o problema no Direito italiano

Conclui-se do exposto pela existência de uma corrente que considera a causa objetivamente.

Na Itália, depois de uma luta bastante longa e tenaz entre as duas tendências – subjetiva e objetiva – esta se tornou vitoriosa na letra do atual Código Civil vigente naquele país (art. 1.325). Emilio Betti, uma das figuras consulares do direito civil contemporâneo, na "Teoria Geral do Negócio Jurídico", publicada pela primeira vez em 1943, esboçava a doutrina que iria assinalar um novo marco na teoria da causa.

---

[15] V. MARCEL WALINE, op. cit., p. 211.

[16] E. BETTI, op. cit., p. 82 e segs. (vol. XV-2 do Tr. de Vassalli).

Depois de estudar a estrutura do negócio jurídico (forma e conteúdo) propõe a solução do problema da causa. Para Betti, "a causa ou razão do negócio se identifica com o negócio todo, na síntese de seus elementos essenciais, como totalidade e unidade funcional no qual se explica a autonomia privada. Os elementos necessários para a existência do negócio jurídico são pressupostos indispensáveis à função típica que é a sua característica. A causa é, portanto, a função econômico-social do negócio, enquanto explicitação da autonomia privada, a qual é um fenômeno social antes de ser, como o reconhecimento, um fato jurídico. Na verdade, se a causa fosse simplesmente a função jurídica, ela não seria a síntese funcional dos elementos do negócio, mas a síntese dos efeitos que o direito lhe reconhece".[17] Portanto, "perspectiva unilateral e viciada de abstração é aquela que caracteriza a causa como o 'conjunto das circunstâncias objetivas' ou como o 'elemento do negócio' ou como a 'vontade da lei' (Bonfante), em antítese com o elemento subjetivo reconhecido na 'vontade' individual".[18] Os motivos individuais são, também, estranhos à causa do negócio; não o é, porém, a causa remota.

Denomina-se "causa remota" um pressuposto objetivo da causa típica que caracteriza o negócio: assim, a atribuição que se faça para adimplir uma preexistente obrigação tem por causa o pagamento, ou seja, a satisfação do interesse do credor; mas este tem, por sua vez, por pressuposto a relação de obrigação que se considera preexistente. Ora, não é nulo o ato de transferência se a pressuposta obrigação se revela depois insubsistente; mas cabe a quem pagou a repetição do indébito. Nisso se manifesta a relevância indireta da causa remota.

Considerando causa como a função jurídica do contrato e valorizada como elemento essencial e comum entre as partes, conclui-se que todo contrato tem uma só causa, não confundível com as dos outros contratos (Sotgia, *La cessione dei bene ai creditore*, p. 35, Trat. Vassali; Pugliatti, *Precisazioni in Tema di Causa del Negozio Giuridico*, p. 105 e segs.). Mas, considerando-se a estrutura como forma e conteúdo (o "como é" e o "que é") do negócio e a função (o "porque"), adquire ele uma natureza híbrida, de vez que a estrutura está no campo do direito, enquanto que a função se define como categoria extrajurídica.[19]

Na verdade, diz Betti, se a causa fosse simplesmente a função jurídica, ela não seria a síntese funcional dos elementos do negócio, mas a síntese dos efeitos jurídicos. O problema, porém, é outro: não é o caso de indagar-se quais os efeitos jurídicos que um determinado

---

[17] EMILIO BETTI, *Teoria Generale del Negocio Giuridico*, p. 183.
[18] BETTI, op. cit., p. 181.
[19] PUGLIATTI, op. cit., p. 105.

negócio produz, mas o de estabelecer se ele, em concreto, pode produzir efeitos, ou se nasceu mal, ou por falta ou por causa ilícita; ou se superou os limites de elasticidade do esquema causal.[20] Além do mais, o qualificar-se a causa como função econômico-social restringe o conceito de causa somente aos negócios patrimoniais. Diante disso, uma outra corrente propõe a definição de causa como sendo a função prático-social.[21]

3.4. Teoria subjetiva: o problema no Direito francês

A consideração subjetiva da causa encontrou na França a sua melhor acolhida, tornando-se mesmo a teoria clássica.

Coube a Josserand precisá-la e defendê-la, com melhor brilho, continuando a obra começada por Domat.

Em "Les Mobiles dans les Actes Juridiques de Droit Privé" escreve o mestre que o substrato do direito envolve três noções: vontade, móvel e fim, e oferecem elas um caráter de indivisibilidade no sentido de que a primeira assegura a ligação entre as duas outras: "le mobile tend vers le but par l'intermédiaire et sous l'action de la volonté qui s'emploie à cet effet: pas de mobiles sans but; pas de but qui ne soit postulé par un mobile et dont la réalisation n'implique un effort de volonté" (p. 1).

Existem duas categorias de móveis: intrínsecos (ou constitutivos), ou seja, o princípio da sub-rogação nos contratos bilaterais, tendo um valor orgânico e que são sempre os mesmos para uma categoria dada (p. 24); e verdadeiros, extrínsecos ao ato a que se referem a individuais. Mesmo sem eles o ato jurídico possui todos os elementos constitutivos; somente ele apresenta um caráter abstrato que o torna incompreensível ao psicólogo ou ao jurista; para que tenha sentido e valor, é indispensável situá-lo no seu ambiente intelectual e moral, i. é, descobrir os móveis individuais que o expliquem, e ao serviço dos quais ele se pôs. Estes móveis, diversos dos precedentes, são a base, não mais de tal ou qual vínculo, mas da operação olhada no seu conjunto, e se desdobram, por sua vez, em duas categorias: o motivo, que diz respeito ao passado, e os móveis teleológicos (*causa finalis* dos glosadores) quanto ao futuro (p. 25).

A pesquisa dos móveis teleológicos e a tarefa consequente de diferençá-los dos motivos tornam, de início, insustentável a teoria.

---

[20] PUGLIATTI, op. cit., p. cits.

[21] CARIOTA-FERRARA, *Il Negozio Giuridico*, p. 589, *apud* DE SIMONI, I *Negozi Irregolari*, p. 57 e segs., ed. da C. E. D. Eugênio Jovene, 1952.

Na prática isso não seria possível, atento ao fato de que as pessoas podem ter, ao realizar um determinado negócio jurídico, vários motivos de relevância, quase tão importantes quanto o próprio fim. A tarefa de deslindar o caso caberia, então, bem mais a um psicólogo do que a um jurista, uma vez que aquele está munido de melhores conhecimentos para surpreender as razões que levaram alguém à prática de determinado ato. Qualquer investigação teórica nesse sentido não teria consequências para a prática, constituindo mero prazer dialético do expositor. E só mesmo um juiz de extraordinária mundividência poderia afastar-se com segurança dos tropeços e formar um juízo. Ainda mais, quando a causa ilícita vicia o ato, mas não o motivo. E se há um fim lícito e um motivo ilícito, qual dos dois se deve considerar como causa? "Infatti, se si aderisce alla concezione subbiettiva non rimane altro che identificare causa e motivo". (Pulgliatti, op. cit., p. 105).[22]

3.5. A teoria da causa no Direito brasileiro

A acolhida pelo direito pátrio da figura do enriquecimento sem causa expressa com vigor a necessidade de que em toda modificação de direitos exista uma causa, sem o que nenhuma pretensão teria o empobrecido.[23]

Diz o art. 90 do Código Civil: "Só vicia o ato a falsa causa, quando expressa como razão determinante, ou sob forma de condição".

Aquele que se obriga pode acreditar na existência de uma causa que realmente não existe e dá-la expressamente como determinante do negócio ou como condição. É deste erro que aqui se fala de causa errada. O negócio não se teria formado se não fora o erro. Este é o critério fundamental para se verificar a anulabilidade do negócio jurídico baseado em erro.[24]

Nesse ponto há, portanto, uniformidade no direito comercial e no direito civil.

---

[22] As ideias de JOSSERAND, em suas linhas gerais, coincidem com as dos demais juristas franceses, v. g., COLIN e CAPITANT: "Les motifs ceux sont, au contraire, les mobiles antérieurs qui expliquent eux mêmes la cause de l'obligation du contractant." (Cours, p. 64 e segs., cd. de 1918).

[23] ARNOLDO MEDEIROS DA FONSECA, no prefácio ao "Enriquecimento sem Causa", de Valle Ferreira, faz notar que os elementos essenciais que caracterizam o enriquecimento sem causa se reduzem a dois: a) deslocamento patrimonial ou o enriquecimento, embora este pressuponha, como acentua ENNECERUS, a obtenção de algo às expensas de outro e uma deslocação patrimonial ocorrida imediatamente, o que não significa que tal ato deva ser realizado pelo credor; b) falta de justa causa que o fundamente.

[24] J. X. CARVALHO DE MENDONÇA, *Tratado de Dir. Com.*, ed. de 1925, vol. VI, 1ª parte, n. 36 (p. 51).

No caso do art. 90, a consideração do ordenamento jurídico é objetiva, i. é, além de estar na intenção é necessário que a falsa causa esteja no negócio. A competência dispositiva diz, porém, respeito à parte. Esta, quando organiza um determinado negócio, o faz conforme um fim possível, segundo o princípio da liberdade.

O negócio jurídico se estrutura pela união da forma ao conteúdo. No conteúdo está a vontade predeterminada pelo fim a que a parte se propôs (e. g., numa compra e venda o conteúdo é a transferência da cousa e do preço, que não se confunde com o fim, que é a cousa ou o preço já transferido).

Quando o ordenamento jurídico dá valor a um determinado negócio, em razão de seu conteúdo, ele o está valorizando positiva e diretamente e, *ipso facto*, está valorizando indiretamente a causa mesma do negócio. Não há aqui uma pesquisa de toda uma série de volições das partes contratantes. A valorização é feita no negócio mesmo. Aliás, *in contraris* nenhum valor teria o princípio da autonomia da vontade.

O Código Comercial, no art. 129, nº 3, exige como essencial nos contratos comerciais a designação de causa certa, da qual deriva a obrigação. Parece assim que a menção expressa da causa da obrigação seria requisito do negócio jurídico. Não o é. Antes de tudo, ela não se refere à causa do contrato, ou, generalizando, à causa do negócio jurídico, porém, à causa da obrigação – coisa muito diferente. (J. X. Carv. de Mend., op. e vol. cits., p. 51-52).

Aliás, a expressão "causa da obrigação" gera uma concepção mecânica do contrato e vai perdendo a sua razão de ser, como se verá na análise do princípio da sub-rogação.

Princípio da sub-rogação: O princípio da sub-rogação consiste no fato de que num contrato bilateral as obrigações se fazem de causa uma em relação às outras. Esse princípio, enunciado por Domat, tem se mantido com constância em quase todos os tratadistas. De fato, o fim de uma das partes, enquanto intenção, ordena-se em relação à outra para engendrar o meio ou negócio jurídico. Com isso forma-se o "sinalagma genético" que se projeta nas prestações correspectivas, dando lugar ao aparecimento do "sinalagma funcional",[25] enunciado no art. 1.092 do Código Civil. E em virtude dessa dependência maior ou menor é que surge a *exceptio non adimpleti contractus* e a *exceptio non rite adimpleti contractus*. Esta quando o devedor da obrigação só a cumpriu em parte; aquela quando a descumpriu.

---

[25] Cf. CARIOTA FERRARA, *I Negozi Sul Patrimonio Altrui*, p. 300 (ed. CEDAN, 1936).

Sobre a dependência maior ou menor entre as prestações, ensina Pontes de Miranda, existem duas teorias:

1) A prestação devida pelo contraente é considerada condição da sua pretensão: sem o cumprimento daquela não pode ele exigir que o outro contraente satisfaça a sua. Portanto, ao juiz cabe verificar se o princípio da copontualidade foi atendido ou se a esfera da execução está em ordem.

2) A prestação devida pelo contraente é relativamente independente da outra; apenas um presta porque é obrigado e se obrigou para obter a prestação do outro. Ao juiz não caberia entrar em mais indagações que as relativas ao contrato em seu mesmo teor. Daí a *exceptio non adimpleti contractus* que é exceção e só exceção. Se não houve exceção, o juiz não tem cognição até aí.[26]

Examinando o art. 1.092, alínea segunda, o art. 1.092, parágrafo único, encontramos três regras de conteúdo autônomo: nos contratos bilaterais há o princípio da copontualidade; há, se um dos contratantes tem de executar primeiro que os outros, o princípio da pretensão à segurança da prestação primeira; e há, em quaisquer casos de sinalagmaticidade, outro princípio, o princípio da resolução pelo não adimplemento.[27]

O primeiro princípio corresponde ao tempo da execução das obrigações; elas são executadas simultaneamente quando não se conveniona o contrário. As outras dizem respeito à segurança das partes contratantes, que se exprime através da relação comutativa.

As obrigações dentro do contrato não se fazem de causa umas em relação às outras. Seria isto uma concepção mecânica do sinalagma, proveniente de uma visão parcial do negócio jurídico. Dentro dos contratos bilaterais há uma ordem, daí a dependência das obrigações entre si, suscitada pelo fim a que as partes se propõem e, pois, uma relação comutativa que afiança aquilo que foi ajustado. Deve-se, pois, considerar o contrato como um todo.

Atos causais e abstratos: A doutrina divide os atos jurídicos, nessa parte, em causais e abstratos. Os primeiros permitem a indagação da causa.

Os atos abstratos não permitem tal verificação.

A aplicação mais importante dos atos abstratos é a que se refere à aquisição *a non domino*, i. é, o caso em que uma pessoa não titular de

---

[26] PONTES DE MIRANDA, *Tr. de Dir. Predial*, III, 197.

[27] PONTES DE MIRANDA, op. e vol. cits., 200.

direito subjetivo[28] organiza um negócio jurídico de disposição, entendendo-se como tal todo aquele em que há modificação (constituição de um gravame) ou perda de um direito.

Sobre a natureza do poder que possui o não titular de direito subjetivo, existem três teorias:

1) A legitimação de fato[29] – Segundo Mengoni o ato de disposição se exercita em virtude de um poder de fato que possui toda pessoa capaz de agir, que, todavia, só consegue o seu efeito (modificação de um direito) quando se aperfeiçoa por quem se encontra numa certa relação com o objeto (o direito que em virtude do ato deve sofrer a modificação), i. é, o que é normalmente feito pelo titular do direito. O assim chamado poder de disposição se degrada a uma mera possibilidade objetiva, que se torna atual mediante a verificação do efeito dispositivo, quando o disponente se encontra numa certa relação, direta ou indireta, com o objeto do negócio.

A faculdade de disposição é um aspecto da abstrata faculdade de gozo que está contida no direito subjetivo.[30] Aliás, esse termo "legitimação" tem o sentido mais diverso. O sentido que lhe dá Mengoni (poder de fato) corresponde ao que lhe empresta Regelsberger, e torna possível a aquisição de boa-fé.[31]

Tanto assim que todos eles atribuem a essa aquisição o valor de uma aquisição originária. Mas, evidentemente, acolhida a teoria do poder de fato ou, ainda mais, sustentada em todos os casos de aquisição *a non domino*, é supérfluo falar de legitimação do *non dominus* alienante.[32]

2) Para outros trata-se de um poder jurídico de alienar que se reconhece ao *non dominus*. Esta é a teoria de Gierke, Wolff e Carnelutti (Processo, II, 350). Entretanto, se o *non dominus* tem o poder jurídico de alienar, claro está que não há necessidade da boa-fé do terceiro.

3) A melhor solução parece ser a de se considerar o *non dominus*, em casos excepcionais, legitimado a dispor através de uma legitima-

---

[28] Note-se que pode haver exercício de direito subjetivo sem negócio jurídico (ex.: tutela judicial ou extrajudicial do direito subjetivo) como também pode haver negócio jurídico sem que exista direito subjetivo a exercitar (ex.: assunção de uma obrigação, ou outros negócios que não importem em disposição de direitos). Cf. BETTI, op. cit., p. 73.

[29] MENGONI, *L'acquisto a non domino*, Milão, 1949, p. 39/40 e 52/53, cf. BALBI, *Il Contratto Estimatorio*, p. 5 (cd. UTET).

[30] Cf. BALBI, op. cit., p. 6 e segs.

[31] CARIOTA FERRARA, op. cit., p. 77.

[32] CARIOTA FERRARA, op. cit., p. cit.

ção aparente, sem que com isto se queira dizer que a *aparentia juris* deva prevalecer sempre sobre o direito mesmo.[33]

Os casos mais comuns são, no direito brasileiro, o do herdeiro aparente (art. 1.600 do C. Civ.) e o caso do *falsus procurator* nas relações de mandato.

Os atos abstratos repercutem ainda no direito cambiário e no direito imobiliário.

Os títulos cambiais devem ser tidos dentro do rigorismo formal da obrigação e só elididos em razão ou motivo que não deixa dúvida da ilicitude da sua origem.[34] Isso, porém, desde que não tenha havido endosso do título, porque, como adverte Pontes de Miranda, "não há investigação da *causa debendi* da nota promissória. A nota promissória é título abstrato. Apenas, entre certas partes, que estiveram em contato no negócio subjacente ou sobrejacente, é possível trazerem-se esse e a sua causa, ou só a sua causa, à discussão. O título não deixou de ser abstrato. O processo é que permite exceções de natureza pessoal ou causal, como algo que emerge, durante o processo".[35]

No direito imobiliário brasileiro o problema da causa encontrou singular relevo quanto à interpretação do art. 859 do Código Civil. Muito se discutia, na verdade, sobre a presunção derivada do registro de imóveis. Para uns, e entre eles Filadelfo de Azevedo e Lisypo Garcia, a presunção era *juris et de jure*, determinando, assim, uma legitimação aparente ao *non dominus* e acarretando, *ipso facto*, a aquisição da propriedade ao comprador, desde que de boa-fé. Para outros, como Soriano Netto, Orozimbo Nonato e Hannemann Guimarães, a presunção é meramente *juris tantum*. É ato causal e não ato abstrato. Por essa última corrente inclinou-se o Supremo Tribunal Federal que, em reiterados arestos, vem pondo termo a velha discussão.[36]

O Registro Torrens, cuja vigência atualmente é objeto de debates, é apresentado por muitos como gerador de títulos abstratos, constituindo os seus dizeres enérgica e indestrutível expressão de verdade jurídica. Contra o conteúdo de tais títulos perderia sentido o brocardo *Nemo plus juris ad alium transferre potest quem ipse habet.*

---

[33] CARNELUTTI, *Teoria Generale del Diritto*, in E. BETTI, op. cit., 232.

[34] Acórdão do Trib. de Just. de São Paulo, 5ª Câmara, *in Revista Forense*, vol. 140, p. 323/4.

[35] PONTES DE MIRANDA, *Nota Promissória*, p. 12.

[36] Ac. de 17.12.41, *in* JURISPR. DO S. T. F., VIII/19; idem de 21.01.46, *in Arquivo Judiciário*, 81, 204; idem, mesma data *Rev. Forense*, CIX, 108; idem de 26.12.46, *Rev. dos Tribs.*, 169, 383; idem de 02.12.49, ARQ. JUD., 86, 359; idem de 27.09.48, *Revista Forense*, 123, 120; idem de 10.05.50, Arq. Jud., 94, 203; idem de 03.04.50, Arq. Jud., 94, 913; Arq. Jud. 280 e 330.

Diz-se que, à semelhança dos títulos cambiários, o título Torrens torna invulnerável o proprietário inscrito em face do direito do verdadeiro *dominus*. É preceito do art. 75 da Lei Torrens que "Nenhuma ação de reivindicação será recebível contra o proprietário de imóvel matriculado".

Todavia, nos parágrafos desse mesmo artigo o legislador abriu exceções tendentes a minorar o rigorismo formal do sistema, restabelecendo-se o direito do lesado, através da ação competente, nos casos de dolo, fraude, ou com a exibição de título anterior.

Estão excluídas do âmbito do Registro Torrens as sucessões *mortis causa* (art. 69 do Regulamento promulgado pelo Decr. nº 955-A, de 05.11.1890).

Vemos, pois, que a abstração é suscetível de graus.

O Registro Torrens, apesar de abstrato, tem seu campo de ação delimitado pelas diversas exceções nele consagradas. O seu conteúdo de abstração não é, portanto, absoluto, e, em certos casos, permite a indagação da causa.

— 4 —

Negócios jurídicos e
negócios jurídicos de disposição[1]

Sumário: 4.1. Vontade e negócio jurídico; 4.2. Poder de disposição; 4.3. Caráter abstrato da disposição; 4.4. Disposições sobre o mesmo objeto: princípio da prioridade e da continuidade.

4.1. Vontade e negócio jurídico

Um dos problemas que mais têm preocupado a doutrina é o do negócio jurídico.

De criação recente pela ciência jurídica germânica (Hugo, Lehrbuch der Pandeckten; art. 88 do Código da Saxônia) não tardou a se difundir entre os que estudam direito privado e público, sendo essa expressão, negócio jurídico, e seu valor conceitual, recebidos pela doutrina pátria, entre outros, e. g., por Ribas.[2]

Tem-se como negócio jurídico a ordenação de fatos concretos[3] que entrou na dimensão do direito. Como tal, deve estar dentro do princípio da autonomia da vontade, sendo, portanto, um ato de autonomia, um autorregulamento.[4]

Antes de haver negócio jurídico, o que existe são fatos, posições, meios, que os particulares tomam ou fazem para organizar os pressupostos previstos pela lei ou por ela permitidos e julgados suficientes.

Na latim medieval, apareceu a expressão *species facti*, figura de fato ou, ainda, pressuposto de fato, embora o conceito de *species eidos*,

---

[1] Artigo publicado na Revista do Grêmio Universitário Tobias Barreto, da Faculdade de Direito da UFRGS.

[2] Ribas, Antonio Joaquim. *Curso de Direito Civil*, I. p. 90, Rio de Janeiro, 1865.

[3] H. Mitteis. *Deutsches Privatrecht*, p. 21, München u. Berlin, 1953: Das Rechtsgeschäfte ist die Ordnung Konkreter Sachverhalte...

[4] E. Betti. *Interpretazione della Legge e degli Atti Giuridici*, p. 275 e segs., Milano, 1949; *Teoria Generale del Negozio Giuridico*, p. 17 e segs., Torino, 1952.

em grego, já fosse fundamental para a filosofia helênica, definindo-se como "o que se vê".[5]

Um dos pressupostos necessários é a vontade, tem-se afirmado, elevando-a à categoria de dogma dos negócios jurídicos. Há quem negue esta prevalência da vontade sobre a declaração ou manifestação.

Historicamente, no Direito Romano Clássico, era desconhecida e expressão "ato jurídico", bem como a de "declaração de vontade",[6] aparecendo somente no período pós-clássico que se estendeu desde o fim do terceiro século da era imperial até a época de Justiniano.

Admite-se que então a vontade era mais importante que a declaração ou manifestação, embora com frequentes e graves exceções.[7]

No direito germânico antigo, antes da recepção do Direito Romano, era a declaração mais importante que a vontade, não sendo permitido "impugná-la".[8]

Com o término do período Germânico e Franco, e a recepção do Direito Romano no século XI, que se tornou direito nacional, sem que pensassem em que esta recepção fosse a acolhida de direito estrangeiro, uma vez que os reis germânicos se consideravam sucessores dos Césares, o problema, em linhas gerais, foi posto nos termos do Direito Romano. O Direito recebido não era o Direito puro, mas as partes glossadas pelos glossadores, e, mais tarde, pelos comentadores ou conciliadores do Digesto: *quod non agnoscit glossa, non mano* escrito em grego, como as *Novellae* de Justiniano, pois *Graeca non leguntur*.[9]

No século XIX, Savigny elaborou a teoria da vontade, fundamentando-a no Direito Romano pós-clássico ou justinianeu, onde estabeleceu o primado da vontade sobre a declaração.

Definia-se, então, o negócio jurídico (Windscheid, Kipp, Regelsberger, Dernburg) como "declaração de vontade dirigida à produção de um efeito jurídico".

---

[5] Marias, Julian. *Historia de la Filosofia*. Ed. Rev. do Ocidente, p. 53.

[6] Schulz, Fritz. *Principles of Roman law, Oxford*, 1936, p. 44: There is no term for act in law (*negotium* is much wider) name for declaration of intention (*declaratio voluntatis* and *voluntatem declarare* are post classical expressions).

[7] G. Segré. *Di alcune Pericolose Tendenze nello Studio Sistematico del Diritto Romano*. Prolusione nella Università de Cagliari, 1893, Scritti Vari di Diritto Romano, p. 559 e segs., Torino, 1952: La stessa necessita del consenso tra le parti, sia che venga intesa come concordia de voleri, sia che venga intesa come incontro de dichiarazioni, e che alla prima può sembrare un princípio intuitivo trova nel diritto romano frequenti e grave smentite.

[8] H. Mitteis. *Op. cit.*, p. 22: Das ältere deustche Recht legt das Hauptgewitch auf die Erklärung... Eigene Erklärung konnte man nicht "anfechten".

[9] H. Mitteis. *Op. cit.*, p. cit.

— 72 —

O Código Civil pátrio, bem como outros códigos, o alemão, e. g., não conceituaram o negócio jurídico, embora esteja no fundamento[10] de todos eles, como uma das grandes conquistas da dogmática jurídica contemporânea.

Há autores que distinguem entre declaração e manifestação de vontade. Uns porque entendem que a expressão "declaração de vontade" exclui outras formas em que ela se traduz, como, e. g., comportamento; outros afirmam que a distinção entre manifestação de vontade e declaração está em que esta é, apenas, um fato.[11] Essa discussão, no entanto, parece ser mais de palavras do que de conceitos.

Os autores que têm versado a matéria não tardam em reconhecer que a significação dada à expressão "declaração de vontade" pelos juristas clássicos compreende, também, aqueles casos em que a vontade se revela através do comportamento.

Tanto a declaração como a manifestação são fatos. É possível, assim, não preenchidos os requisitos necessários, permanecerem estes, usando-se do vocabulário de Josef Kohler, na zona neutra, que contém os fatos indiferentes ao direito. A vontade, por si só, é incapaz de produzir efeitos jurídicos, é necessário que haja lei ou norma que os discipline. Este problema da vontade e ato, antes de ser problema jurídico, é filosófico, da moral, dos atos voluntários e involuntários.

É sabido, porém, que a solução dos litígios jurídicos pode não coincidir com a da moral. A ordenação jurídica é heteronômica; a da moral, autonômica.[12]

A vontade é a do tempo da realização do negócio; a anulação de negócio por erro no declarar não se deve confundir com retratação. A presunção jurídica, embora vencível, é a de que a declaração expressa a vontade. O princípio da seriedade negocial, da boa-fé, os próprios fundamentos do direito contratual, assim exigem. Por esses mesmos fundamentos não se anulam os negócios, quando a declaração é feita com reserva mental.

a) Teoria da declaração de vontade (*Willenserklärung*).

b) Teoria da concepção instrumental do negócio jurídico.

c) Teoria preceptiva (*Sollenserklärung*).

---

[10] Planck. *Bürgerliches Gezetsbuch*, I, 103, p. 179, Berlin, 1903.

[11] Kohler, Josef. *Lehrbuch des Bürgerlichen Rechts*, I, § 217, p. 486, Berlin, 1906: Willenserklärung aber ist nicht Willensoffenbarung... Willenserklärung ist eine Tat...

[12] G. Radbruch. *Einführung in die Rechtswissenschaft*, herausgeg, von K. Zweigert, Stuttgart, 1952, p. 19: *In* der Moral sci ein jeder, wie Christus in der Wüste in erhabener Einsamkeit allein mit sich selbst, nur dem Gesetze, nur dem Gericht des eigenen Gewissens untertan.

Deve-se a Savigny, insigne pandectista, a elaboração da teoria que considera o negócio jurídico como declaração de vontade dirigida à produção de efeitos jurídicos. Quando não houver, portanto, correspondência entre a declaração de vontade e a vontade, esta deve prevalecer.

É de Windscheid a observação de que "a declaração sem vontade tem o mesmo efeito jurídico da vontade sem declaração".[13]

Dernburg filia-se também à corrente que faz da vontade um dogma nos negócios: palavras e vontade devem coincidir. Certo, a coisa declarada se considera como querida. Ocorre a contraprova, com base em outros fatos, para demonstrar que faltou a vontade.[14]

E reconhece o pandectista exímio que não é possível anular certos atos com fundamento na falta de vontade, nos negócios de comércio, quando esta afirmação contrasta com o decoro e o modo de pensar idôneo, sobretudo se o declarante está em culpa do engano que a outra parte sofreu, com a falsa declaração.[15]

No mesmo sentido, Enneccerus[16] e Zitelmann[17] admitem algumas exceções em que a vontade não prevalece sobre a declaração, como as suscitadas pelas exigências do tráfego, "pois que essa homenagem mui justamente prestada à vontade real, deve combinar-se, porém, com o respeito devido aos legítimos interesses, à boa-fé e confiança de terceiros, donde a responsabilidade do declarante ao manifestar-se a sua vontade".[18]

A teoria da declaração de vontade, no que toca ao problema capital da prevalência da vontade sobre a declaração, ou desta sobre aquela, cinde-se em duas orientações opostas: teoria da vontade (*Willenstheorie*) e a teoria da declaração (*Erklärungtheorie*). Embora, diga-se, em geral, a teoria da declaração da vontade compreendendo aquela primeira.

A teoria da declaração tem seu ponto de partida no fato de que, em certos casos (considerados excepcionais pela teoria da vontade), tais como o do uso de tráfego, os de comércio e o princípio protetor dos contraentes de boa-fé, a vontade não prevalece.

---

[13] Windscheid. "Wille und Willenserklärung", no "Archiv für Zivilpraxis, cf. Dernburg, Pandette, vol. I, 1, § 96, nota 2, p. 281, trad. de Cicala, 1906.

[14] Dernburg. *Op. cit.*, p. cit.

[15] Idem.

[16] Rechtsgeschäft. Bedingung und Anfangstermin.

[17] Irrtum und Rechtsgeschäft, Cnf. Sconamiglio. *Op. cit.*, p. cit.

[18] Espínola, Eduardo. *Manual do Código Civil*, Parte Geral, v. III, p. I, p. 184/5. Cnf., também, Arnoldo Medeiros da Fonseca, Caso Fortuito e Teoria da Imprevisão, p. 211, ed. 1943.

Esses fatos, por um processo de generalização, são elevados à categoria de regra. Assim, a vontade posta no negócio é que tem verdadeiramente valor. Essa é a orientação, em linhas gerais, de uma corrente que conta com juristas eméritos, tais como Baher, Kohler e Leonhard.[19] Essa teoria tem conteúdo de verdade, em certos aspectos. Costumam, em realidade, aqueles que adotam a teoria da vontade em sua dimensão clássica (de Savigny e Windscheid) olhar apenas a volição de um dos contraentes (a hipótese é de um contrato), ignorando as razões do outro participante da relação jurídica, como se esta fosse meramente uma proposta. A proposta é uma declaração de vontade, aliás obrigatória para o proponente, mas não é, evidentemente, um negócio jurídico. Nos contratos, porém, a fusão de duas ou mais vontades e o sinalagma genético apto a se projetar nas prestações correspectivas (sinalagma funcional) é que dá cunho de negócio jurídico ao que era, apenas, uma posição assumida à constituição de um vínculo tendente a um fim prático ou jurídico. O mérito desta teoria foi precisamente o de despertar a atenção para o outro contraente. Mas, exagerou, tornando-a exclusiva.

De outro lado, a supressão da vontade pela anteposição da aparente conduziria a consagrar-se negócios involuntários com a mesma eficácia dos voluntários. Para a validade deles independeria a existência ou inexistência da vontade. Mas não é hoje que se afirma serem os atos jurídicos meios através dos quais satisfazemos e realizamos as nossas volições.

a) A concepção instrumental do negócio jurídico teve figuras consulares como seus defensores. Entre eles, contam-se: Brinz, August Thon e Unger.

Pressentida por Brinz e desenvolvida por A. Thon, "representa para este a aplicação aos negócios jurídicos de sua concepção instrumental do direito".[20]

Sendo o negócio jurídico um meio dado pelo ordenamento para a produção de efeitos, pode-se pensar, mas não é absolutamente necessário, que este meio consista exatamente no desejo do agente de que possam produzir-se aqueles efeitos.[21]

Essa teoria, entretanto, exagera um dos aspectos do negócio jurídico, qual seja o de meio para a consecução de uma finalidade que o ordena.

---

[19] Dernburg. *Op. cit.*, § 99, nota 2, p. 289.

[20] Levy, Alessandro. *Notas a Thon, in Norma Giuridica e Diritto Soggetivo*. Ed. Cedam, 1951.

[21] A. Thon. *Op. cit.*, p. 344.

O fato aliás, de se considerar o negócio como meio não deveria, em boa razão, excluir o aspecto voluntário do negócio, pois que meio é algo que serve a um fim. O fim é, em princípio, algo de intelectualístico e que necessita da vontade para sua realização; e o faz suscitando os meios necessários.[22]

b) Teoria preceptiva: Büllow, Henle, Larenz e Betti.

A teoria preceptiva, por seu caráter objetivo, opõe-se à teoria da vontade. Deve-se a Büllow a sua formulação primeira. Representa a aplicação de uma corrente da filosofia neo-hegeliana à teoria dos negócios jurídicos.

O conteúdo do negócio jurídico é um dever.

Recentemente, Emílio Betti emprestou-lhe a força de sua autoridade inconteste. Formulou, então, a mais vigorosa crítica que se tem notícia ao dogma da vontade.[23]

Explica a teoria do negócio jurídico, partindo do conceito deste e do de direito subjetivo, e afirma: "Ambos (direito e negócio) estão a serviço da liberdade e da autonomia privada, mas com finalidades essencialmente diversas, já que cada um deles representa a solução jurídica de um problema prático diverso, embora correlativo".[24]

O direito subjetivo tem uma finalidade estática de conservação e tutela.

O negócio jurídico tem, ao contrário, uma finalidade dinâmica, de iniciativa e renovação.[25] Quanto à vontade, como fato psíquico interno, exaure-se com a declaração ou o comportamento.[26]

Ao contrário, o preceito da autonomia privada surge pela primeira vez com a declaração ou comportamento; e então toma vida como entidade duradoura, exterior e destacada da pessoa do autor.[27]

Caracteriza-se por ser concreto, atinente à vida de relação e obrigatório.[28]

---

[22] Savelli. *Summa Diversorum Tractatum*, T. 1, 14: Causa finalis dicitur quae principaliter ab agente fuit considerata, quae illum praecipue movit vel in quam mens fuit directa eo ut sit prima quod intentionem, licet ultima quod executionem. V. Joaquim Dualde. *Concepto de la Causa de los Contractos*, p. 63, ed. Bosch, 1949.

[23] *Teoria Generale del Negozio Giuridico*, p. 55/71, 86 e segs., 92, 126, 149 e segs., 163 e segs., 167, *passim*, vol. XV-2 do Tratado Vassalli, U.T.E.T., 1952.

[24] E. Betti. *Op. cit.*, p. 45.

[25] E. Betti. *Op. cit.*, p. cit.

[26] Larenz. *Methode der Auslegung der Rechtsgeschäfts*, *in* Betti, op. cit., p. 60.

[27] Betti. *Op. cit.*, p. 60.

[28] Betti. *Op. cit.*, p. 162.

Reconhece, porém, "nessun dubbio che il precetto sia posto ines-sere da una volontà in ordine a un dato scopo. Ma il punto individua-le, non acquista rilevanza sociale se non rendendosi riconoscibili agli altri sotto forma de dichiarazione o di comportamento e dandosi un contenuto socialmente aprezzabile sul terreno dell'autonomia priva-ta, concretandosi cioè in un precette".[29]

Assim exposta a teoria, vê-se que ela não supera o preconceito, chamado de individualista, da vontade, como elemento essencial do negócio.

De certa forma, essa construção se apresenta similarmente à da lei.

Houve época em que se discutia se deveria prevalecer, na in-terpretação, a vontade captável do legislador (teoria subjetiva) ou o significado – expresso e latente – da superfície verbal da lei (teoria objetiva). Predominou esta última.

O teor literal da lei permanece invariável, mas gradativa e con-tinuamente vai tomando novo sentido e variando de conteúdo com a mudança dos fenômenos sociais a que tem que se projetar.[30]

Para que esta modificação se opere é necessário que a lei não se prenda à vontade do legislador – algo que pertence ao passado – pois que ela deve adaptar-se aos aconteceres epocais.

Mas o mesmo raciocínio não é aplicável ao negócio jurídico, por-que, nesse, o estipulado permanece sempre vitorioso face ao tempo e aos acontecimentos (*pacta sunt servanda*). É lícito mudar-lhe a signifi-cação através de novo acordo (novo negócio); pela vontade de uma das partes, porém, a adaptação às exigências novas provenientes de turbulências econômicas é impossível, salvo se tal houver sido esti-pulado expressamente no contrato. Não é alegável nos contratos que se prolongam no tempo (*tractus successivus*) o *pro rebus sic stantibus intelliguntur*.

A autonomia da vontade, afirma Betti, é aquela atividade ou po-der de autorregulamento dos próprios interesses[31] e sua manifestação precípua é o negócio jurídico.[32] Essa atividade pode ser reconhecida como pressuposto e causa geradora das relações jurídicas já discipli-nadas em abstrato pela lei.[33]

---

[29] Betti. *Op. cit.*, p. 163.

[30] Gmür. *Anwendung des Rechts, in* Recaséns Siches, Los Temas de la Filosofia del Derecho, p. 8, Ed. Bosch, 1934; V. também, p. 134/5.

[31] Betti. *Op. cit.*, p. 45.

[32] Betti. *Op. cit.*, p. 46.

[33] Betti. *Op. cit.*, p. cit.

Mas se considerarmos a vontade apenas como pressuposto de fato necessário à verificação do efeito preestabelecido pela lei, a teoria do negócio jurídico perde grande parte de sua importância e, também, o seu fundamento lógico.[34]

Na teoria dos atos jurídicos, assume grande importância aquela parte que diz respeito aos negócios que envolvem disposição de direito ou da relação jurídica.

Entende-se por negócio jurídico de disposição uma declaração de vontade que produz imediatamente uma perda do direito ou uma modificação gravosa.[35]

O termo "disposição" comporta vários significados.[36] Pode-se dizer negócios jurídicos dispositivos, *lato sensu*, todos aqueles em que há o exercício do poder de disposição. Em outro sentido, mais restrito, costuma-se opô-los aos negócios obrigatórios.[37]

Como exemplo de negócio jurídico meramente abdicativo de direitos, temos a renúncia simples; outros, porém, não apenas extinguem um direito, mas o transferem imediatamente de um patrimônio para outro. Entre os de perda e os de transferência existe uma categoria intermédia: o direito não se perde, nem se transfere, pelo menos imediatamente; acarreta, porém, restrições aos mesmos, durante um determinado lapso de tempo.

Para que o negócio dispositivo seja valorizado positivamente pelo ordenamento é necessário – entre outros requisitos – que o disponente seja titular de direito subjetivo (ou seu representante) e

---

[34] G. Stolfi. *Teoria del Negozio Giuridico*, p. XVI, nota I, ed. Cedam, 1947. Dentro, aliás, do pensamento neo-hegeliano não são poucas as críticas que se fazem a esta teoria. Assim Julius Binder (*La Fondazione della Filosofia del Diritto*, p. 164, nota 2, ed. Einaudi, 1945) critica Larenz: "Neppure posso considerare riuscito il tentativo del Larenz", di riunire "dialetticamente" essere e dover essere. Solo il "criticismo puo dire con un certo fondamento" che per la ragione "teoretica cio che e è cio che deve essere; che l'oggeto, secondo "l'espressione del neo-kantismo, no el ciè dato ma ciè proposto". O conteúdo do negócio jurídico é algo existente.

[35] Enneccerus, Kipp e Wolff. *Tratado de Derecho Civil*, 1, 2, § 134, p. 35, ed. Bosch, 1950.

[36] Cariota Ferrara encontra três significados do termo disposição: "Il termine 'disposizione' può avere piu significati. Si piò parlare di disposizione nel senso piu ampio, usato anche da noi in questa trattaione, con referimento ao patrimonio proprio o altrui (Stronal, Erbrecht, § 64, an. 15). In tal caso vengono compresi nelle disposizioni negozi reali, obbligatori, 'in senso stretto' escludendo i negozi reali e compreendendo soltanto gli altri negozi che pur direttamente colpiscono il diritto sogetivo, cio è i negozi che le modificano o distruggono. Intese cosi, le disposizione si contrappongono ai negozi obbligatori e si distinguano dai negozi reali. *I Negozi sul Patrimonio Altrui*, p. 115, ed. Cedam, 1936.

[37] Note-se, porém, que no direito positivo pátrio é desconhecido o termo negócio jurídico, bem como, portanto, o de negócios jurídicos de disposição. O Código Civil emprega o termo "disposições" quase exclusivamente na parte do direito das sucessões: arts. 1573, 1576, 1641, 1651, 1667, 1668, 1669, 1678, 1710, 1718, 1720. Em outros lugares são importantes: arts. 122, 131, parágrafo único.

a concorrente configuração do objeto negocial dentro dos limites do princípio da autonomia da vontade.

O direito subjetivo é, portanto, elemento essencial à validade dos referidos negócios, embora seja possível, em alguns casos, haver disposição sem o concurso dele, o que não importa numa consideração liminar de invalidade do negócio, uma vez que este pode ser considerado eficaz pelo ordenamento jurídico, desde que concorram outros elementos justificadores, tais como a boa-fé e a abstratalidade da operação jurídica e, em certos casos, a utilidade ou conveniência (gestão de negócios). Tal não acontecendo, há invasão na esfera jurídica de outrem, sanável judicialmente.

Em regra, pois, o sujeito do negócio se identifica com o sujeito do patrimônio no qual devem verificar-se os efeitos jurídicos.[38]

Outro aspecto que merece ser focalizado é o da não correspondência, em certos casos, da disposição de direitos com a da relação jurídica que lhes dá lugar.

Há disposição da relação jurídica quando se opera uma mudança subjetiva (negócio de compra e venda) ou objetiva (sub-rogação de um bem por outro).

É da observação teórica precisar que em alguns casos há disposição de direitos sem que com isto haja alguma modificação na relação, compreendendo-se como tais os atos de disposição que se referem a um direito determinado.[39]

4.2. Poder de disposição

Caracterizado o negócio jurídico, *lato sensu*, como sendo todo aquele em que se exercita esse poder específico, surge outra indagação de natureza relevante, qual seja, a de que o referido poder esteja, ou não, contido no direito subjetivo.

Mas é necessário, antes do ingresso nesta pesquisa, outra de natureza preliminar.

Carnelutti caracteriza o negócio jurídico como ato de exercício do direito subjetivo.[40] Se todo negócio jurídico é ato de exercício de direito subjetivo, caso o poder dispositivo esteja neste, haveria negócios jurídicos tendentes ao uso, ao gozo, e finalmente, à disposição. Chega-se a isto, observando o direito subjetivo por excelência, ou seja, o direito de propriedade.

---

[38] Ferrara, Cariota. *Op. cit.*, p. 3/4.

[39] Von Tuhr. *Op. cit.*, vol. II, 1, p. 268.

[40] Sconamiglio. *Contributo alla Teoria del Negozio Giuridico.*

A esse esquema reduzir-se-iam todas as espécies de negócios jurídicos.

Mas, e isto é óbvio, existem negócios jurídicos que importam, apenas, num dever face a outrem, titular de um direito, v. g., a assunção de obrigação.

Foi August Thon quem observou não estar o poder de disposição contido no direito subjetivo. Antes havia dedicado todo um capítulo ao problema do gozo dos direitos,[41] chegando à conclusão de que o gozo dos bens juridicamente protegidos, a propósito da propriedade e de qualquer outro direito, não pertence ao conceito do mesmo: o gozo é finalidade, mas não conteúdo do direito.[42] A alienação, e. g., por parte do proprietário transfere a propriedade.[43] Esta última é, pois, o objeto da alienação.[44]

Justifica o seu ponto de vista com o exemplo, aliás conhecidíssimo, da "pedra lançada": "Io potrei lanciare una pietra un tratto in lá: ma nessuno dirà che sia stata la pietra a darmi la forza di lanciarla".[45]

Mas é evidente, também, que, para lançar uma pedra é necessário, em primeiro lugar, que ela tenha em si as condições para sofrer a aplicação da força.[46]

Assim, a manifestação de vontade é extrínseca ao direito subjetivo e não constitui uma parte do seu conteúdo, mas não se pode negar que pertença ao conteúdo do direito subjetivo a aptidão para sofrer um ato dispositivo.[47] Evidentemente, se tal aptidão faltasse, todas as manifestações de vontade tendentes à transferência não teriam eficácia pela só razão de que o objeto não era passível dos atos dispositivos.[48]

É que a declaração de vontade é elemento essencial do negócio jurídico, mas não do direito subjetivo, pois que, de outra forma, não se explicaria pudessem ser os incapazes titulares de direito. Nesse caso a alienação não é possível, não porque falte aptidão (pois que o objeto a dispor pode tê-la), mas porque o seu titular não pode expressar a sua vontade, com valor jurídico.

---

[41] Thon. *Op. cit.*, cap. VI, p. 279 e 308.

[42] Thon. *Op. cit.*, p. 316.

[43] Thon, *Op. cit.*, p. 319.

[44] Thon. *Op. cit.*, p. cit.

[45] Thon. *Op. cit.*, p. cit., nota 2.

[46] Pugliatti, *in Annali del'Instituto di Scienze Giuridiche della R. Università di Messina*. I (1927), p. 155 e segs.; agora: Saggi, p. 10 e segs.

[47] Pugliatti. *Op. cit.*, p. cit.

[48] Pugliatti. *Op. cit.*, p. 12.

Considerando o poder de disposição como atinente ao conteúdo do direito subjetivo, é necessário indagar qual a qualificação doutrinária da possibilidade de disposição por quem não é seu titular.

Tem-se afirmado a existência de um poder de fato, de um poder de direito por parte do disponente não titular. Outros encaram a operação em si, não indagam a qualidade do poder atribuído, para firmar que a aquisição se opera pela *aparentia juris* juntamente com a abstratalidade do negócio jurídico.

Pouco importa que se qualifique o poder como de fato ou de direito. Esse poder que tem o não titular é reflexo da situação que se constitui definitivamente, ocorridos aqueles pressupostos.

Quando não correm aqueles requisitos o ato é nulo (venda de coisa de outrem), e o proprietário putativo pode ser demandado com a ação competente.

Isto não impede que ele seja beneficiário de certos efeitos, especialmente os referentes à usucapião e relativos aos frutos, enquanto estiver de boa-fé.[49]

A disposição pressupõe em regra a titularidade atual do direito subjetivo. Mas nem sempre tal se verifica: É nulo, e. g., o legado de coisa alheia. Mas se a coisa legada não pertencendo ao testador, quando testou, se houver depois tornado sua, por qualquer título, terá efeito a disposição, como se sua fosse a coisa, ao tempo em que se fez o testamento.[50]

4.3. Caráter abstrato da disposição

O Código Civil não incluiu, entre os elementos essenciais para a validade dos atos jurídicos, a causa.[51] Assim, a falsa causa só viciará o

---

[49] Como explicar-se que um ato nulo produza esses diferentes efeitos? Uma explicação interessante é dada por Colmet de Santerre: "Il ne s'agit pas d'une nullité proprement dite, mais d'une résolution. L'article 1599 est une application des règles sur la condition résolutoire sous-entendue dans les contrats synallagmatiques pour le cas où l'une des parties n'exécute pas son obligation. Le vendeur a promis la propriété, il ne la fournit pas; l'acheteur a le droit de faire résoudre (anéantir) le contrat et d'obtenir des dommages et interêts. Il résulte de cette interprétation que le vendeur ne peut pas invoquer l'article 1599, car ce n'est à celui qui manque à ses obligations d'invoquer l'inexécution du contrat pour y troubler la source d'un droit. *Manuel de Droit Civil*. v. 2, p. 141/2, Lib. Plon, 1901.

a) Outros veem nesse caso uma nulidade pendente, submetida, no direito germânico, em regra, a uma regulação provisória. V.-se Enneccerus. *Op. cit.*, I, 2, p. 368, nota 1.

b) A venda de coisa alheia, apesar de ato nulo, é ratificável. A ratificação não é negócio jurídico novo, mas, apenas, acordo posterior ao ato. Independente de forma (art. 150 do Cód. Civil), pois que a declaração de vontade é *Condicto Juris* do negócio.

[50] Código Civil, art. 1678. a) V. também, arts. 1118 a 1121 do Código Civil.

[51] Código Civil, art. 82.

— 81 —

ato quando vier expressa como razão determinante ou sob forma de condição.[52]

Isso significa que o motivo ilícito, em regra, não vicia o ato. Mas para a construção de uma teoria geral do negócio jurídico, o conceito de *causa finalis* é fundamental, como ordenadora dos atos jurídicos, uma vez que estes são suscitados em razão de uma finalidade.

Os negócios abstratos se caracterizam por uma valorização indireta da causa. Na prática interessa saber, no que respeita à causa eficiente, que a singularidade deles se reduz, em essência, a um "solve et repete",[53] nos limites em que é admitida a ação de enriquecimento sem causa.

Em sentido mais restrito, os negócios jurídicos de disposição se opõem aos simplesmente obrigatórios. Costuma-se chamá-los, também, de negócios jurídicos de disposição, por excelência, porque se trata de modificações no primaz dos direitos subjetivos.

Envolve, dessarte, o exercício do poder de disposição, a transferência (perda para o titular da relação jurídica primitiva) de direitos reais ou a sua modificação gravosa. O direito real modificado, quando adquire a sua plenitude anterior, pela renúncia ao crédito real, não acarreta necessariamente uma aquisição derivada restitutiva,[54] mas dá lugar ao *jus recadentiae*.[55]

O direito real é por sua natureza absoluto. Como cautela relativa à absolutividade dos direitos reais está o seu número diminuto, pois só o são aqueles que a lei designa. Isto não significa que a enumeração do art. 674 do Código Civil pátrio seja taxativa; mas que a criação de novos direitos reais depende de lei.

Mas nem sempre tiveram os direitos reais estrutura típica. No Direito tedesco antigo vigorava o princípio da livre formação dos direitos reais.[56]

Procura-se, hoje, a simplificação dos ônus que possam gravar a terra e perturbar a sua gestão livre e econômica. Ora essa simplificação tende a uma forma em que melhor se atenda às exigências da produção, i. é, a propriedade.[57]

---

[52] Código Civil, art. 90.

[53] G. Stolfi. *Op. cit.*, p. 44.

[54] Enneccerus. *Op. cit.*, v. cit. § 130, II, b, nota 9, p. 22.

[55] Alguer, Braz. *In* Enneccerus. *Op. cit.*, v. cit., p. 25.

[56] Diz Heusler: "Secondo alcuni tutti i diritti attuati con la Gewehre sarebero stati diritti reali: perciò anche la locazioni, il mutuo, il comodato, il deposito". Instituzioni de Diritto Privato Tedesco, I, p. 376 e segs., *in* Barassi, *Diritti Reali e Possesso*, I, p. 49 ed. Giuffrè, 1952.

[57] Barassi. *Op. cit.*, p. cit.

As modificações porventura advindas à propriedade são, pois, limitadas ao mandamento da lei, no qual está subsumido o critério de utilidade do particular e da coletividade.

De outro lado, é preciso não confundir o direito pessoal com o real, o que, aliás, já aconteceu. Para essa confusão muito contribuiu uma bela doutrina que principiou em Grócio (*De Jure Belli ac Pacis*), pois que se dizia que "em certos lugares é preciso, para se alienar validamente, uma declaração perante o povo ou um magistrado ou um registro (as insinuações das doações); coisas estas que certamente são de direito civil".[58]

Mas a entrega não é necessária por Direito Natural para transferir a propriedade, e os próprios romanos o reconheceram em certos casos. O Código Civil de França admitiu que a propriedade fosse transmitida só por efeito do consentimento das partes, sem necessidade de nenhum ato externo. Confundiu-se desta maneira, logo em seu início, o direito pessoal com o real.[59]

De outro lado, há alguns autores que veem, na forma de atuar um dos elementos essenciais da obrigação, ou seja, a responsabilidade, uma espécie de hipoteca geral sobre todo o patrimônio.[60] Por sua vez, constrói-se o conceito de propriedade como sendo o de uma relação jurídica que vincula todos, através de uma obrigação negativa, a um sujeito, esquecendo-se de um aspecto primordial: o objeto (corrente pessoalista ou obrigacionista).

O ato dispositivo modifica sempre o direito a que se refere, de maneira que todo ato posterior encontra um limite nos atos dispositivos anteriores relativos ao mesmo objeto.[61]

Disto nasce, em matéria de eficácia dos atos dispositivos sobre o mesmo objeto, o princípio da prioridade.[62]

A disposição reputa-se perfeita quando a outra parte adquire o direito. Mas, exclui-se, e até opõe-se a ela, a aquisição de direito como negócio dispositivo.

---

[58] Freitas, Teixeira de. *Consolidação das Leis Civis*, p. CLIV, ed. Laemmert, 1856.
a) V. um amplo estudo dessa parte em Funaioli, *La Tradizione*, p. 82 e segs., ed. Cedam, 1942.
[59] Freitas, Teixeira de. *Op. cit.* p. CLIV.
[60] G. Segré. *Scriti Vari di Diritto Romano*, III, V. Obligatio (-ri, -re), p. 251/2, ed. Giappichelli, 1952.
[61] Tuhr, Von. *Op. cit.*, vol. cit., p. 277.
[62] Tuhr, Von. *Op. cit.*, p. 378.

4.4. Disposições sobre o mesmo objeto: princípio da prioridade e da continuidade

Quando se encontram coexistentes direitos em que realidade não podem se realizar plenamente, um frente ao outro, o contraste que disto resulta se chama colisão de direitos.[63]

Essa colisão só é possível nos atos *inter vivos* e, para evitar isso, existe um sistema de publicidade registral. É a lição sempre atual de Teixeira de Freitas: As fraudes que tal sistema preserva realizam-se pelo consumo de dois atos *inter vivos* contendo a alienação total ou parcial da mesma coisa pelo mesmo proprietário e nas transmissões *mortis causa* não há este perigo, não há colisão possível, há um fato único – o falecimento – donde provêm os direitos sucessórios.[64]

Os atos *inter vivos*, portanto, tendentes a modificar direitos, dependem das formalidades exigidas pelo Registro Imobiliário.

É requisito da transcrição para transferência da propriedade imóvel, em qualquer caso, o número de ordem e da anterior transcrição.[65] O número de ordem determina a prioridade do título, e este a preferência dos direitos reais.[66]

A exigência do número da anterior transcrição caracteriza o dogma da continuidade, tanto que para se poder exercer a disponibilidade "faculdade de registrar alienações ou onerações – é necessária a transcrição do título anterior".[67]

É necessário não confundir o princípio da prioridade com o princípio da continuidade. Com este procura-se, apenas, evitar as interrupções na cadeia registral e evitar que as transferências se realizem ocultamente, caso contrário: "ad un certo momento vedremmo figurare como titulare di un diritto Tizio, senza che sai dai aleun atto di acquisto a suo favore".[68]

---

[63] Dernburg, § 42, p. 106 e segs.

[64] Freitas, Teixeira de, *op. cit.*, p. CLXXVII a) O registro imobiliário não estava na letra da lei romana: "Land registers showing the ownership of and charges on lands were unknown to Roman law, although used under peregrine law in the Hellenistic parts of Empire, and although the Governors expressly recognized the usefulness of such institutions. Fritz Schulz, op. cit., v. Security, p. 250. The edict of Mettius Rufus, Prefect of Egypt (A. D. 89) stresses "the importance of a proper upkeep of such registers" in order that the contracting parts may not be deceived through ignorance. Bruns, Fonres, n° 73, v. 36; Mitteis Wilcken, *Grundzüge u. Chrestomathie*, II, 2, n° 192. Cf. Fritz Schulz, op. cit., p. cit., nota 1.

[65] Dec.-lei n° 4.857, de 9 de novembro de 1938 (Lei dos Registros Públicos), art. 247.

[66] Dec.-lei n° 4.857, art. 202.

[67] Dec.-lei n° 4.857, art. 244, *in fine* e 214.

[68] L. Ferri, *La Transcrizioni degli acquisti mortis – causa e problemi connessi*, p. 21 ed. Giuffrè, 1951.

Para se dizer que existe continuidade, é necessário que aquele que a respeito de uma transferência figura como autor (alienante) tenha figurado como sucessor (adquirente) numa transferência precedente.[69]

Discute-se muito, hoje, se do princípio da prioridade surgiu, como desenvolvimento lógico, o da continuidade. A resposta afirmativa nos parece exata.[70]

---

[69] L. Ferri. *Op. cit.*, p. cit.

[70] V. contra, um amplo estudo de L. Ferri. *Op. cit.*, p. 22 e segs.

— 5 —

A teoria da base do negócio jurídico no Direito brasileiro [1]

1. O sistema contratual, próprio às concepções liberais do século XIX, da época em que se realizaram as grandes modificações do Direito Civil, tinha como valor supremo o princípio da autonomia da vontade.

Colaborava, também, para adoção desse princípio, como fundamento único do Direito contratual, o fato de as relações econômicas serem estáveis, sem as grandes crises que se começaram a desenhar na primeira metade do nosso século. Por esse motivo, os Códigos não inseriram, expressamente, outros conceitos limitadores da aludida autonomia, como o da "cláusula *rebus sic stantibus*"; ou ainda, os casos de lesão enorme ou enormíssimas que continham, p. ex., as Ordenações Filipinas, (L, IV, tít. XIII), sendo enorme a lesão que viesse a ultrapassar a metade do justo preço, e enormíssima quando alguém houvesse recebido a terça parte, apenas, do valor de um bem. Nesse particular, cumpre aludir ao fato de certos códigos, como o Código Civil austríaco, no § 934, conterem disposições a esse respeito, estabelecendo que uma desproporção significativa entre a prestação e a contraprestação deverá ocasionar a invalidade do contrato.

2. Ainda quando no século passado se tenha a vontade como o valor supremo, ao ponto de afirmar-se *"qui dit contractuel dit juste"*, ainda assim houve juristas que se aperceberam que a estrutura contratual pressupõe, para que possa exercer com normalidade a sua função de troca, uma relação estreita com a realidade econômica subjacente.

Essa vinculação com a realidade encontrava seus institutos de maior importância nas condições, suspensivas e resolutivas, e na teoria da impossibilidade, especialmente na impossibilidade posterior. Havia quem indagasse se certas hipóteses de dificuldade (*difficultas*) não deviam ser equiparadas à impossibilidade absoluta posterior,

---

[1] Extrato de parecer, publicado na Revista do Tribunais n° 655, 1990.

— 87 —

tendo o Código Civil alemão, no § 275, II, feito essa equiparação, pelo menos quanto à impossibilidade relativa, uma das espécies de impossibilidade.

3. A dificuldade em razão das modificações econômicas configurava as hipóteses de aplicação da "cláusula *rebus sic stantibus*". Essa cláusula tão famosa na história dos conceitos não foi recebida na maioria das codificações do século passado. Alguns autores, como Günther Teubner ("Die Geschäftsgrundlage als Konflikt zwischen Vertrag und gesellschaftlichen Teilsystem, in *Zeitschrift für Handelsrecht*, 146, 1982, pp. 625 e ss.), aludem à existência à época de um "rigorismo normativo", na ordem contratual, o qual pressupõe um sistema econômico e social, cujos elementos possam ser objeto de cálculo com grau elevado de exatidão, e isto somente foi possível, porquanto existiam condições de mercado eficientes, situações políticas estáveis, um tipo de estado que não realizou intervenções punctuais na economia e uma moeda estável. Esses são os requisitos necessários a que o aludido rigorismo normativo realize uma distribuição dos riscos contratuais.

É óbvio que, presentes essas condições no meio econômico, não se poderia, nos fins do século passado e início desse século, cuidar da aplicação da aludida "cláusula *rebus sic stantibus*" ou de outro conceito que tivesse a mesma finalidade; depois, porque a tendência marcada para a generalização dos conceitos tornava impraticável a aplicação da aludida cláusula em todo o direito, com o mesmo repertório de significados. Pareceu ser, assim, a melhor solução não incluí-la nas codificações do século passado e do início deste século.

4. O princípio *pacta sunt servanda* e a ênfase dada à vontade na teoria dos negócios jurídicos contribuíram, em grande medida, para que não se adotassem as soluções com base na mencionada cláusula. É certo que o princípio *pacta sunt servanda* salienta, por um lado, a obrigatoriedade do contrato, a necessidade de serem cumpridas as obrigações que dele resultam, o que não merece o menor reparo; por outro, indica, o que é e sempre foi inexato, a sua absoluta imodificabilidade, ainda quando as condições econômicas, no curso de sua vigência, se tenham alterado de modo essencial.

5. Seria possível concluir que somente em nosso século é que a questão da base do negócio jurídico, como atualmente se denomina o conceito relativo à modificação da realidade subjacente do contrato, teria adquirido autoridade na jurisprudência e na doutrina.

Porém, ainda no século passado, reacendeu-se a discussão a respeito das relações entre o contrato e a realidade na qual ele se insere, especialmente quando nela se manifestam modificações substanciais.

A questão parecia ser acadêmica em face da estabilidade da economia da época; mas ela se realizava dentro do "Direito Comum", ou seja, do "Direito romano atual" à época, propondo-se sempre a questão com base na relevância ou irrelevância dos motivos, para resolver problemas decorrentes de possíveis alterações do meio econômico. A solução a essa questão estava, na época, em vinculação íntima com a teoria do erro. Fazia-se, como ainda hoje se faz, uma distinção nítida entre causa e motivo, distinção essa que provém de Baldo, a quem se atribui a criação do termo *causa motivae*, em que o termo "motivo" aparece, pela primeira vez, na linguagem jurídica. Ele se constitui em simples cálculo, probabilidades de que algo venha a ocorrer, o que, por sua variedade, não pode integrar o conteúdo do negócio jurídico, salvo menção expressa.

6. Windscheid, para resolver essas questões, criou o termo "pressuposição" (*Voraussetzung*), definindo-o como um conceito que tinha como fundamento o fato de as partes contratantes fazerem depender o seu acordo, ainda que de modo tácito, da existência de certas situações. Tratar-se-ia de uma "condição não totalmente desenvolvida", talvez de uma *conditio subintelecta* – conceito tão de agrado dos canonistas – pois a condição era tácita. Windscheid incluía no conceito de pressuposição não somente a hipótese de erro a respeito dos motivos, como também expectativas não realizadas e ainda certas modificações posteriores das circunstâncias do contrato ("Die Voraussetzung", *in Archiv für die civilistische Praxis*, v. 78/161 e ss.).

A crítica que se lhe fez, à época, foi a de que pretendia, na verdade, dar relevância aos motivos, permitindo pudessem ser objeto de anulação os atos em que as circunstâncias supostas pelas partes não viessem a ocorrer na vigência do contrato.

Os Códigos, como já se mencionou, não dão relevância jurídica ao motivo e, por isso, o Código Civil brasileiro, em seu art. 90, exara a regra de que "só vicia o ato a falsa causa quando vier expressa como razão determinante ou sob forma de condição".

7. Seria razoável pensar que os aspectos subjetivos do contrato – como então se considerava a sua vinculação com a realidade fora das hipóteses legisladas – em face dessa orientação estariam completamente excluídos da teoria do negócio jurídico. Mas assim não sucedeu. Em primeiro lugar, porquanto, no Direito Público, começou a desenvolver-se a partir de uma decisão do Conselho de Estado da França, de 1916, a respeito de uma sociedade concessionária de gás e a Municipalidade de Bordéus, e daí em diante foi aplicada, progressivamente, a teoria da imprevisão. E, por outro, porquanto começou

— 89 —

a desenhar-se, no Direito Civil, a teoria da base subjetiva do negócio jurídico, e, depois, a da base objetiva.

A teoria da base subjetiva do negócio jurídico retoma a problemática e a solução propostas por Windscheid, a respeito da relevância jurídica das modificações das "circunstâncias do contrato" e a aproxima, pois, da noção de erro. Mas, ainda assim, apesar do prestígio que lhe deu Oertmann, não se livrou da crítica de que, através dela, se pretendia introduzir uma hipótese de anulabilidade com base no erro nos motivos.

8. Pensou-se, por igual, em resolver a questão através da hermenêutica integradora, quando as experiências da interpretação jurídica começaram a tornar-se importantes para o Direito, o que coincide com a retomada das funções criadoras pelos juízes. Mas havia sempre a dificuldade de saber como integrar a lacuna do negócio jurídico, pois ele não continha nenhuma cláusula a respeito das modificações das circunstâncias do contrato.

Acresce que, além da lacuna do contrato, havia, também, a lacuna da própria ordem jurídica, pois esta não havia exarado nenhuma norma a respeito. Contudo, parecia certo que, não se tratando de contrato aleatório, havia necessidade de se distribuírem os riscos normais do contrato entre os figurantes.

9. Como se cuida de regular o risco nos contratos, logo veio a ideia de considerar as modificações das circunstâncias como espécie da impossibilidade, a qual, como ninguém ignora, tem precipuamente essa função. É, aliás, o que sustenta K. Larenz (*Geschäftsgrundlage und Vertragserfüllung*, Berlim, 1957, pp. 18 e ss.) ao afirmar que o conceito objetivo da base do negócio jurídico se vincula com a finalidade real do contrato e procura responder à questão de saber se a intenção geral dos contratantes pode ainda efetivar-se, em face das modificações econômicas sobrevindas. Por isso, ela se vincula com a teoria da impossibilidade.

Em verdade, cuidar-se-ia de uma impossibilidade econômica, porquanto ultrapassados os limites de que se poderia exigir de uma das partes no contrato, o denominado "limite de sacrifício" (*Opfergrenze*), a espécie se qualificaria como de impossibilidade posterior, ainda quando ela não estivesse especificamente prevista nas codificações do início do século, de que é exemplo o nosso Código Civil, embora nos Códigos mais recentes, como no italiano, ela apareça com a denominação de "onerosidade excessiva".

10. A impossibilidade posterior absoluta, como ninguém ignora, se total, resolve o negócio jurídico (CC, art. 865). As hipóteses de

impossibilidade, especialmente nas obrigações de dar, referem-se, no geral, à perda de um bem, compreendida a perda no sentido natural, ou seja, a sua destruição, seja ela total ou parcial, que o Código Civil denomina de deterioração. Há, por igual, a impossibilidade moral que se aproxima da aludida impossibilidade econômica e se refere a um ato a ser realizado. Em certos casos, é moralmente impossível exigir--se a contraprestação, tendo-se em vista que o cumprimento, *in casu*, não teria o menor sentido, como, p. ex., sucede com alguém que se obrigue a realizar um espetáculo em certo dia, sendo que nesse dia seus pais faleceram, exemplo didático que ninguém desconhece.

A teoria da impossibilidade poderia ser a fundamentação correta para os casos de modificação nas circunstâncias do contrato, se não existissem outros princípios que definissem a relação contratual como uma relação material.

Ainda que não conste de preceito expresso, ninguém ignora a existência em nosso Direito do princípio da boa-fé aplicável às relações obrigacionais e limite importante ao princípio da autonomia da vontade (v. nosso ensaio "A obrigação como Processo", São Paulo, 1976, pp. 29 e ss.). São amplas as suas funções, pois, como princípio fundamental, ele confere ao juiz poderes para criar novas soluções, dando-lhe um suporte sistemático que afasta o simples julgamento por equidade, e determina uma profunda objetivação no conceito de negócio jurídico. Pode-se concluir que a tendência à objetivação do negócio jurídico acabou por determinar a criação do conceito de "base objetiva do contrato".

11. Outra questão é a de saber como se desenvolveram, no plano lógico, as condições necessárias para o surgimento desse novo conceito, fazendo-o independente da teoria da impossibilidade a que se vinculou por dilatado espaço de tempo.

A tendência inicial da objetivação do negócio jurídico manifestou-se com a adoção da teoria da declaração, ou mesmo da teoria preceptiva, com o que se deu ênfase à posição do destinatário da manifestação de vontade.

O conceito de "base objetiva" revela a mesma problemática, com a diferença relevante de que não se leva em conta a posição de apenas uma das partes do contrato, e, sim, a de ambos os figurantes. A "base objetiva do negócio jurídico" decorre de uma "tensão" ou "polaridade" entre os aspectos voluntaristas do contrato – aspecto subjetivo – e o seu meio econômico – aspecto institucional – o que relativiza, nas situações mais dramáticas, a aludida vontade, para permitir a adaptação do contrato à realidade subjacente.

Como relação de polaridade entre o contrato e o seu meio, ou entre o seu aspecto subjetivo e o institucional, não atua ela de modo automático, como sucede com a "cláusula *rebus sic stantibus*", pois supõe, sempre, um juízo de valor a respeito da importância das modificações do meio econômico em que o contrato se situa.

Em razão dessa objetivação, configura-se a base objetiva como um modelo jurídico próprio e independente, de formação jurisprudencial, deixando de constituir-se mero elemento de outros institutos, como da teoria da impossibilidade. A sua fundamentação sistemática está no princípio da boa-fé, podendo o juiz, no caso de rompimento da base objetiva do contrato, adaptá-lo às novas realidades, ao mesmo tempo que atribui ao contratante prejudicado o direito de resolver o contrato. Decorrência lógica da faculdade de adaptar o contrato, está o direito de exigir reparação ou complementação do preço, quando, não se tratando de relação duradoura, o contrato já houver sido, integralmente, cumprido (K. Larenz, *Lehrbuch des Schuldrechts*, Berlim, 1987, 1, nota 74 b).

12. Um dos setores mais importantes da aplicação da base objetiva do negócio jurídico é o da alteração das prestações em razão da inflação, e também o das modificações resultantes dos atos de Estado de intervenção na economia, como sucede com a fixação dos preços máximos e mínimos.

A todo momento, a jurisprudência consagra entre nós, modificações ao princípio *pacta sunt servanda*, bastando mencionar, que o próprio princípio nominalista (CC, arts. 1.061), vem sendo progressivamente afastado, por força da correção monetária. Observe-se o número crescente das dívidas de valor, que não são apenas as dívidas de "prestar coisas", para ter-se uma ideia da distância em que estamos do princípio da obrigatoriedade dos contratos, pelo número sempre maior de exceções. Na espécie, há a convergência dos princípios da base objetiva do contrato com os efeitos do contrato em que se fixou um preço mínimo. Houve, sem dúvida, infringência ao preço mínimo, ou, pelo menos, e o que tem o mesmo sentido, a cristalização do preço mínimo não atendeu aos preços dos insumos necessários à produção, devendo, portanto, ser corrigido para permitir que os contratos cumpram a sua função.

Essa matéria foi, aliás, objeto de decisão pela 6ª Câmara Cível do TJSP (Ap. cível 586056548, *in* RT 630/177 e ss.) e nela afirma-se, excelentemente: "Como quer que seja, ao menos em teoria, a aplicação das tabelas de conversão limita-se a inverter o processo bem conhecido dos povos que convivem habitualmente com uma economia inflacionária; ao invés de aumentarem-se, mês a mês, dia a dia, os valores nominais, deles deduz-se o que não representa verdadeira mais-valia, mas simples aspecto compensatório da desmonetização. Não tivesse sobrevindo o 'Plano Cruzado', no que diz com este caso concreto, pode-se ter como certo que, assim mesmo, o presente litígio surgiria, porque ao tempo do pagamento o preço fixo estabelecido situar-se-ia em nível inferior ao dos preços mínimos de garantia".

13. No caso de o Estado haver determinado preços mínimos para certos produtos, salienta Gerd Rinck ("Preisherabsetzung von Hoher Hand", *in Archiv für die civilistiche Praxis*, v. 152/503) que "a lei obriga o comprador a cumprir um contrato em condições diversas das que foram convencionadas. A fixação dos preços modifica o conteúdo do contrato em seu ponto mais sensível, na relação de equivalência entre a mercadoria e o preço. A vinculação do comprador no contrato não decorre mais da vontade das partes, mas da lei; e, pois, ele se configura como um contrato cogente, ou melhor, como um contrato corrigido".

Pode suceder, entretanto, que o contrato seja realizado em obediência ao preço mínimo, e, posteriormente, por ato de intervenção do Estado, através de planos econômicos setoriais, venha o aludido preço mínimo a cristalizar-se, ficando muito abaixo dos preços dos insumos necessários. Como se há de resolver o problema?

Considera-se como um dos aspectos mais importantes para aplicação do conceito de base objetiva do contrato a influência dos atos do Estado no controle da economia. Essas modificações são, no geral, imprevisíveis, porquanto as autoridades governamentais nunca afirmam que se vai adotar um plano de congelamento. O Estado utiliza-se de todos os meios para criar a expectativa de que tal não sucederá, para evitar o aumento antecipado dos preços. Por esse motivo, é impossível prever os efeitos resultantes da adoção dos malsinados planos, e como se comportarão os preços após o seu término. Pois todos esses aspectos justificam a aplicação da teoria da base objetiva do negócio jurídico, para restabelecer o equilíbrio das prestações em face de um eventual rompimento (Peter Ulmer, "Wirtschaftslenkung und Vertragserfüllung", *in Archiv für die civilistische Praxis*, v. 174/167 e ss., especialmente p. 201). Advertem muitos autores até mesmo que o conceito fundamental no Direito das Obrigações é o da equivalência das prestações, entendendo-se que a perda de 25% ou de cerca de 50% do seu valor permite afirmar ter-se rompido a base objetiva do contrato (Kegel, Rupp, Zweigert, *Die Einwirkung des Krieges auf Verträge*, 1941, p. 202; Wieacker, "Gemeinschaflicher Irrtum der Vertragspartner und clausula *rebus sic stantibus*", *in Festschrift für Wilburg*, 1965, pp. 229 e ss.; Peter Ulmer, *Wirtschaftslenkung und Vertragserfüllung* cit., p. 181).

14. Em suma, a objetivação, o aspecto institucional do negócio jurídico, permite que o juiz adapte o contrato com mais liberdade; se ele já houver sido cumprido, pode determinar uma complementação do preço, pois não está adstrito à vontade das partes, e, portanto, ao princípio *pacta sunt servanda*. Deve preencher a dupla lacuna, a do contrato e a da lei. Para isso, tem de observar não só as soluções legais existentes, mas também os aspectos de fato. Se o contrato se insere no campo do Direito dos preços, e se existe um preço mínimo ultrapassado pelo aumento dos insumos normais e necessários à sua produção, pode o juiz tomar o critério do preço mínimo e adequá-lo à realidade presente, corrigindo-o, monetariamente, como uma forma de reequilibrar o contrato, tornando, ainda que somente em parte, equivalentes as prestações. Essa possibilidade decorre da circunstância de competir ao juiz superar o conflito existente entre os aspectos voluntarísticos do negócio jurídico e a realidade subjacente, o seu aspecto institucional, sendo certo que uma profunda modificação nas prestações altera o "sistema de riscos", essencial ao contrato, e sem o qual ele não pode cumprir a função a que se destina.

Em conclusão, feitas estas considerações, podemos afirmar que, fora de dúvida, o nosso sistema jurídico adota a teoria da base objetiva do negócio jurídico, em razão de a relação jurídica apresentar aspectos voluntarísticos, ou subjetivos, e objetivos, ou institucionais, resultantes da tensão entre o contrato e a realidade econômica. Esta tensão constitui, precisamente, a "base objetiva" do contrato.

— 6 —

O seguro no Brasil e a situação das seguradoras[1]

Conferência proferida no "Primer Simposio Iberoamericano sobre Seguro y Reseguro", Buenos Aires, 4 a 8.6.84.

Sumário: 6.1. Introdução; 6.2. O regime do seguro; 6.2.1. O contrato de seguro no Código Civil; 6.2.2. Os seguros obrigatórios; 6.2.3. Os planos de previdência privada; 6.3. As companhias seguradoras; 6.3.1. Regime jurídico das sociedades seguradoras; 6.3.2. Órgãos deliberativos e executórios; 6.3.3. O mercado brasileiro e as seguradoras.

6.1. Introdução

Será, decerto, truísmo afirmar que o contrato de seguro foi daqueles que sofreu, no curso do tempo que medeia entre o CC e a atualidade, maior número de modificações. Essa situação não se restringe, como se sabe, ao Direito brasileiro. Em toda parte, o interesse público fez-se sentir, com intensidade variável, em diferentes setores do Direito, permitindo até mesmo afirmar-se que o contrato de seguro foi, sem dúvida, a matéria onde, para logo, se fizeram sentir modificações profundas. Quem examinasse o contrato de seguro e a situação das companhias seguradoras ao tempo da edição do CC de 1916 não poderia sequer pressentir as profundas alterações que sobreviriam.

Por igual, é uma afirmação comum a de que as modificações do contrato de seguro caminham de parelha com as transformações por que tem passado a responsabilidade civil. Esta assumiu particular importância com o advento da teoria do risco, a qual, à margem dos CC, vem suplantando, no geral, a teoria da culpa, noção tradicional no Direito Civil e no Comercial.

Assim, quase que imperceptivelmente, estabeleceram-se *topoi*, através dos quais a jurisprudência, ou mesmo certa legislação especí-

---

[1] Artigo publicado na Revista Ajuris nº 33, março de 1985.

— 95 —

fica, vai constituindo hipóteses de responsabilidade por risco. Nessa mesma medida aumenta a importância do seguro.

São poucos os setores – pelo menos no Direito brasileiro – em que a regulamentação estatal é tão intensa ou tão ampla como no Direito dos Seguros. As novas modalidades foram surgindo à margem do CC, no compasso das modificações de outros institutos. Quem poderia imaginar a incursão importantíssima do Direito Bancário no direito de propriedade? Os novos tipos de financiamento postos à disposição do público, pelo Sistema Nacional da Habitação, inaugurado pelo Decreto-Lei nº 70/66, possibilitando que grande parte da população pudesse adquirir a casa própria? Tudo isso seria ilusório se não existissem garantias, não só para os compradores mas, também, para os órgãos financiadores. O desenvolvimento das transações a médio ou longo prazo forçou a que o seguro se inserisse nesse tipo de contrato, originando algumas espécies de seguros até então desconhecidas. Por exemplo, os denominados "seguros obrigatórios".

É curioso observar como o seguro aparece em setores às vezes insuspeitados. No Direito norte-americano, onde o seguro é notavelmente desenvolvido, abrange a própria aquisição da propriedade. Tendo em vista que os sistemas registrais inexistem, ou não têm a mesma segurança que os de outros países, é possível segurar até a aquisição da propriedade. Se alguém deseja comprar um imóvel e tem dúvidas a respeito da sua titularidade, faculta-se-lhe segurar a titularidade do vendedor, a fim de garantir-se. Decorrência ou não do sistema Torrens, o qual previa um fundo de indenização, a matéria fica em aberto, parecendo ser uma peculiaridade do Direito norte-americano.

Quanto ao Direito brasileiro, seria conveniente examinar a questão do seguro sob duplo aspecto. Em primeiro lugar, o regime jurídico do seguro, e, depois o das companhias seguradoras. Nessa matéria, o interesse público sobreleva, em muitos setores, ao particular. Seria, pois, conveniente estabelecer os tipos de seguros previstos no CC e, posteriormente, o desenvolvimento que a matéria sofreu, por força da edição de leis ou decretos-leis.

6.2. O regime do seguro

6.2.1. O contrato de seguro no Código Civil

Quando da edição do CC, em 1916, o contrato de seguro não tinha a importância que modernamente lhe é atribuída. Também não a possuía a responsabilidade objetiva. Esta última fora recém-estabelecida em 1912, quanto ao transporte ferroviário. Era, assim mesmo, um caso isolado.[2]

As diversas classificações de seguros eram já conhecidas, tanto que a matéria foi objeto de regulamentação específica, nos arts. 1.432 a 1.476. Foi uma regulamentação exaustiva e – pode-se até dizer – bastante moderna para a época.

Essas mesmas disposições do CC continuam hoje em vigor e são as matrizes fundamentais do contrato de seguro. Sobreveio, porém, legislação especial, com leis, decretos-lei e demais preceitos secundários.

As disposições do CC exaravam princípios gerais, explicitavam as obrigações do segurado e do segurador e determinavam algumas modalidades de seguro, especialmente o seguro de vida em sentido amplo.[3] Muito importante, à época, era o seguro contra fogo. Essas duas espécies foram, por larguíssimo espaço de tempo, as mais importantes; mas recentemente, tomou impulso o seguro de responsabilidade civil.[4]

Em virtude do desenvolvimento industrial – que no Brasil se acentua a partir de 1940 – adquire especial importância o seguro contra acidentes do trabalho. Nesse sentido, já em 05.04.35 se editavam regras que disciplinavam as operações de seguro contra acidentes do trabalho.

6.2.2. Os seguros obrigatórios

O crescimento industrial transformou em obrigatório o seguro contra acidentes do trabalho, o qual se constituiu num dos segmentos mais importantes, na década de 50. O Decreto-Lei n° 7.036, de 10.11.44, foi, afinal sendo modificado por diversas normas, em especial pela Lei n° 599-A, de 26.12.48, que alterou a redação de alguns dos seus preceitos (tais os arts. 22, 23, 44, 95 e 112).

O seguro obrigatório de acidentes do trabalho foi mantido por amplo período de tempo, até que, por fim, em razão de legislação

---

[2] Lei n° 2.681, de 07.12.12. V. Clóvis do Couto e Silva, Dever de Indenizar, *in* RJTJRGS, 6/1 e segs.

[3] CC, arts. 1.440 e 1.471 e segs. Sobre a aplicação do art. 1.440, v. Pontes de Miranda, *Tratado de Direito Privado*, 46/41 e segs., 1964, § 4.967, 3.

[4] CC, arts. 1.432 e 1.473. V. o amplo espectro do risco e suas divisões em Pedro Alvim, *O Contrato de Seguro*, 1981, p. 81 e segs.; especificamente sobre o seguro de responsabilidade civil, v. Marensi, *O Seguro da Responsabilidade Civil, in* RT, 580/27-40, 1984. Mais tarde, as hipóteses genéricas de seguros privados foram regulados pelo Decreto-Lei n° 73, de 21.11.66, e podem consistir (art. 3°) em seguros de coisas, pessoas, bens, responsabilidades, obrigações, direitos e garantias.

mais recente, foi extinto. Assumiram, então, esta obrigação os institutos nacionais de previdência, autarquias federais.[5] As empresas privadas, a partir daí, perderam a possibilidade de realizar dita espécie de seguro, ou, pelo menos, de fazê-la de forma ampla.

É certo, também, que, no início da década de 60, nesse setor do Direito, se iniciou uma concorrência muito forte entre as companhias seguradoras. Cuidava-se, apesar de tudo, de um dos seguros mais lucrativos e estabeleceu-se entre as seguradoras uma disputa com reflexos nos aspectos pertinentes ao cálculo atuarial. O número de empregados a ser segurado foi paciente dessas modificações, ensejando a insolvência de muitas companhias de seguro.

Talvez uma das causas da transferência para os institutos de previdência estatais desse tipo de seguro tenha sido a insegurança que resultou, parcialmente, da concorrência danosa entre as empresas. Com a transferência para a União dos seguros de acidentes do trabalho, começaram a surgir novas modalidades, ou as antigas foram sendo modernizadas, e aplicadas com enorme sucesso. Tomaram maior relevo os conhecidos seguros de vida em grupo. Esse setor fez com que muitas seguradoras passassem a atuar com certo desafogo.

Os seguros de vida em grupo tiveram grande incremento, porquanto atendiam a enormes segmentos da sociedade. Sobretudo entre o funcionalismo estabeleceram-se associações que prospectavam e captavam esses seguros, originando fonte promissora para as companhias seguradoras. Deve-se levar em conta o problema da inflação que então repercutia em tais contratos.

A inflação ocasionou a modificação de grande número de institutos dentro do Direito brasileiro. A mesma coisa deve ter sucedido, com maior ou menor intensidade, nos demais países, havendo uma necessidade imperiosa de adaptar as instituições a esse flagelo do séc. XX.

No Brasi sempre houve inflação, como, de resto, em toda a América Latina; mas ela acelerou-se extraordinariamente a partir de 1960, atingindo, então, progressivamente, situação verdadeiramente intolerável. A tendência governamental para tratar a inflação era a de absorver seus males por meio da correção monetária e evitar de atacá-la, desde logo, de forma radical, tendo em vista o alto custo social daí decorrente. Na época, argumentava-se que uma concepção gradualista de contenção da inflação seria mais adequada e suportável socialmente do que um ataque imediato e global às suas verdadeiras causas.

---

[5] O Decreto-Lei nº 73, em seu art. 24, parágrafo único, permite que as sociedades cooperativas operem com acidentes do trabalho.

Por outro lado, a economia brasileira, no início da década de 60, apresentava moldura jurídica que vinha, em parte, do período Vargas, ou seja, de um período histórico em que houve, de uma parte, desenvolvimento em certos segmentos da economia, mas, de outra, uma legislação social extremamente restritiva, que ocasionou a estagnação de amplos setores da atividade produtiva nacional.

Um destes setores em que a estagnação se fez presente foi justamente o da construção civil, por força de uma legislação extremamente restritiva aos proprietários de imóveis: a malsinada Lei do Inquilinato. O mercado de capitais também não se desenvolvia.

O mercado era, simplesmente, financeiro, com base em bancos apenas comerciais.

Na segunda metade da década de 60, modifica-se a estrutura da economia brasileira, sobretudo com duas leis fundamentais: a Lei da Reforma Bancária[6] e a do Mercado de Capitais.[7] O seguro, ao compasso da nova realidade, foi objeto de nova regulamentação, sendo editados o Decreto-Lei nº 73, de 21.11.66, e o seu regulamento, o Decreto nº 60.459, de 13.03.67. Esses decretos regulam, enfim, o Sistema Nacional de Seguros Privados, incluindo-se entre eles extenso rol de seguros obrigatórios. É, aliás, uma das matérias que mais atrai a atenção, prevendo-se no Decreto-Lei nº 73 (art. 20) e no Decreto nº 60.459 (art. 9º) os seguintes seguros obrigatórios:

"a) danos pessoais a passageiros de aeronaves comerciais;

b) responsabilidade civil dos proprietários de veículos automotores de vias fluvial, lacustre, marítima, de aeronaves e dos transportadores em geral;[8]

c) responsabilidade civil dos construtores de imóveis em zonas urbanas, por danos a pessoas ou coisas;

d) bens dados em garantia de empréstimos ou financiamentos de instituições financeiras públicas;

e) garantia do cumprimento das obrigações do incorporador e construtor de imóveis;

f) garantia dos pagamentos a cargo de mutuário da construção civil, inclusive obrigação imobiliária;

g) edifícios divididos em unidades autônomas;

h) incêndio e transporte de bens pertencentes a pessoas jurídicas, situados no País e nele transportados;

---

[6] Lei nº 4.595, de 31.12.64.

[7] Lei nº 4.728, de 14.07.65.

[8] Alterado pela Lei nº 6.194, de 19.12.74.

i) crédito rural;

j) crédito à exportação, quando concedido por instituições financeiras públicas;

l) danos causados por veículos automotores de via terrestre, ou por sua carga, a pessoas transportadas ou não".[9]

Dessa enumeração se verifica que algumas espécies de seguros decorrem de convenções internacionais, tais os referentes a danos a passageiros em aeronaves comerciais. Houve, porém, aumento expressivo, bastando mencionar o seguro obrigatório dos veículos automotores. Não fica aí, apenas, o elenco. Há, por igual, o seguro de responsabilidade civil do construtor de imóveis.

Quando se cuida de empréstimo com garantia de bem, em favor de instituição financeira pública, exige-se seguro. Problema sério foi a situação das construções que não chegavam a seu término porque o construtor se tornava insolvente. Criou-se, para esses casos, o seguro de garantia do cumprimento das obrigações do incorporador e construtor de imóvel. O mesmo sucede em relação aos mutuários do Sistema Financeiro da Habitação.

Um dos elementos importantes da reforma da década de 60 foi a criação do Banco Nacional da Habitação, o BNH, autarquia financiadora e fiscalizadora das construções civis no País. É possível construir fora do Sistema da Habitação, mas esta possibilidade, no geral, não ocorre, em razão do preço das construções. O financiamento é realizado através de um complexo, em cujo ápice está o BNH, como garantidor final e grande financiador das construções. Para que essas obras cheguem ao seu término sem prejuízos ao sistema é necessário que, no momento da constituição do contrato, tenha o mutuário segurado o cumprimento dessas obrigações.

A tendência atual do Direito é aumentar progressivamente o número de seguros obrigatórios.[10] Às vezes, determinados setores, por força do interesse público, vão além da categoria dos seguros obrigatórios: são, desde logo, transferidos a entidades públicas. Entre nós, tal situação verificou-se, na prática, apenas quanto ao seguro social por acidente de trabalho.

Como se pode observar pela enumeração do citado art. 9º, impera no Direito brasileiro, em grande medida, o seguro obrigatório. Ele é, na verdade, uma solução de compromisso entre o seguro público e o seguro privado. Trata-se, no caso, de contrato cogente, onde

---

[9] Alínea acrescentada pelo art. 2º da Lei nº 6.194, de 19.12.74.

[10] Em alguns países há ainda um número maior de seguros obrigatórios, abrangendo, p. ex., os riscos próprios ao exercício das profissões e às atividades esportivas e de lazer.

as partes não se podem negar a contratar. Nos casos onde há seguro obrigatório, triunfa a ideia do risco, razão pela qual ninguém deixa de realizá-lo.

Não se pode ignorar que o setor dos seguros foi aquele em que, desde cedo, surgiram as condições gerais de negócios, ou seja, uma normação resultante da situação de prevalência da entidade seguradora quanto ao conteúdo do contrato de seguro. O contrato, é verdade, não se constitui sem que haja manifestação de vontade. Nos contratos obrigatórios, a manifestação da vontade não é resultado do exercício de uma liberdade, pois existe a obrigação legal de efetivá-los.

O seguro obrigatório tornou-se tão importante que há inumeráveis disposições no sentido de garantir sua eficácia. Assim, a regra do art. 11 do Decreto nº 60.459/67, segundo o qual "as instituições financeiras públicas não poderão realizar operações ativas de crédito com as pessoas jurídicas e firmas individuais que não tenham em dia os seguros obrigatórios por lei, salvo mediante aplicação da parcela de crédito, que for concedido, no pagamento dos prêmios em atraso". Quanto aos bancos, dispõem o art. 12 e seu parágrafo único: "Os bancos e demais instituições financeiras inscreverão a prova de realização dos seguros legalmente obrigatórios nas respectivas exigências cadastrais".

"Parágrafo único – Na fixação dos limites para operações ativas de crédito, os bancos e demais instituições financeiras não poderão considerar os bens sujeitos a seguros obrigatórios por valores superiores ao segurado".

O art. 13 disciplina até mesmo como deverá ser feito o balanço: "Os balanços levantados pelas pessoas jurídicas deverão conter necessariamente os valores segurados decorrentes das obrigações do art. 20 do Decreto-Lei nº 73/66, contabilizados nas contas de compensação". Por fim, há disposições para serem aplicadas especialmente às denominadas "empresas de encomendas" – ou seja, aquelas que participam das grandes concorrências do País – como a do art. 14: "Para participar de concorrências abertas pelo Poder Público, é indispensável comprovar o pagamento dos prêmios dos seguros obrigatórios".

6.2.3. Os planos de previdência privada

Um aspecto importante – e talvez peculiar ao Direito brasileiro – foi o florescimento dos planos de previdência privada fora das companhias seguradoras. Estes planos foram postos em atividade não propriamente por entidades seguradoras, mas por montepios. Aqui há uma particularidade interessante no Direito brasileiro. O CC estabeleceu, em seu art. 20, § 1º, uma distinção entre sociedade de seguro e montepios, exigindo-se que ambas fossem constituídas com prévia autorização governamental. Pretendendo funcionar em mais de um Estado, essa competência cabia à União.

Nessa mesma década de 60 começam a surgir em grande número os montepios. Houve até quem dissesse que se havia ingressado definitivamente na *era dos montepios*. Este florescimento acarretou um extraordinário crescimento das empresas atuantes na área, nem sempre lastreado em cálculos atuariais precisos, o que levou, dentro de algum tempo, a que se estabelecessem rumorosos processos de liquidação dessas mesmas entidades. Foi a época em que se desenvolveram as *sociedades de lançamento, os promoters*, algumas delas com extraordinário sucesso.

A particularidade dessas sociedades *promoters*, que lançavam os montepios através de extensas campanhas publicitárias, era a de não necessitarem, praticamente, de capital. Nos contratos determinava-se que as cinco ou seis primeiras prestações dos associados eram devidas a título de corretagem e para pagamento da publicidade. Angariavam-se associados em número extraordinário; algumas vezes, em pouco mais de um ano, se atingia cerca de dez mil ou mais associados. E as entidades lançadoras, sem maior capital a garantir suas operações, tinham, entretanto, como suas as cinco primeiras prestações. Estas eram, por vezes, cobradas antecipadamente, pois os atrasos não poderiam prejudicá-las. O próprio montepio, que, no geral, recebia as prestações, fazia um adiantamento à sociedade lançadora e, se os associados não permanecessem nos quadros, realizava-se o débito.

Os montepios, diferentemente das entidades seguradoras, prometiam planos ambiciosos de aposentadoria e tinham de investir em segmentos altamente lucrativos da economia nacional. Como na década de 60 foi feita a reforma bancária e a do mercado de capitais, com a criação de inumeráveis instituições financeiras especializadas, desde logo, muitos desses montepios preferiram ingressar nesta área, ou seja, adquirir o controle de bancos comerciais e de investimento e de outras companhias de seguros, formando-se verdadeiros conglomerados. O montepio tornou-se, assim, uma sociedade *holding*. Havia quem anunciasse que essas entidades não poderiam sobreviver por muito tempo, uma vez que os planos de previdência não estariam perfeitamente calculados. Para que se tenha uma ideia das entidades de maior sucesso, e ainda hoje líder de um dos grandes conglomerados do Brasil, o Montepio da Família Militar, com mais de cinquenta empresas, prometia pagar aos seus associados, após certo tempo, uma pensão correspondente ao soldo de coronel do Exército brasileiro. Este aspecto levou a que muitas pessoas se associassem.[11]

Perceberam alguns fundadores de montepios que, por força do constante ingresso de dinheiro, não teriam maiores problemas por largo espaço de tempo; por isso, não se preocuparam em estabelecer planos corretos de previdência, baseados em cálculos atuariais exatos. Assim, muitos deles, ao cabo de alguns anos, procuraram alterar a promessa inicial, fazendo substanciais modificações nos planos previdenciários. Ditas alterações deram motivos a várias questões jurídicas da maior importância relativamente aos limites do poder de modificar os estatutos, levando sempre em conta que eles se endereçam ao público em geral e que, consequentemente, o tratamento jurídico dos montepios, pela sua importância socioeconômica, não pode ser o mesmo que se dá a entidades que não preencham o mesmo espaço social.

Tais questões foram decididas no sentido de limitar o poder e determinar que as promessas iniciais de pagamento de soldo de coronel, na maioria dos casos, deveriam ser mantidas, conforme vem a jurisprudência decidindo quase uniformemente.[12]

Questões a respeito de companhias lançadoras também ocuparam o Poder Judiciário. Mas estas versavam, geralmente, sobre o rompimento abrupto do contrato de angariação de interessados, tendo-se em vista que a elas se pagavam as cinco ou seis prestações iniciais e isto representava ônus muito grande para os próprios montepios. Estes, de alguma forma, procuravam rescindir, com ou sem fundamento, os contratos de angariação de interessados, que, em sua grande maioria, possuíam prazo determinado. Isto ensejava dúvidas sobre se estas rescisões eram ou não possíveis antes de vencido o prazo respectivo.

Como os montepios são entidades de interesse público, permitiu-se, no geral, que pudessem rescindi-los, ainda que, em certos casos não ficasse demonstrada uma lesão ao contrato. Predominou, decerto, no fundo, o raciocínio de que, se essas empresas lançadoras representavam grande fardo econômico para os montepios, em prejuízo de seus associados, não havia como preservar o contrato. Era o interesse público na manutenção do montepio, ainda quando isso revertesse em prejuízo da entidade lançadora.

---

[11] Sobre a diferença entre os benefícios pagos pelos montepios e o seguro, importante para não aplicar àqueles a prescrição de um ano, própria ao contrato de seguro, v. RJTJRGS, 72/468 e segs.

[12] V. o acórdão do 2º Grupo de Câmaras Cíveis do TJRS nos Emb. Infr. nº 500389036, que faz a distinção entre normas estatutárias e normas previdenciárias, exigindo-se para eficácia destas últimas, por afetarem o direito dos associados, registro da alteração no Cartório de Títulos e Documentos (*in* RJTJRGS, 101/250 e segs.).

Tendo-se em vista os enormes lucros que as empresas lançadoras haviam tido, manifestava-se certa dificuldade em justificar a manutenção desse tipo de contrato. E, não sendo possível alterá-lo, deu-se, em muitos casos, como fundamentada a rescisão.

Os montepios assumiram função nova no Direito brasileiro ao liderar grupos de empresas de âmbito nacional, na qualidade de *holdings* de diversas sociedades. Por esse motivo, foram posteriormente regulamentadas através da Lei nº 6.435, de 15.07.77.[13] Por essa mesma lei, permitiu-se que as sociedades seguradoras que operassem no ramo "vida" fossem autorizadas a realizar planos de previdência privada.[14]

Valeria, agora, depois dessa análise a respeito do que se passa com o contrato de seguro, examinar a estrutura administrativa que regula esse setor da economia.

6.3. As companhias seguradoras

6.3.1. Regime jurídico das sociedades seguradoras

Por força do art. 20 do CC, essas companhias dependem de autorização do Governo Federal. De algum tempo a esta parte se tem notado que a maioria das grandes companhias seguradoras pertence aos principais grupos financeiros do País, juntamente com os bancos comerciais, os bancos de investimento, as financeiras e as distribuidoras.

Basta examinar o que sucede com o Bradesco, com o Itaú, com o Unibanco e com outros grandes grupos nacionais. Em certa época, havia maior número de companhias de seguro independentes. À medida que foram tomando importância os bancos comerciais e de investimento, estas companhias passaram a ser detidas e a participar daqueles conglomerados. Não temos dados exatos para dizer qual o número das companhias autônomas; é possível, entretanto, afirmar não existir grupo financeiro sem a sua companhia de seguros.

O Sistema Nacional de Seguros Privados, conforme dispõe o art. 1º do Decreto nº 60.459/67, é composto dos seguintes elementos:

"a) do Conselho Nacional de Seguros Privados – CNSP;

---

[13] Os montepios, sociedades civis ou fundações, que não se limitam a angariar seus associados numa só empresa ou somente num grupo de empresas, constituem-se em entidades abertas e integram o Sistema Nacional de Seguros Privados (Lei nº 6.435, arts. 4º, I, *b*, e 7º). As entidades fechadas não integram o aludido sistema, mas são muito importantes, estimando-se em 500.000 o número de segurados.

[14] Art. 17, parágrafo único.

b) da Superintendência de Seguros Privados – SUSEP;

c) do Instituto de Resseguros do Brasil – IRB;

d) das sociedades seguradoras autorizadas a operarem seguros privados;

e) dos corretores de seguros habilitados".

Excluiu-se, desde logo, a previdência pública, detentora do seguro de acidentes do trabalho,[15] porquanto esta não integra o sistema.

O Decreto-Lei nº 73, que é a legislação fundamental da matéria, alterou o CC relativamente à autorização para funcionamento das companhias seguradoras, que será concedida por meio de portaria do Ministro da Fazenda, mediante requerimento assinado pelos incorporadores, dirigindo ao CNSP, e a este apresentado pela SUSEP.

As sociedades seguradoras não podem operar em qualquer ramo de seguro, porquanto, por força do art. 78, só poderão realizar os "seguros para os quais tenham a necessária autorização, segundo os planos, tarifas e normas editadas pelo CNSP". Também suas ações devem ser sempre nominativas.[16]

Quanto às sociedades de seguro estrangeiras, convém mencionar que a elas se aplica o instituto da reciprocidade em operações de seguro, condicionando-se a autorização para funcionamento da empresa a firmas estrangeiras às condições vigentes no País de origem em face das seguradoras brasileiras. Aliás, compete ao CNSP aplicar às sociedades seguradoras estrangeiras autorizadas a funcionar no Brasil as mesmas vedações ou restrições equivalentes às que vigorarem nos países da matriz em relação à sociedade seguradora brasileira lá instalada, ou que neles se deseje estabelecer.[17] As sociedades seguradoras submetem-se ao Sistema Nacional de Seguros Privados, ao conjunto de normas de Direito Público que institui os órgãos que administram esse importante setor da economia.

6.3.2. Órgãos deliberativos e executórios

O CNSP, como órgão superior ou supremo do Sistema Nacional de Seguros Privados, detém competência até certo ponto normativa, porquanto, além de outras atribuições, lhe cabe, nos termos do Decreto-Lei nº 73:

"I – fixar as diretrizes e normas da política de seguros privados;

---

[15] Decreto-Lei nº 73, art. 3º, parágrafo único.

[16] Decreto-Lei nº 73, art. 25.

[17] Decreto-Lei nº 73, art. 32, X.

II – regular a constituição, organização, funcionamento e fiscalização dos que exercerem atividades subordinadas a este decreto-lei, bem como a aplicação das penalidades previstas;

III – estipular índices e demais condições técnicas sobre tarifas, investimentos e outras relações patrimoniais a serem observadas pelas sociedades seguradoras;

IV – fixar as características gerais dos contratos de seguros;

V – fixar as normas gerais de contabilidade e estatística a serem observadas pelas sociedades seguradoras;

VI – delimitar o capital do IRB e das sociedades seguradoras, com a periodicidade mínima de dois anos, determinando a forma de sua subscrição e realização;

VII – estabelecer as diretrizes gerais das operações de resseguro;

VIII – disciplinar as operações de co-seguro, nas hipóteses em que o IRB não aceite resseguro do risco ou quando se tornar conveniente prover melhor distribuição direta dos negócios pelo mercado;

(...)".

Este órgão tem competência assemelhada à do *Conseil National d'Assurances*, criado pela lei francesa, de 25.04.46, cuja finalidade é estudar as medidas necessárias ao aperfeiçoamento do controle técnico e do controle jurídico das entidades seguradoras.

Mas a competência do CNSP, no Direito brasileiro, é bem mais ampla. Ele possui, do mesmo modo, competência deliberativa, não sendo órgão de consulta, mas de decisão.[18] Por esta razão, sua composição é de outra natureza, pois é órgão integrado pelo Ministro da Indústria e Comércio, que é seu presidente; pelo Ministro da Fazenda ou seu representante; pelo Ministro do Planejamento e da Coordenação Econômica ou seu representante;[19] pelo Ministro da Saúde ou seu representante; pelo Ministro do Trabalho e Previdência Social ou seu representante;[20] pelo Ministro da Agricultura ou seu representante; pelo superintendente da SUSEP; pelo presidente do IRB; pelo representante do Conselho Federal de Medicina; e por três representantes da iniciativa privada, nomeados pelo Presidente da República, mediante escolha entre brasileiros dotados das qualidades pessoais necessárias, com mandato de dois anos, podendo ser reconduzidos.

---

[18] Decreto-Lei n° 73, art. 32.

[19] Atualmente Secretaria de Planejamento da Presidência da República.

[20] Posteriormente, os Ministérios foram cindidos, formando os atuais Ministérios do Trabalho e Ministério da Previdência e Assistência Social. Atualmente, a presidência compete ao Ministro da Fazenda (Decreto n° 83.483/79), havendo alteração também na composição.

É comum fazer-se distinção entre órgãos executores e órgãos de deliberação ou normativos. Em matéria econômica, num plano mais alto, encontra-se a mesma distinção entre a competência do Conselho Monetário Nacional, que fixa as diretrizes econômicas do País, e o seu executor, o Banco Central do Brasil.

Essa dicotomia de órgãos também se manifesta em matéria de seguros. O CNSP é, assim, o órgão que traça a política dos seguros privados e no qual têm assento os Ministros federais da área respectiva e representantes da iniciativa privada e de órgãos corporativos. Há, ainda, a SUSEP. Ela detém natureza de autarquia federal, havendo sido criada, com essa qualificação, pelo Decreto-Lei n° 73. Em consequência, possui personalidade de Direito Público, com autonomia administrativa e financeira, a teor do disposto no art. 35 do aludido Decreto-Lei. Suas principais funções são de natureza executória, pois a ela compete pôr em atividade a política traçada pelo CNSP e, ainda fiscalizar a constituição, organização, funcionamento e operação das sociedades seguradoras. Cabe-lhe, entretanto, significativa parcela de decisão relativamente à operação de seguros, à fixação das condições da apólice, ao processamento de pedidos para autorização, constituição, organização, funcionamento, encampação, grupamento, transferência de controle acionário, reforma dos estatutos das sociedades seguradoras e opinar sobre os mesmos, encaminhando-os ao CNSP.

As garantias técnicas ficam à discrição da SUSEP, que pode, inclusive, aprovar os limites de operações das sociedades seguradoras, é verdade que segundo critérios determinados pelo próprio CNSP. O IRB, que pertence ao Sistema Nacional de Seguros Privados, tem outra qualificação jurídica. É sociedade de economia mista, dotada de personalidade jurídica de Direito Privado, com autonomias financeira e administrativa estabelecidas pelo art. 41 do Decreto-Lei n° 73. O IRB é órgão especializado, regulador do resseguro e da retrocessão. No exercício dessa competência, pode elaborar e expedir normas reguladoras dessas figuras e, ainda, aceitar o resseguro obrigatório e facultativo no País ou no exterior. Compete a ele, assim, promover a colocação no exterior de seguros cuja aceitação não convém aos interesses do País ou que nele não encontrem cobertura. E tal competência, embora especializada, é ampla. Caberia mencionar que ele possui a qualidade de promotor do desenvolvimento das operações de seguros, de aperfeiçoamento de pessoal, promovendo cursos, congressos e conferências. Incentiva a criação e desenvolvimento de associações técnicas e científicas, no sentido de melhorar as operações de seguro ou a formação do pessoal que nelas tenha sua atividade principal, conforme faculta o n° II do art. 44 do mesmo decreto-lei.

As seguradoras são, também, elementos – e elementos principais – do sistema, assim como os corretores. Não são apenas sociedades comerciais: alguns seguros especializados, admite-se que possam fazê-los sociedades civis, associações ou fundações, não tendo, então, fins lucrativos. Nessa situação se enquadram os montepios, considerados como entidades abertas de previdência privada, com competência para instituir planos de concessão de pecúlios ou de rendas, de benefícios complementares ou assemelhados aos da Previdência Social,[21] angariando associados no público em geral.

Os corretores de seguros podem ser profissionais autônomos, pessoas físicas ou jurídicas, e são intermediários legalmente autorizados a angariar e promover contratos de seguro entre as sociedades seguradoras e as pessoas físicas ou jurídicas de direito privado; faculta-se-lhes, é claro, constituir prepostos. Mas o corretor, hoje, necessita de habilitação técnico-profissional, e, para isso, ele terá de ser aprovado em concurso organizado segundo a orientação do IRB em conformidade com as diretrizes do CNSP.[22]

6.3.3. O mercado brasileiro e as seguradoras

Uma das características da economia brasileira é o frequente estímulo à concentração econômica, com a formação de grandes empresas. Ainda quando raramente sejam utilizados os contratos de controle, tais como previstos na Lei das Sociedades Anônimas, ainda assim são muitos os grupos de fato de empresas, resultantes de elevada participação acionária.

Tem-se reconhecido que as companhias seguradoras se integram nesse complexo e constituem agente econômico bastante ativo dentro desses grupos. Entre nós, as atividades das companhias de seguros e dos bancos são complementares, o que recomenda sua integração dentro de um grupo de empresas.

Se as seguradoras, revestidas da forma de sociedade anônima, inserem-se bem dentro de um conglomerado, nem sempre o mesmo ocorre com uma associação civil. O Direito brasileiro contempla duas hipóteses interessantes que resultam da inserção de associações no meio comercial. A primeira delas é a associação de poupança e empréstimo[23] – parte do Sistema Financeiro da Habitação – uma associa-

---

[21] Lei nº 6.435, art. 1º.

[22] Decreto-Lei nº 73, arts. 122 e segs.

[23] Essas associações de poupança e empréstimo foram criadas pelo Decreto-Lei nº 70/66 (art. 1º) com a finalidade de: 'I – propiciar ou facilitar a aquisição de casa própria aos associados; II – captar, incentivar e disseminar a poupança'; e tiverem extraordinário sucesso, pelos incentivos a elas concedidos.

— 108 —

ção civil que capta no mercado associado, mediante um depósito. O depositante é, ao mesmo tempo, associado. O absenteísmo dos associados, mais interessados na renda resultante da poupança, permitiu que seus administradores – no início, fundadores – se fossem constituindo seus procuradores, pois, no ato do depósito, os associados assinam uma procuração, para eleger os membros dos órgãos diretivos, em favor dos próprios administradores. Estas procurações – ou o direito de voto delas decorrente – foram consideradas como elemento de controle da associação, e como tal, suscetíveis de alienação, o que representa profunda modificação no modelo jurídico da procuração e do substabelecimento.

Não se pode dizer que o mesmo tenha ocorrido com os montepios. Neles, o desinteresse dos associados ou disposições peculiares de seus estatutos permitiram que as direções permanecessem no exercício do poder quase indefinidamente. Como sociedades *holdings*, podem os montepios alienar as suas participações em outros empreendimentos. Neles se verifica o declínio da condição de sócio ou associado como partícipe ativo dentro da sociedade, em favor da posição de simples beneficiário, espectador dos negócios sociais. Em alguns montepios os associados não chegam a eleger seus dirigentes, pois estes são escolhidos em outras corporações.

O fenômeno é geral e atinge as próprias associações, quando vinculadas ou inseridas em atividades comerciais; o que vale é o poder de administrar. O poder resultante da propriedade perdeu importância em favor do poder de dirigir os negócios sociais, e os montepios são exemplo eloquente dessa situação. Por isso, em face da inexistência de fato do vínculo associativo, há quem considere a direção das grandes empresas – muitas vezes sem a propriedade das ações – como fiduciária da maioria desinteressada de acionistas ou associados, imputando-lhe deveres que não são próprios aos órgãos administrativos das sociedades, segundo o modelo tradicional.[24]

Esta parece ser a principal consequência do processo irreversível de concentração de empresas, ou de formação da grande empresa: a atribuição de um valor autônomo e preponderante à administração, dissociando-a da propriedade das ações ou da situação de associado.

De qualquer modo, as sociedades seguradoras são um dos elementos mais importantes da economia. No Brasil, elas se desenvolveram muito, e, podendo instituir planos de pensão e assemelhados, transformaram-se em concorrentes dos montepios, que viveram, por longo tempo, pelo menos até o advento da Lei nº 6.435, de 15.07.77,

---

[24] V. Roth, *Das Treuhandmodel des Investmentrechts*, Frankfurt, 1972, p. 197 e segs.

livres de um maior controle de Direito Público, razão pela qual vários deles tornaram-se insolventes.

Como quer que seja, o Brasil foi incluído entre os grandes mercados de seguros a partir de 1979, um pouco abaixo da África do Sul e da Coreia do Sul, denotando grande desenvolvimento. O crescimento real do prêmio, no ano de 1975, atingiu 18,2%, representando, em 1979, cerca de 0,38% do mercado mundial de seguros.[25]

Quanto à situação dos montepios, pode ser estimada de diversos modos. As entidades fechadas são em número de cento e trinta e uma, e as abertas, oitenta. Estima-se que as entidades fechadas pagaram, em 1983, cerca de duzentos bilhões de cruzeiros em benefícios,[26] e as abertas, 40 bilhões de cruzeiros.[27] O volume total das reservas das entidades fechadas é de 2,4 trilhões de cruzeiros,[28] e o das abertas, 500 bilhões de cruzeiros,[29] calculando-se que o patrimônio global das entidades abertas e fechadas seja da ordem de 4 trilhões de cruzeiros.[30]

O seguro privado, nas suas diversas modalidades, concorre, assim, com os seguros públicos, especialmente com a Previdência Social, e sofre as consequências da inflação, pela redução da poupança e pelo estímulo paradoxal do consumo. Ainda assim, foi um dos setores que mais se desenvolveram no Brasil; e, como investidores institucionais, as seguradoras são elementos importantes para o desenvolvimento do mercado. Certos riscos, porém, agravaram-se muito, com repercussão óbvia nas contraprestações, ou seja, nos prêmios.

De qualquer forma, é um dos setores mais estáveis de nossa economia. Tem suportado diversas crises; e a razão de ser desse desempenho talvez esteja na fiscalização criteriosa que realiza a SUSEP – fiscalização, essa, que parece ser superior à que efetua o Banco Central, quanto ao mercado financeiro, ou a Comissão de Valores Mobiliários, no pertinente ao mercado de capitais.

---

[25] V. Lambert-Faivre, *Droit des Assurances*, Dalloz, 1982, p. 57.

[26] 133 milhões de dólares (1 dólar = Cr$ 1.500).

[27] 26,6 milhões de dólares.

[28] 1,6 bilhões de dólares.

[29] 333 milhões de dólares

[30] 2,6 bilhões de dólares (dados fornecidos pelo APLUB, através de seu Diretor, Amaury Soares Silveira).

—7—

Contrato de *Engineering*[1]

Conferência proferida na Universidade Católica Portuguesa,
no Centro Regional do Porto, por ocasião do Congresso sobre
"Contratos: Actualidade e Evolução", de 27 a 31 de novembro de 1991.

Sumário: 7.1. Introdução; 7.2. A estrutura do contrato de *engineering*; 7.3. O adimplemento do contrato de **engineering**; 7.4. Conclusão.

7.1. Introdução

Nas últimas décadas, começou a aparecer no direito brasileiro, no princípio timidamente, depois sempre com maior ousadia, a expressão "contrato de *engineering*". Esse contrato, que se poderia traduzir para o português como "contrato de engenharia", se distinguia de outros contratos em que se fazia a aplicação dos conhecimentos específicos de engenharia civil, denominados de contratos de construção. Com o desenvolvimento urbano e o crescimento das cidades, procurou-se regular os condomínios e as "incorporações imobiliárias"[2] e garantir os adquirentes de apartamentos e casas. Esse contratos, antes da legislação específica sobre incorporações, obedeciam a regras, aliás muito gerais, do Código Civil relativas ao contrato de empreitada (Cód. Civil, arts. 1.237 e 1.247), que não atendiam às necessidades de nossos tempos. Os condomínios e o contrato de incorporação, referentes a obras de engenharia civil, foram regulados, minuciosamente, em lei, não sucedendo o mesmo com a construção de obras de grande porte, em que se associam não só as construções civis, mas, também, equipamentos elétricos e mecânicos, em que a regulamentação atinge apenas a certos aspectos. Esses contratos de grandes obras e equipamentos industriais obedecem, assim, a modelos contratuais praticamente iguais, podendo dizer-se que se estabeleceu uma tipo-

---

[1] Conferência publicada na Revista de Informação Legislativa ano 29, nº 115 de jul./set., 1992.

[2] Lei nº 4.591, de 16 de dezembro de 1964.

logia resultante das necessidades comumente aceitas nestes tipos de construções.

Para observar melhor a forma com que esses contratos se desenvolveram entre nós, seria necessário mencionar que, nos fins da década de 1960 e na de 1970, manifestou-se, em todo o mundo, uma tendência ao protecionismo, que se refletiu, no direito brasileiro, especialmente em matéria de contrato de *engineering*. Por esse motivo, editou-se o Decreto nº 64.345, de 10 de abril de 1969, que regulou a contratação de empresas estrangeiras na prestação de serviços de consultoria técnica e engenharia, determinando (art. 1º) que estes contratos, com a Administração Federal, direta ou indireta, só poderiam ser realizados se não houvesse empresa brasileira devidamente constituída para o desempenho desses serviços. A seu turno, quando possível a contratação de empresa estrangeira, dever-se-ia procurar a constituição de consórcios com empresas brasileiras, com a finalidade de facilitar a transferência de tecnologia (art. 6º). Para coibir quaisquer práticas que pudessem diminuir a importância dessas disposições, determinava-se que esses contratos, envolvendo órgãos da Administração Federal, direta ou indireta, só seriam registrados no Banco Central, desde que houvesse no processo a declaração do Ministro de Estado, em cuja jurisdição estivesse o órgão contratante, da conformidade do contrato com as disposições do Decreto nº 64.345.

Essas regras restringem-se somente à contratação de empresas estrangeiras com entidades da Administração Federal, direta ou indireta, não se aplicando, em princípio, a contratações feitas com os Estados. O Decreto nº 66.717, de 15 de junho de 1977, veio a complementar o Decreto nº 64.345, em razão do fato de o art. 1º ser bastante vago quanto ao seu significado e por isso determinaram-se quais os serviços de engenharia que estariam destinados a serem realizados por empresas brasileiras. Estabeleceu-se que neles estariam contidas: "(I) a elaboração de estudo e projetos de engenharia; (II) a execução, supervisão e controle de instalações de obras de construção civil; (III) execução, supervisão e controle de estradas de rodagem e ferrovias; (IV) execução, supervisão e controle da instalação e da montagem de unidades industriais".

É possível, porém, sustentar que a reserva de mercado terá deixado de existir por força das disposições do art. 3º, § 1º, III, do Decreto-Lei nº 2.300, de 21 de novembro de 1986, segundo as quais: "é vedado aos agentes públicos admitir, prever, incluir, nos atos de convocação, cláusulas ou condições que estabeleçam preferências ou distinções em razão da naturalidade da sede ou do domicílio dos licitantes", salvo a determinação de que no consórcio de empresas nacionais e estrangeiras a liderança caberá obrigatoriamente à empresa nacional, art. 26,

§ 2°; e também do art. 25, § 10, que se refere à participação de empresas estrangeiras, que não funcionam no País, no pertinente à concorrência internacional. Ainda quando o Decreto-Lei n° 2.300 não tenha revogado, expressamente, as disposições constantes nos Decretos n°s 64.345, de 10 de abril de 1969, e 66.717, de 15 de junho de 1977, porque a eles não se refere o art. 90 do Decreto-Lei n° 2.300, parece serem incompatíveis as suas regras, de modo que deve prevalecer a posição mais liberal e igualitária do Decreto-Lei n° 2.300.[3]

As regras do contrato de empreitada coexistem em alguns contratos típicos, ou seja, contratos de prestação de serviços com a obrigação de resultado, regulada pelos Códigos Civil e Comercial, como a comissão mercantil, e em outros criados pelos próprios usos ou costumes comerciais. O direito brasileiro, pode-se dizer, deu uma conotação especial ao contrato de *engineering*, que ainda está à margem de uma legislação complessiva, e que se vincula com as grandes construções; e estas se relacionam com as formas específicas de contratar das entidades de direito público. O contrato de *engineering* pode ser encontrado, especialmente, no período em que se construíam as grandes obras de infra-estrutura no País, como as grandes centrais hidrelétricas, as pontes e aeroportos, ou o reequipamento dos portos brasileiros na década de 70.

Pode-se afirmar sem temer o exagero que todas as obras públicas de importância contratadas pela Administração Federal foram realizadas por empresas nacionais e, em alguns casos, em consórcio com empresas estrangeiras.[4] Alguns Estados[5] dispuseram a respeito dos contratos de *engineering* a ser com eles realizados, sob a denominação de "contratos administrativos", em que se procurou regular, com pormenores, a sua formação e desenvolvimento.

No plano internacional, foram muitas as instituições, especialmente a Organização das Nações Unidas, que colaboraram na formação de modelos contratuais a serem utilizados pelos países em

---

[3] Essa orientação não foi, entretanto, adotada pela Constituição Federal de 1988, que define o que se deve considerar como empresa brasileira, não só perfilhando o critério do lugar de sua constituição (art. 171, inc. I), como também o do controle, direto ou indireto, por nacionais (art. 171, inc. II). Em suma, o tratamento preferencial da empresa brasileira aparece em várias disposições do mencionado art. 171, especialmente no § 2°, que estabelece: "Na aquisição de bens e serviços, o Poder Público dará tratamento preferencial, nos termos da lei, à empresa brasileira de capital nacional." (Grifos do autor.)

[4] A contratação de obras públicas com a União submetia-se a um processo prévio, disciplinado pelo Decreto-Lei n° 200, de 25 de fevereiro de 1967, que regulamentava também os contratos administrativos em seus arts. 44 e ss., dispondo sobre seus requisitos essenciais. Atualmente, esta matéria está regulamentada pelo Decreto-Lei n° 2.300, de 21 de novembro de 1986.

[5] O Estado de São Paulo disciplinou os contratos administrativos nos arts. 40 e ss. da Lei n° 89, de 27 de dezembro de 1972.

desenvolvimento[6] e que parecem ter inspirado as cláusulas utilizadas na construção de obras de engenharia da União ou de suas empresas públicas.

Para que se tenha, portanto, uma ideia ainda que sumária deste contrato, será necessário examinar a sua estrutura (I), incluindo nessa análise o desenvolvimento do contrato de *engineering*, e depois, o que é muito importante, o adimplemento das obrigações resultantes desses contratos (II). Neste particular, cumpre salientar que podem incidir as recentes disposições a respeito da proteção ao consumidor, tais como definidas pela Lei n° 8.078, de 11 de setembro de 1990 (Código do Consumidor), também nesses contratos em favor de quem encomendou a obra ou o equipamento.

7.2. A estrutura do contrato de *engineering*

Já se mencionou que a estrutura do contrato de *engineering* tem a sua base legal no Código Civil quando regula o contrato de empreitada (Código Civil, arts. 1.237 a 1.247). Como na maioria das legislações, o contrato de empreitada é, entre nós, tratado com uma certa simplicidade resultante da circunstância de o Código Civil ter em vista o que normalmente acontece nesses contratos. Estabelecidas certas distinções com contratos semelhantes, que são óbvias na atualidade, e delimitada a questão da transferência dos riscos em matéria de empreitada, quando o empreiteiro utiliza materiais por ele mesmo adquiridos ou de sua propriedade, os Códigos Civis não exaram muitas outras regras no particular.

A doutrina sempre estabeleceu a diferença entre o contrato de empreitada e os demais que com ele mantinham semelhanças, entendendo que aquele é típico, de resultado, enquanto o contrato de prestação de serviços gera obrigações simplesmente de meios. A compra e venda, por exemplo, supõe que o objeto já exista, que já tenha sido fabricado ou que tenha sido adquirido pelo vendedor; o objeto da obrigação do empreiteiro face ao dono da obra é de realizar certo serviço, para, através dele, obter um certo efeito. Assim, enquanto este não se realizar, ou seja, quando não realizada a obra prometida, seja ela de que natureza for, não se tem como adimplido o contrato de *engineering*. E, consequentemente, não se transferem os riscos.[7]

---

[6] As principais cláusulas constantes nesses contratos foram analisadas por J. A. Boon e R. Goffin. "Les contrats Clé en Main", Paris, 1981, especialmente, p. 55 e s. com ampla bibliografia. Para um confronto com formas de contratar do direito americano, sempre importantes nessa matéria, ver Gordon-Kurzmann, "Modern Annotated Forms of Agreement", N. J., 1972, p. 374 e s.

[7] Código Civil Brasileiro, art. 1.238.

— 114 —

O contrato de *engineering* pode, assim, realizar-se com pessoas físicas e jurídicas, e não necessita, nos termos do Código Civil, ser realizado com forma específica. Não sucede, porém, o mesmo com contratos de empreitada realizados com a Administração Pública, que supõem um processo específico, regulado pelo Direito Administrativo, que exige forma escrita. Esses contratos tomaram uma configuração própria; embora tenham o seu fundamento no contrato de empreitada, a eles se acresceram as aludidas disposições administrativas que o regulam, ao mesmo tempo em que se operou uma ampla padronização nas cláusulas contratuais.

O primeiro aspecto a chamar a atenção – e este ponto já foi analisado – se denominou "reserva de mercado" para as companhias de engenharia brasileiras, porquanto essas obras públicas supunham que as empresas que delas participassem fossem preponderantemente de capital nacional, podendo, entretanto, associar-se com outras empresas estrangeiras sob a forma de consórcio, cabendo, neste caso, a liderança à empresa nacional.[8] Esses consórcios surgiram, em princípio, na prática, e posteriormente foram regulados pela Administração Pública[9] e pela Lei das Sociedades Anônimas,[10] sendo que nesta última, entre as formas de agrupamento de sociedades destinadas a realizar obras determinadas.

As empresas consorciadas não configuram um grupo de empresas; os consórcios resultam de contratos destinados a multiplicar as forças econômicas ou técnicas das empresas para realizar determinado empreendimento. Esse tipo de contrato, quando realizado com empresas estrangeiras, permitiu o acesso à tecnologias mais sofisticadas e dele resultou a transferência de *know how*. As empresas de engenharia cresceram muito e, ao cabo de algum tempo, se tornaram sociedades com tecnologia e capacidade de construção, suscetíveis de competirem internacionalmente.

A Administração Pública Federal havia regulado os consórcios para construção das obras públicas,[11] determinando os seus requisitos essenciais, ou seja, exigindo a indicação de quem seria o representante das empresas consorciadas; a composição do consórcio; o seu objetivo; a responsabilidade de cada uma das consorciadas; e a responsabilidade solidária de todos os consorciados pelos atos praticados sob o consórcio, em relação à licitação e ao eventual contrato. Há ainda a obrigação de não alterarem sua composição ou de que não se fará ne-

---

[8] Decreto-Lei nº 2.300, de 21 de novembro de 1986, art. 26, § 1º.

[9] Decreto nº 73.140, de 9 de novembro de 1973.

[10] Lei nº 6.404, de 15 de dezembro de 1976, arts. 278 e s.

[11] Decreto nº 73.140, arts. 22 e s.

nhuma modificação no contrato, sem a anuência prévia e expressa da União. Deverá, ainda, o contrato de consórcio conter o "compromisso expresso de que o consórcio não se constituiu, nem se constituirá, em pessoa jurídica distinta de seus membros, nem terá denominação própria ou diferente da de seus associados".

Essas disposições foram ab-rogadas, porquanto o Decreto-Lei n° 2.300, de 21 de novembro de 1986, art. 90, revogou as normas dos arts. 125 a 144 do Decreto-Lei n° 200, de 27 de fevereiro de 1967, artigos esses que foram objeto de regulamentação pelo Decreto n° 73.140, de 9 de novembro de 1973. Se foram ab-rogados os arts. 125 a 144 do Decreto-Lei n° 200, a que se vincula expressamente o Decreto n° 73.140, parece que os artigos constantes neste último foram, por igual, revogados, ainda quando a derrogação expressa diga respeito, apenas, aos arts. 125 a 144 do Decreto-Lei n° 200.

À sua vez, o Decreto-Lei n° 2.300 determina que certas cláusulas devem constar obrigatoriamente dos contratos feitos com a União (art. 45), entre as quais, a título de exemplo: (I) o objeto e seus elementos característicos; (II) o regime de execução ou a forma de fornecimento; (III) o preço e as condições de pagamento, e quando for o caso, os critérios de reajustamento. E, ainda; (VII) a responsabilidade das partes, penalidades e valor dos materiais; (VIII) os casos de rescisão, etc., sem prejuízo de outras cláusulas que possam ser estabelecidas pela simples vontade dos figurantes, incluindo-se, entre elas, disposições a respeito do contrato de consórcio.

Um dos aspectos essenciais do contrato de empreitada é o fato de a obra dever ser aceita por quem a encomendou. Ele se configura, pois, como um contrato bilateral, não só genético, como também funcional. Resulta do encontro de declarações de vontades concordantes, mas, por igual, dele nascem obrigações para ambas as partes, para o empreiteiro e para o dono da obra. A obrigação principal do empreiteiro é, como se mencionou, a de realizar a obra. E a do dono da obra é de aceitá-la e pagar o preço convencionado. Em geral o preço é pago em dinheiro, mas não obrigatoriamente, e, por vezes, ele é, também, satisfeito segundo as entregas feitas, entregas parciais. Nos contratos de grandes obras, especialmente em matéria de construções eletromecânicas ou de máquinas em geral, costumam-se utilizar os contratos *turn key*, ou seja, a entrega final e definitiva ocorre com todo o equipamento em perfeito funcionamento.

Sendo assim, a entrega não se faz por partes, embora possam ser feitos testes de cada uma delas; mas ela se realiza globalmente, com todos os equipamentos e obras de engenharia completamente acabados e em perfeito funcionamento. Em todos os modelos contratuais,

— 116 —

as obrigações típicas são enriquecidas com a aplicação do princípio da boa-fé, e o contrato de empreitada não constitui exceção a essa regra. Não é possível afirmar, exatamente, em que consistem os deveres anexos, sem analisar uma situação concreta. Configuram-se como deveres de consideração para com a outra parte, de que resulta a cooperação necessária ao correto desenvolvimento da relação obrigacional. É difícil enumerá-los, por antecipação, bastando, contudo, salientar que se expressam sob a forma de indicações, esclarecimentos; atos, em suma, que têm por finalidade impedir que a relação contratual não se desenvolva normalmente e não satisfaça de modo compreensivo o interesse do credor.[12]

Alguns sistemas jurídicos, como sucede no direito brasileiro, não possuem, em sua legislação civil, a cláusula geral da boa-fé.

Por isso, a boa-fé se configura como princípio e é, assim, aplicada, de modo semelhante ao que sucederia se ela houvesse sido recebida, expressamente, pelo Código Civil na forma de uma cláusula geral. O desenvolvimento do contrato de *engineering* supõe o cumprimento das obrigações assumidas pelas partes, expressas e implícitas. A obra pode ser construída nas dependências da propriedade do empreiteiro, na sua empresa, o que normalmente sucede com a fabricação de equipamentos. É possível, porém, que a obra a ser feita deva sê-lo em determinado lugar, que pertence a quem encomendou; neste caso, deve este último, se não se convencionou diversamente, dar condições, especialmente as de segurança, para que a mesma possa ser realizada adequadamente. Muitas vezes, o equipamento é fabricado por partes, devendo-se fazer, na obra, a sua montagem. É possível que a empresa montadora não seja a fabricante das partes, devendo esta última esclarecer as particularidades do equipamento e dirimir as dúvidas que possam razoavelmente surgir, para permitir, assim, a sua realização.

Alguns casos da literatura estrangeira podem esclarecer as dificuldades. Assim, a opinião de Lord Esher (Hall v. Burke, 1886) e o modelo é tomado do direito inglês, pois foi nele que se desenvolveram, particularmente, essas questões relativas ao contrato de *engineering* – é a de que se foi o dono da obra quem forneceu o plano de construção de uma máquina, a obrigação do empreiteiro é simplesmente realizá-la segundo o que lhe foi oferecido.[13] Sucede, assim, decerto, na maioria das hipóteses. Todavia, se o plano for complexo, e o empreiteiro, um especialista, não se pode afastar que a ele caiba o dever de informar o dono da obra de algum aspecto, que, talvez, lhe tenha passado

---

[12] A respeito das concepções atuais relativas à boa-fé, nos direitos português e brasileiro, ver Almeida Costa, *Direito das Obrigações*, Coimbra, 1991, p. 86 e s. e a bibliografia citada.

[13] Ver a respeito, Hudson, "Building and Engineering Contracts", London, 1976, p. 282 e s.

desapercebido, pois os deveres de boa-fé são deveres de cooperação e incidem em todos os contratos, tendo uma aplicação particular no contrato de empreitada; e, por motivo ainda maior, no contrato de *engineering*. Entre nós, porém, em se tratando de obra pública, o contrato faz parte de um processo de licitação, e o concorrente que vencesse o certame não poderia, depois, alterá-lo fosse em que medida fosse. Ele é elemento da oferta pública de contratação, e daí a sua categoria de contrato de adesão. Todavia, nem sempre são previsíveis certas situações no curso da obra, de modo que algumas cláusulas, à vista desses acontecimentos, podem ser alteradas ou complementadas.[14]

Tal seja o caso, podem ocorrer diversos contratos de empreitada, relativos a uma única obra; por exemplo: a construção de um aeroporto, uma hidrelétrica ou equipamentos para trens, com diversas pessoas, vinculadas ou não a um contrato-base. Quando todos eles se ligam a um único contrato, é comum apor-se a cláusula de solidariedade de todos os intervenientes. Se não houver esta cláusula, e se houver um dano, a solidariedade pode ocorrer, mas será uma hipótese de responsabilidade extracontratual, e resultará da concausação do dano.[15]

Pode o empreiteiro subcontratar outras empresas para fazerem parte da obra, objeto da empreitada. É comum o contrato de subempreitada, podendo, entretanto, as partes do contrato de empreitada excluir, expressamente, as subcontratações. Seria possível realizar, isoladamente, esses contratos de empreitada. Mas, em geral, a administração pública põe em licitação a totalidade da obra, de modo a que as empresas, para realizá-la, usam muitas vezes a figura do consórcio, e subcontratam, ainda, certas partes da obra.

O contrato de *engineering* é um negócio jurídico complexo, porquanto, de regra, são feitos diversos contratos, parciais, seja com finalidade preparatória, seja executiva, que constituem, no seu todo, o aludido negócio jurídico.[16] O seu conteúdo pode abrigar, assim, contratos de empreitada parciais, de planejamento da obra, de realização de certas partes ou equipamentos, contratos de serviços, contratos de transporte, contratos de supervisão, sendo a sua totalidade o "contrato de *engineering*. Configura-se, como um contrato atípico, que se des-

---

[14] Nos contratos administrativos, o Poder Público pode alterá-los de modo unilateral, "quando houver (Decreto-Lei nº 2.300, art. 55, I, *a*) modificação do projeto ou das especificações para melhor adequação técnica dos seus objetivos, *(b)* quando necessária a modificação do valor contratual em decorrência de acréscimo ou diminuição quantitativa de seu objeto, nos limites permitidos neste decreto-lei".

[15] Código Civil Brasileiro, art. 1.518, e parágrafo único.

[16] Todavia, em se tratando de obra pública da União, o autor do projeto da obra não poderá participar da licitação ou de sua execução (Decreto-Lei nº 2.300, art. 8º, II).

prendeu do modelo de empreitada, e que, conforme a complexidade da obra, poderia ter como partes diversos figurantes, e não apenas um empreiteiro e o dono da obra, como sucedia, em regra, no modelo de empreitada previsto no Código Civil. Por esse motivo, não é possível descrever o desenvolvimento desse contrato em todas as suas formas; de um modo geral, ele supõe a existência de um projeto, realizado por empresas competentes para isso, projeto esse que depois é executado pelos empreiteiros.

Um dos papéis principais no desenvolvimento das obras de certa magnitude é exercido pelo seu fiscal.[17] Os seus poderes são variáveis, mas não raro aproximam-se do *certifier*, que, no direito inglês, tem faculdades quase judiciais. Considera-se que o fiscal da obra tenha poderes de arbitragem em certos casos, sendo a sua decisão irrecorrível. Procura-se, nessa concepção vitoriana de contrato, impedir discussões e problemas que atrasariam o normal desenvolvimento dos trabalhos. Se, por um lado, e por meio dela, seria possível atingir esse objetivo, por outro, essa competência exclusiva poderia findar na criação de situações anômalas, sem solução jurídica aceitável.

O fiscal ou os fiscais da obra têm função relevante, porquanto além da fiscalização técnica dos serviços de engenharia, são eles que certificam o correto desenvolvimento da obra, de que resulta o pagamento do que houver sido realizado. Na maioria dos contratos, o recebimento da obra é precedido de uma declaração do fiscal da obra, para isso competente, de que a mesma se encontra totalmente acabada e que foram obedecidas as exigências contratuais relativas aos aspectos técnicos. Nesse ponto, pode ele determinar alterações no que foi feito, impedindo assim seja a obra aceita. Não é difícil compreender a importância do ato por ele praticado; e, em se tratando de uma declaração técnica, não deveria deter o fiscal nenhuma parcela de discricionariedade. Todavia, nem sempre há unanimidade a respeito dos critérios técnicos utilizados, tendo-se em vista a eventual complexidade da obra. Levando na devida conta uma certa liberdade que, normalmente, possui o empreiteiro, não é possível prever, com antecipação, todos os detalhes técnicos que serão resolvidos, para que a obra venha a concluir-se em sua totalidade, especialmente quando as obrigações do empreiteiro são enriquecidas com deveres secundários, resultantes da boa-fé.

---

[17] O Decreto-Lei nº 2.300, em seu art. 57, relativamente às obras da União, determina que: "a execução do contrato deverá ser acompanhada e fiscalizada por um representante da Administração especialmente designado". No parágrafo único, determina-se a sua competência obrigando-o a anotar em registro próprio todas as ocorrências relacionadas com a execução da obra.

O fiscal da obra pode ser um terceiro, indicado pelo empreiteiro e pelo dono da obra, assemelhando-se, assim, quanto à sua indicação, a um juiz arbitral, embora esta não seja, obviamente, a sua função. Se ele for dotado de independência, indicado por ambas as partes, aproxima-se, por igual, a um *trustee*; neste caso, as suas decisões teriam, decerto, maior importância, e seriam, com mais facilidade, obedecidas. No geral, porém, o fiscal da obra é indicado pelo contratante mais forte, não se devendo esquecer que os "contratos de *engineering*" são, no geral, contratos de adesão.

Acresce que o direito brasileiro tem dificuldade em admitir poderes tão extensos e insuscetíveis de controle, como os que, por vezes, são atribuídos ao fiscal da obra; por isso, tem-se afirmado que, entre nós, se estabeleceu um "Estado Judicial", quase em forma pura, sendo difícil, senão impossível, impedir a verificação em juízo da conformidade dos atos praticados pelo empreiteiro com o projeto de engenharia, qualquer que seja a competência do fiscal da obra. Ainda quando se tivesse estabelecido que as dúvidas a respeito do ato do fiscal da obra especialmente a sua recusa em assinar o "certificado de conclusão da obra", deveriam ser submetidos a juízo arbitral, cumpre ponderar que a cláusula de arbitragem sobre litígio futuro, e portanto ainda não existente ao tempo da assinatura do contrato de *engineering*, não obriga as partes.[18]

7.3. O adimplemento do contrato de *engineering*

Estabelecidos esses aspectos gerais, que definem a estrutura do contrato de *engineering* e o desenvolvimento desse mesmo contrato, o processo de suas relações obrigacionais em direção ao adimplemento, deve-se passar à análise do cumprimento desse negócio jurídico e da responsabilidade pelo seu eventual inadimplemento. O aspecto capital dessa fase da relação obrigacional começa pela aceitação ou recusa do dono da obra. De modo igual ao que sucede com os demais

---

[18] CPC, art. 1.074, III. A obrigação de submeter o litígio a juízo arbitral somente existiria se a cláusula fosse estabelecida após a existência do conflito. Essa disposição enfraquece a arbitragem no direito brasileiro, e, por isso, ela não é, praticamente, utilizada (ver a respeito, Clóvis do Couto e Silva, "L'arbitrage en Droit Brésilien", in: *Journées de la Société de Législation Comparée*, Année 1986, p. 594 e s.). O Decreto-Lei n° 2.300, no seu art. 45, parágrafo único, exara a regra, no referente à União, de que: "no contrato com pessoas físicas ou jurídicas domiciliadas no estrangeiro deverá constar, necessariamente, a cláusula que declare o foro competente o Distrito Federal, vedada a instituição de juízo arbitral." Apesar da demora judicial muito grande na resolução das questões, ainda assim, o que é paradoxal, há uma profunda animosidade contra a arbitragem de parte dos legisladores, ao ponto de a Lei n° 8.078, de 11 de setembro de 1990, Código do Consumidor, haver determinado que são nulas de pleno direito (art. 51) as cláusulas contratuais que (IV) determinem a utilização compulsória de arbitragem.

Códigos, o art. 1.242 de nosso Código Civil regula o recebimento da obra, determinando que: "Concluída a obra de acordo com o ajuste, ou o costume do lugar, o dono é obrigado a recebê-la. Poderá, porém, enjeitá-la, se o empreiteiro se afastou das instruções recebidas e dos planos dados ou das regras técnicas em trabalhos de tal natureza".

Verifica-se, assim, e não poderia ser diferente, que, estando ela conforme com o convencionado, o dono da obra tem a obrigação de aceitá-la. Por vezes, determina-se no contrato a forma que deve ter o ato jurídico, de recebimento, em verdade, ato devido, e, por isso, dele não podem resultar senão os efeitos peculiares à entrega da obra:[19] o início do prazo de garantia, seja pelas obras de engenharia civil, seja pelos equipamentos fornecidos; e a transferência dos riscos ao dono da obra. Tal seja o tipo de obra de engenharia, é comum submetê-la previamente a testes, como sucede em geral, quando o objeto da obra é a entrega de equipamentos. Se o contrato for do tipo *turn key*, feitas e acabadas totalmente a obra e o equipamento, conforme o caso, são elas submetidas a testes. Não é possível descrever todas as espécies de verificações a que se deverão submeter, pois dependem do tipo de equipamento. Se se tratar de testes com máquinas que transportam cargas, é costume fazê-los com o equipamento funcionando "em vazio" ou "carregado". A sua duração dependerá das regras técnicas específicas, ou do que for determinado no contrato. No silêncio do contrato, o período de testes dependerá do tempo necessário para que se verifique se o funcionamento é normal. Não fica este prazo ao arbítrio da verificação do fiscal da obra, o que é absurdo, e configuraria condição potestativa pura, que anularia ao ato jurídico nos termos do art. 115 do Código Civil, pois não há lugar para que se configure esse poder como direito formativo.

Podem existir conflitos entre as disposições contratuais e a realidade: imagine-se um contrato que possua a cláusula de o equipamento ou a obra de engenharia somente se considerarem entregues com todos os seus componentes em perfeito funcionamento. É possível que esse contrato seja executado por partes, sendo cada uma delas independente, e suscetível de ser colocada, separadamente, em funcionamento. Estipulado, pois, que os equipamentos somente entrarão em operação com todas as suas fases acabadas, pode o dono da obra, por sua conveniência, determinar que certas partes do conjunto entrem em funcionamento imediatamente. Se isso ocorrer, tornar-se-á ineficaz a cláusula de as garantias pelos equipamentos somente terem seu prazo iniciado após a conclusão de toda a obra. A colocação em

---

[19] O Decreto-Lei nº 2.300, em seu art. 63, I, *a* e *b*, regula o recebimento provisório e definitivo de obras e serviços.

funcionamento comercial significa aceitação da obra; não pode, assim, o dono da obra pretender que a obra não foi entregue, porquanto, segundo o contrato, isto somente ocorreria com todos os equipamentos em funcionamento, e não apenas alguns deles. Nessa hipótese, terá havido aceitação parcial das obras, ou seja, serão considerados aceitos os equipamentos que entraram em funcionamento.[20]

Ainda quando se tenha disposto, no contrato, uma forma específica para aceitação, como usualmente costuma ser, entre nós, a assinatura do "termo final de recebimento da obra", ainda assim essa cláusula não pode impedir que as garantias dos equipamentos já em funcionamento estejam a operar e que se tenha transferido o risco a eles referente. A colocação em funcionamento com finalidades lucrativas duradouras é um fato concludente que altera a eventual cláusula em sentido contrário inserta no contrato; de outro modo, ter-se-ia uma disposição contratual contrária ao princípio da boa-fé, e que, apesar disso, produziria os seus efeitos normais. Essa solução não seria admissível, e, por isso, sempre se torna mais importante a eficácia dos deveres de boa-fé, inclusive na forma proibitiva. Seria, pois, uma hipótese de aceitação parcial tácita, ainda quando os termos do contrato não tivessem sido, formalmente, alterados.

Um dos aspectos mais importantes é o da natureza do ato de recebimento da obra, que muitas vezes se corporifica no "certificado de conclusão da obra" ou no "termo final de recebimento", expressões equivalentes. Não se pode pretender que a prática desses atos possa ser recusada pelo fiscal da obra ou pelo dono, conforme se tenha estipulado no contrato. Cuida-se, na verdade, de ato declaratório que apenas comprova, em definitivo, a conclusão da obra. Detém, assim, a natureza de "ato devido"; não há liberdade em praticá-lo. A consequência é a de que essa declaração, simples decorrência do pensamento cognitivo, pode ser exigida em juízo.[21] A eventual recusa em

---

[20] No direito francês, por força da Lei n° 78-12, de 4 de janeiro de 1978, que alterou o art. 1.792-6 do Código Civil, segundo o qual "la réception est l'acte du maître de l'ouvrage qui déclare accepter l'ouvrage avec ou sans réserves"; há discussão a respeito da possibilidade da recepção tácita, admitindo, porém, a jurisprudência essa possibilidade (Cass. Civ., em 8 de julho de 1986; e em 20 de janeiro de 1987).

[21] A exata qualificação da aceitação depende de saber se do cumprimento do contrato de empreitada resulta a transferência da propriedade no caso de o empreiteiro haver-se obrigado a dar o material, ou somente a transferência da posse dos materiais que lhe foram entregues, na empreitada simplesmente de lavor. Nos sistemas que fazem a distinção apenas entre ato jurídico e fato jurídico, como sucede no direito francês, a categoria do ato de aceitação, por parte do dono da obra será de ato jurídico unilateral. Entretanto, Bernard Boubli (*La Responsabilité et les Architectes, Entrepreneurs et Autres Constructeurs*, Paris, 1979, n° 210, p. 128) considera que, sendo a aceitação uma obrigação do dono da obra, mais se assemelha a um fato jurídico do que a um ato jurídico (a respeito da discussão, no direito francês, ver Jean Bigot, *La Réforme de l'Assurance Construction*, Paris, 1980, p. 136 e s.; Jean Bigot et Anne d'Hauteville, *Responsabilité et Assurance Construction*, Paris, 1988, p. 82 e s.). Há autores que distinguem entre

realizá-la acarreta a mora do dono da obra, com todas as consequências que dela decorrem.

Uma das questões que pode aflorar se relaciona com uma certa liberdade de execução que possui o empreiteiro. Se houver possibilidade de realizar-se por mais de uma forma a obra, teria ele, em princípio, a opção. Essa faculdade deve, entretanto, exercer-se, conforme a boa-fé, ou seja, levando em consideração o interesse do dono da obra, máxime se a via pretendida não onerar significativamente a posição do empreiteiro.

A obrigação principal do dono da obra é a de aceitá-la e de pagar o preço, que o Código Civil denomina de salário,[22] pelo menos quando se trata de empreitada de lavor, ou seja, aquela em que o empreiteiro entra somente com a mão de obra. Nesse particular, tudo dependerá do que foi convencionado. Pode, também, suceder que não se tenha estipulado o preço no contrato de empreitada. O Código Civil Brasileiro não regulou essas hipóteses. No contrato de *engineering* é essencial o acordo sobre o preço, pois é um contrato formal, em razão das exigências do direito administrativo, especialmente do Decreto-Lei nº 2.300, diversamente do contrato de empreitada, seu modelo básico, que não depende de forma específica. Contudo, o Código Civil, no caso deste último contrato, determina que seja pago o preço da empreitada, embora não tenha disposto como se arbitra o seu montante. Deve-se obedecer aos valores de mercado, levando em consideração as situações análogas. Em se tratando de obras consideráveis, que duram por dilatado espaço de tempo, é costume fazer-se o pagamento com financiamentos obtidos de entidades nacionais e internacionais especializadas. As suas modalidades são importantes, mas escapam à finalidade desse ensaio.

É oportuno mencionar que nos contratos se estabelecem, em regra, cláusulas relativas ao acréscimo dos valores dos materiais e da mão de obra, ou dos tributos, no desenvolvimento do contrato de *engineering*, que dão motivo a que se corrijam os preços. Entre nós, em que se manifesta uma alta taxa de inflação, e ao mesmo tempo, de modo até paradoxal, um alto grau de liquidez, pode suceder que os pagamentos em favor do empreiteiro não sejam feitos nas épocas contratadas, e, sim, posteriormente. A demora determina a perda do poder de compra da moeda. Em alguns casos, esses percalços podem

---

obrigação e obrigatoriedade, e salientam que a aceitação é cumprimento de obrigação em seu verdadeiro sentido, não se tratando de adimplemento de "um dever em benefício próprio" ou simples obrigatoriedade, o que poderia qualificar a aceitação como negócio jurídico, ao invés de ato material, sua verdadeira natureza (a respeito da teoria dos negócios jurídicos, ver Pontes de Miranda, *Tratado de Direito Privado*, t. 3, § 249, p. 3 e s., passim, Rio, 1954).

[22] Código Civil Brasileiro, art. 1.240.

determinar o atraso final da obra em alguns anos, o que acarreta enorme prejuízo econômico para o empreiteiro, em razão da mencionada inflação.

Esses fatos têm ensejado muitas discussões, porquanto a Administração Pública, em regra, não corrige a moeda fora das hipóteses estabelecidas no contrato. No geral, nesses contratos de adesão, o poder público não insere a cláusula de correção monetária ou de indexação por motivo de demora a ele imputável em realizar os pagamentos. Em alguns casos, de grandes obras, a perda do poder de compra da moeda em razão dos sucessivos atrasos pode representar um valor de grande porte, suscetível de pôr em dificuldades financeiras as empreiteiras. Por isso, começa a desenhar-se na doutrina uma posição favorável à aplicação da correção monetária em razão da demora, ou de outro indexador, como sucede com a Taxa Referencial (TR) e a Taxa de Referência Diária (TRD), que tomam como base a taxa média de juros.[23]

Há autores que consideram a correção monetária, atualmente a Taxa Referencial, como indenização a ser prestada pela demora do dono da obra em fazer os pagamentos que a ele competem. A equação financeira, prevista no contrato, em suma, o cálculo de atualização do preço da obra, não se refere a essa hipótese, pois supõe o desenvolvimento normal do contrato, com o pagamento nas épocas previstas. Desde que esses pagamentos não sejam feitos nos prazos constantes conforme a fórmula estabelecida, e tenha havido prejuízo em razão da demora, essa situação deve ser atendida pelo dono da obra, especialmente pela Administração Pública, independentemente da ação judicial.[24]

A obrigação principal do empreiteiro é entregar a obra no modo e no prazo convencionados, cumprindo, por igual, os deveres anexos ou secundários decorrentes do princípio da boa-fé. Se isto não ocorrer, configura-se a demora do empreiteiro, e pode exercer o dono da obra o direito de resolução, como sucede com os demais contratos bilaterais.[25] Nas obras de engenharia, principalmente nas construções ou edificações, desde cedo no direito inglês começou-se a aplicar o princípio de que se já houvesse sido construída uma grande parte da obra,

---

[23] A respeito da natureza desse indexador, ver K. Carvalho Rocha, "A Impropriedade da TR e TRD como Indexadores Tributários, Trabalhistas, Falimentares", in: *Revista dos Tribunais*, v. 667, 1991, p. 238 e s.

[24] Ver Hely Lopes Meirelles, "As Conseqüências do Atraso de Pagamento em Contrato Administrativo", in: *Revista do Direito Administrativo*, n° 174, 1988, p. 12 e s.; Dora de Carvalho (Parecer), "Empreitada, Obra Pública, Equilíbrio nas Prestações" in: *Revista de Direito Público*, v. 92, 1989, p. 277 e s.

[25] Código Civil Brasileiro, art. 1.092 e parágrafo único.

o aludido direito de resolução não poderia ser exercido. É o que se denomina de *substantial performance*.[26] Essa mesma solução irradiou--se, mais tarde, por outros direitos, como, por exemplo, pelo direito alemão[27] e também pelo direito brasileiro.[28] Constitui uma clara decorrência do princípio da boa-fé; contudo, cabe ao dono da obra o direito a ser indenizado, em razão de o contrato não haver sido cumprido em sua totalidade. Essa solução que, no início, se restringia somente às obras de engenharia, tende a generalizar-se, e passa a exigir do juiz uma consideração específica dos interesses das partes. Por esse motivo, relativiza-se em certa medida o radicalismo do princípio de que, se não se cumpriu totalmente o convencionado, nada foi cumprido. Acresce, ainda, que, no direito brasileiro, o exercício do direito de resolução pode ser acompanhado do pedido de perdas e danos, não havendo uma alternativa para o credor, de escolher uma ou outra via. Por outro lado, essa concepção levava a que, exercido o direito de resolução, e extintos os efeitos do contrato, não se devolvia ao devedor faltoso o que dele se havia recebido, e até se lhe exigia ainda mais a título de indenização.

Em princípio, a responsabilidade civil decorre do descumprimento do contrato de *engineering* e é, portanto, responsabilidade contratual. No caso de vários empreiteiros aparecerem autonomamente na construção de uma obra, a responsabilidade pode ser solidária e resultar do fato de haverem concorrido para a produção do defeito.[29] Há, porém, uma particularidade própria aos contratos de empreitadas, e, em consequência, do contrato de *engineering* e cuja diferença melhor se verifica quando comparado este contrato com o de compra e venda, em que inexiste, evidentemente, faculdade de rejeição da obra. Na empreitada, a obra feita pode ser recusada, se ela não obedecer ao que foi contratado ou contiver vício. Recebida, porém, a obra, e verificada posteriormente a existência de algum defeito suscetível de correção, além da redibição por força do exercício da ação redibitória, e o abatimento do preço (*quanti minoris*), pode ainda o dono da obra exigir que sejam feitas as correções necessárias para que ela se enquadre dentro das condições ajustadas. Essa última solução não está expressamen-

---

[26] Honig vs. Isaacs, 1952. Ver, a respeito, Hudson, *Building and Engineering Contracts*, cit., p. 245 e s.

[27] No direito germânico, já se decidiu que não se pode recusar uma prestação oferecida, embora não completa, porquanto falta realizar-se uma parte diminuta da prestação, se não se opuser à aceitação nenhum interesse objetivamente fundamentado (OLG, Dresden Seuff A 73, n° 217; OLG Düsseldorf NJW 65, 1763; *in*: Larenz, "Lehrbuch des Schuldrechts", I München, 1987, § 10, *b*, p. 132).

[28] Apel. Cív. n° 588012666, 5ª CC, do TJRGS, Rel. Des. Ruy Rosado de Aguiar Jr.: Comentário de J. Martins Costa, *Revista Ajuris*, v. 50, 1990, p. 210 e s.

[29] Código Civil Brasileiro, art. 1.518.

te determinada nas regras que governam o contrato de empreitada, pois nelas se regulam simplesmente a aceitação ou recusa, ou ainda a aceitação, com abatimento de preço, quando o empreiteiro se afastar das instruções recebidas ou dos planos dados.[30] A pretensão ao adimplemento resulta, porém, do art. 1.092 do Código Civil, que exara os princípios gerais a respeito dos contratos bilaterais, e a redibição e a *quanti minoris* têm a sua fonte nos arts. 1.101 e segs. do Código Civil, e se referem aos contratos comutativos, na terminologia do Código Civil, entre os quais se inclui o de empreitada. No caso do contrato de *engineering*, em que se tenha construído equipamentos ou máquinas, além das faculdades anteriormente mencionadas, existe, também, a pretensão à substituição, desde que o simples conserto não lhes tenha dado a segurança de funcionamento do modelo original.

Por isso, é comum inserir no contrato um prazo de garantia. O Código Civil alude apenas a "obras de engenharia consideráveis", e o prazo de garantia, neste caso, é de cinco anos,[31] período em que o empreiteiro de materiais de construção responderá pela "solidez e segurança do trabalho, assim em razão dos materiais como do solo, exceto se quanto a este, se não o achando firme, preveniu a tempo o dono da obra". Nos demais casos, aplicam-se os prazos dos vícios redibitórios, 15 dias para as coisas móveis, ou 6 meses para imóveis,[32] prazos esses absolutamente insuficientes, e que a jurisprudência tem procurado, de algum modo, aumentar, levando em conta a data do início do prazo. Essas regras referem-se a todo tipo de contrato, em que haja transmissão de propriedade, e não apenas ao de empreitada.

Em grande número de contratos de fabricação de equipamentos, de certo porte, costuma-se adotar o prazo de dois anos, sendo que essa cláusula vem, quase sempre, imposta ao empreiteiro, pelo menos nos contratos de obra pública, que detêm a categoria de contratos de adesão. Já mencionamos que o maior número de dificuldades tem ocorrido em razão da recusa do recebimento definitivo da obra, pois o dono da obra aferra-se, muitas vezes, ao argumento de que o recebimento é provisório, com a finalidade de protrair o início da garantia para a ocasião de seu recebimento final, ainda quando o equipamento tenha sido colocado, imediatamente, em funcionamento comercial. É claro que não se pode perfilhar essa opinião, por ser contrária ao princípio da boa-fé.

A obra recebida pode conter defeitos. É possível que esses vícios relacionem-se com o projeto da obra ou do equipamento, sua fabrica-

---

[30] Código Civil Brasileiro, art. 1.243.

[31] Código Civil Brasileiro, art. 1.245.

[32] Código Civil Brasileiro, art. 178, §§ 2º e 5º, IV.

ção, ou ainda sua execução. Se existir a cláusula de solidariedade entre os contratantes, a responsabilidade em sua relação externa vinculará a todos. Caso contrário, responderá quem houver causado o defeito, com a exclusão dos demais, se estes não concorreram para ele.

Há uma particularidade quanto aos danos que podem ser causados na execução da obra ou posteriormente. Sempre com maiores adesões tem-se discutido no direito brasileiro a possibilidade de aplicação da denominada causalidade alternativa, ou seja, quando não se souber quem causou o dano, mas sendo certo que um dentre vários foi o autor, todos os possíveis causadores respondem solidariamente. A causalidade alternativa é extremamente importante em matéria de dano, quando ele for produzido por várias pessoas, sem que se saiba quem, dentre elas, provocou o prejuízo. Esse tipo de causalidade aparece, por exemplo, no § 830, II, do Código Civil alemão e tem sido progressivamente adotado em diversos sistemas jurídicos, por via jurisprudencial. Na França têm sido proferidas decisões que adotam essa solução, embora sob a denominação imprópria de "culpa coletiva". Se diversas empresas estiverem construindo uma obra, e entre elas não existir um contrato, e uma delas houver causado o dano, sem que se possa identificar quem teria sido o seu autor, responderão todas solidariamente.[33] Essa solução favorece ao dono da obra que teria, assim, suas garantias acrescidas, no caso em que venha a sofrer algum dano. É necessário, porém, que exista uma relação que não seja simplesmente ocasional entre os figurantes e que haja o que se denomina de uma certa homogeneidade de riscos.

Na atualidade, vigoram no direito brasileiro as disposições específicas da Lei nº 8.078, de 11 de setembro de 1990 (Código do Consumidor), que, além de muitas outras matérias, regula a responsabilidade, pelo fato do produto e pelo risco. A regra fundamental é a de que[34] "o fabricante, o produtor e o construtor, nacional e estrangeiro e o importador respondem independentemente da existência de culpa pela reparação dos danos causados ao consumidor, por defeitos decorrentes do projeto, fabricação, construção, montagem, fórmulas, manipulação, apresentação ou acondicionamento de seus produtos, bem como por informações insuficientes e inadequadas sobre sua utilização e riscos".

---

[33] Para o direito brasileiro, ver Clóvis do Couto e Silva, "Principes Fondamentaux de la Responsabilité Civile", Cours faità l'Université de Paris XII, 1988, p. 71 e s.; idem "La Responsabilidad Alternativa y la Responsabilidad Acumulativa", in: J. Mosset Iturraspe, Diez-Picazo, Busnelli, Perret, do Couto e Silva, *Daños*, Buenos Ayres, 1991, p. 53 e s.; Vasco della Giustina, *Responsabilidade Civil dos Grupos*, Rio de Janeiro, 1991, p. 61 e s.

[34] Lei nº 8.078, art. 12.

À sua vez, o consumidor é definido como sendo toda a pessoa física ou jurídica que adquire ou utiliza produto ou serviço como destinatário final,[35] de tal modo que o dono da obra que a adquire sem a intenção de revendê-la, ou de intermediá-la, é o consumidor, ou seja, o destinatário final do processo de aquisição.

Criou-se, por igual, uma responsabilidade solidária dos fornecedores de produtos de consumo duráveis ou não duráveis, pelos vícios de qualidade ou quantidade que os tornem impróprios ao consumo a que se destinam ou lhes diminuam o valor.[36]

Para esses casos, que, no Código Civil, são considerados como vícios redibitórios, se deu uma outra solução, pois obrigou-se o fornecedor a saná-los no prazo máximo de trinta dias; não tendo sido o vício sanado neste prazo, pode o consumidor exigir, alternativamente, a substituição do produto por outro, perfeito, e da mesma espécie; a restituição imediata da quantia paga, atualizada pela correção monetária, e sem prejuízo de eventuais perdas e danos; ou ainda, o abatimento proporcional do preço.[37]

Por fim, cumpre mencionar que nos contratos, em geral, de *engineering* há cláusulas que determinam se façam seguros sobre os equipamentos contra fogo. Há, por igual, em certos casos, seguros obrigatórios, como, por exemplo, o referente "à responsabilidade civil do construtor de imóveis em zonas urbanas por danos a pessoas ou coisas", ou por "garantia do cumprimento das obrigações do incorporador ou do construtor de imóveis".[38]

No pertinente aos contratos administrativos com a União, o Poder Público pode exigir o seguro para garantia de pessoas e bens fazendo

---

[35] Lei nº 8.078, art. 20.

[36] Lei nº 8.078, art. 18. A respeito da responsabilidade por produto, no Direito Comparado, ver Christian Gavalda (org.) "La Responsabilité des Fabricants et Distributeurs, Colloque Organisé les 30 et 31 Janvier 1975 par L'UFR de Droit des Affaires de l'Université de Paris, 1, Paris, 1975", ver, especialmente, Jacques Ghestin, "l'Application des Règles Spécifiques de la Vente à la Responsabilité des Fabricants et Distributeurs de Produits en Droit Français", p. 3 e s. Sobre as orientações atuais na Comunidade Europeia, ver os diversos ensaios sob a direção de Salvatori Patti, "Il Damno da Prodotti", Padova, 1990, notadamente, Michael R. Will, "Responsabilità per Diffetto d'Informazione nella Comunità Europea", p. 47 e s.

[37] Art. 18, § 1º. Esclareça-se que o prazo de 30 dias pode ser reduzido, não podendo, porém, ser inferior a 7 dias, ou aumentado, até o limite máximo de 180 dias. Nos contratos de adesão, a cláusula de prazo deverá ser convencionada em separado por meio de manifestação expressa do consumidor (art. 18, § 2º).

[38] Decreto-Lei nº 73, de 21 de novembro de 1966, art. 10, letras *c* e *e*, respectivamente, regulamentado pelo Decreto-Lei nº 61.867, de 7 de dezembro de 1967. Sobre a organização do sistema de seguros, e à semelhança do sistema brasileiro e francês, ver Clóvis do Couto e Silva, "O seguro no Brasil e a Situação das Companhias Seguradoras", in: *Revista dos Tribunais*, v. 589, 1984, p. 9 e s.

constar essa exigência no edital de licitação ou convite.[39] Há ainda o seguro de risco de engenharia aplicável aos contratos de *engineering*, nos quais a Superintendência de Seguros Privados estabeleceu entre as Condições Gerais, Especiais e Tarifas de Seguros, a cláusula oitava a respeito do início e fim da responsabilidade civil, com as seguintes regras:[40] "a responsabilidade da seguradora cessará em relação ao conjunto segurado, na parte dele, logo que termine o prazo de vigência da apólice, ou durante sua vigência, assim que se verifique o primeiro dos seguintes casos: a) seja retirado do canteiro de obras; b) tenha sido aceito, mesmo que provisoriamente, por outra entidade que não o segurado; c) sejam colocadas em operação, ainda que provisoriamente, em apoio à execução do projeto do segurado; d) tendo sido efetuada a transmissão de propriedade; e) de qualquer modo tenha terminado a responsabilidade do segurador sobre os bens segurados".

Verifica-se, pois, que o seguro de risco de engenharia toma em consideração, para o seu término, o fato, que se tem tornado comum entre nós, de o dono da obra colocar provisoriamente em funcionamento partes dos equipamentos, quando isto só deveria ocorrer ao término da obra, no momento em que todo o complexo estivesse em atividade.

7.4. Conclusão

O contrato de empreitada, previsto no Código Civil, possui regras difusas, insuficientes para regular o contrato de *engineering*. Por esse motivo, foram editadas disposições legislativas relativas a certos aspectos do aludido contrato, especialmente quando um dos participantes fosse uma pessoa de direito público ou uma empresa do Estado. Os contratos passaram a ter cláusulas com uma uniformidade acentuada, referentes, no geral, aos prazos de garantia, à obrigação de segurar a obra, ao cálculo de reajustamento dos valores e à forma de aceitação da obra, procurando impedir, neste caso, os efeitos da aceitação tácita. A ausência de ações contra o dono da obra, quase sempre autarquias ou empresas públicas, resulta das consequências danosas advenientes à empresa que fizer uso do exercício do direito de pleitear em juízo, como, por exemplo, a sua exclusão das demais concorrências a serem realizadas com a entidade com a qual ela contende. São poucos os grandes contratantes no Brasil; no geral, são, além da União e dos Estados, as Autarquias, as Empresas de Economia Mista e as

---

[39] Decreto-Lei n° 2.300, art. 61, § 2°, com a redação dada pelo Decreto-Lei n° 2.348, de 24 de julho de 1987.
[40] Circular n° 16, de 14 de abril de 1983.

Empresas Públicas, e o afastamento do sistema de contratação, pelos motivos mais diversos, pode causar um sério prejuízo econômico à empresa. Por isso, não há decisões, a respeito da aceitação tácita, pela colocação dos equipamentos em atividade antes de o conjunto das obras estar concluído, ou referentes à aplicação do princípio da boa-fé, notadamente quanto ao adimplemento dos deveres secundários, que podem vincular o empreiteiro e o dono da obra.

É possível que certos aspectos peculiares à contratação com o Poder Público venham a desaparecer com o processo de privatização que se inicia. Como quer que seja, é necessário exigir maior transparência no contrato de *engineering*, o que determinaria fosse ele disciplinado, como sucedeu no direito alemão, com o "contrato de viagem" (*Reisevertrag*),[41] para só citar um dos exemplos mais recentes. Na atualidade, manifesta-se uma tendência para leis especiais reguladoras de determinados contratos cuja complexidade tem exigido um provimento legislativo. No caso não parece possível inserir o contrato de *engineering* no Código Civil, tendo em vista que nele se manifestam aspectos de direito público. Mas, com toda a certeza, é ainda, insuficiente a regulamentação neste particular, do Decreto-Lei nº 2.300, mesmo porque ela se restringe, apenas, aos contratos administrativos com a União, não abrangendo, em sua totalidade, os diferentes aspectos do contrato de *engineering*, que pode realizar-se entre particulares.

Apesar de a desregulamentação ser uma das finalidades urgentes no direito de todos os países, e ainda quando não seja em princípio favorável à descodificação, parece certo que, no caso, é imperiosa a edição de uma lei especial, que consolide as disposições, usualmente utilizadas nestes contratos, não deixando de inserir cláusulas gerais que adaptem a sua aplicação às hipóteses sempre imprevisíveis, mas que vêm necessariamente a ocorrer.

---

[41] BGB, § 651, *a* e *s.*

— 8 —

A hipoteca no Direito comparado[1]

Trabalho realizado para reforma do sistema hipotecário brasileiro e apresentado na Comissão Elaboradora e Revisora do Código Civil.

Sumário: 8.1. Hipoteca; 8.2. Hipoteca de tráfico e hipoteca em garantia; 8.3. A dívida imobiliária (*Grundschuld*); 8.4. O princípio da acessoriedade; 8.5. O princípio da indivisibilidade; 8.6. Os pactos de reserva prelatícia; 8.7. O direito de remição; 8.8. Os representantes para fins de execução extrajudicial; 8.9. Hipoteca e anticrese.

8.1. Hipoteca

1. A hipoteca, atualmente, apresenta semelhanças não só nas legislações dentro dos sistemas de direito continental, como também entre estas e a da *common law*. Em decorrência das necessidades sempre crescentes da economia moderna, surgem, em todos os países, lesões ao princípio da acessoriedade da garantia real a um crédito, bem como a outro princípio básico da hipoteca tradicional: o da indivisibilidade. O princípio da acessoriedade excepciona-se em virtude de admitirem certos códigos e legislações as dívidas imobiliárias, as hipotecas preconstituídas, não vinculadas a nenhuma relação creditícia que lhes servia de suporte. Outras modificações ocorrem quanto à execução, pela possibilidade de ser efetivada de modo extrajudicial, com o que se evitam as demoras do processo de execução hipotecária.

Dogmaticamente, a hipoteca insere-se no conceito mais geral dos negócios jurídicos de disposição. Nosso Código Civil não construiu com simetria a teoria das alienações e a da constituição de ônus ou gravames, quando se cuida de examinar a eficácia do registro de imóveis, ou sua constitutividade. O registro, em nosso direito, é constitutivo para as alienações e meramente elemento de eficácia quanto às garantias reais sobre imóveis. No direito brasileiro, a hipoteca existe *inter partes* antes ainda de ser levada à inscrição no registro imobi-

---

[1] Publicado na Revista da Consultoria-Geral do RS, vol. 3, nº 5, 1973; Revista Ajuris nº 41, 1987; Revista dos Tribunais nº 620, 1987.

liário, quando então sua eficácia se estenderá a terceiros. Nossa jurisprudência corrigiu a anomalia, mas não deu à constitutividade do registro, em matéria hipotecária, todas as consequências, pois não se tem admitido hipoteca sobre bem próprio. Por fim, a hipoteca se presta a um estudo de direito comparado, porque através dele se verifica que a mobilização da riqueza imobiliária suscita em todos os sistemas instrumentos jurídicos semelhantes, ainda que não tenham, aparentemente, nenhum ponto de contato como sucede entre o nosso sistema hipotecário e o da *common law*.

§ 1º A hipoteca medieval e a *mortgage* da *common law*.

2. No sistema romano e na maioria das legislações modernas não se conferiu a faculdade ao credor pignoratício, anticrético ou hipotecário de adquirir a propriedade do bem dado em garantia. Impede-se, assim, a aposição de cláusulas comissórias. No direito medieval e na *common law*, consagrou-se a possibilidade de o credor hipotecário tornar-se titular do domínio se a dívida não fosse adimplida em seu vencimento. A hipoteca é "hipoteca de coisa". O desenvolvimento histórico da figura no direito medieval e na *common law* demonstra uma progressiva transformação da "hipoteca de coisa" em hipoteca sobre o valor do bem gravado.

A construção inicial da hipoteca, no direito medieval, era a de alienação em garantia, ou seja, sob condição resolutiva do adimplemento da dívida.[2] Nessa época, como a posse do bem dado em garantia passava ao credor, não diferia a hipoteca do penhor. A alienação assumia, por vezes, a figura de venda com pacto de retrovenda com escopo de garantia de um empréstimo. Era possível realizar a alienação em garantia sob condição suspensiva do cumprimento da dívida. A vantagem, no caso, era do devedor que podia reter a posse e consequentemente usar e fruir a propriedade. Normalmente, a hipoteca era de uso e fruição, podendo o credor perceber os frutos e rendimentos, o que não sucedia com o penhor. Facultava-se, na hipoteca, a ambos os figurantes do vínculo convencionar que os frutos e demais utilidades compensariam o uso do dinheiro dado em empréstimo, seja simplesmente para abater os juros – hipótese em que poderia haver suspeita de usura – ou o principal. No direito franco, denominava-se a primeira possibilidade de *mortgage* e a segunda, de *vifgage*.

Constituem ambas as formas – logo se percebe – modalidade de anticrese, ainda previstas em muitos códigos. A denominação *mortgage* é bastante exata para exprimir a ideia de que o bem gravado ficava "inerme" ou "morto" para o seu proprietário. Quando se convencionava que as utilidades do imóvel percebidas pelo credor compensariam

---

[2] Otto von Gierke, *Schuld und Haftung*, p. 26 e segs., ed. 1910 (1969).

o principal, então dizia-se que o bem gravado era operante, estava "vivo" e trabalhava para o devedor, extinguindo progressivamente a dívida (*vifgage*). Esse primeiro conjunto de normas, ou estatuto, tinha o *nomen juris* de *engagement*.[3]

Era comum verificar-se que o direito do credor de adquirir o bem gravado quando o devedor não adimplia sua obrigação lesava a este, pois o imóvel, em regra, possuía valor superior ao crédito. Para evitar o dano, a hipoteca evoluiu no sentido de possibilitar ao credor vender o bem gravado, no geral judicialmente, devendo devolver a quantia que excedesse ao crédito que se denominava de *hyperocha*. Nessa fase, a hipoteca recaía sobre o valor do imóvel onerado e conferia a pretensão de vender judicialmente o bem e, com isso, solver a dívida. Essa transformação ocorreu porque em algumas cidades medievais a hipoteca deixara de ter a feição de anticrese, não conferindo ao credor a faculdade de fruir a substância do bem gravado, tendo o devedor a posse imediata, e o credor, o direito de excutir o bem hipotecado. Denominou-se, no direito franco, a esse estatuto de *obligation*.

Com todas essas modificações, surgiu a virtualidade de hipotecar-se mais de uma vez o imóvel, pois o credor não detinha a posse imediata e revelava-se o princípio das "parcelas de valor" da propriedade, de modo que, se o primeiro gravame não abrangesse a totalidade do valor do imóvel, podia o resíduo ser novamente onerado e assim até a exaustão.[4]

3. O direito hipotecário da *common law* tem suas raízes nos sistemas hipotecários medievais anteriores ao estatuto da *obligation* e foi introduzido para garantir transações com mercadores estrangeiros. A própria denominação *mortgage* revela sua origem.[5]

No direito inglês, atualmente, ao cabo de uma longa evolução, a hipoteca abrange na sua estrutura tanto o direito de o credor tornar-se proprietário ("hipoteca de coisa"), quanto o de vender o bem gravado judicial ou extrajudicialmente ("hipoteca de valor"). Mas não são as únicas faculdades que a *mortgage* confere ao credor (*mortgagee*), pois tem ainda o direito de tomar posse do imóvel gravado, para obter progressivamente a dívida que não foi solvida à data do adimplemento, seja quanto ao principal (*vifgage*), seja quanto aos juros (*mortgage*), podendo, para isso, designar um terceiro para administrá-lo e compensar-se com os frutos.

---

[3] H. Mitteis, *Deutsches Privatrecht*, p. 92, ed. 1950.

[4] H. Mitteis, *Deutsches Privatrecht*, p. 92.

[5] O termo *mortgage,* segundo Littleton (cerca de 1470), poderia também significar que se o pagamento da dívida não se efetivasse, a propriedade ficaria "morta" para o devedor, i. é, ele a perderia para sempre. (Walsh, *On Mortgages*, p. 4, N. Y., 1934).

— 133 —

Tão tradicional era o direito inglês, que no século XVII, a hipoteca se constituía através da convenção de transferência da propriedade plena (*fee simple*) com a cláusula ou pacto de retransmissão (*reconveyance*) ao devedor com o pagamento da dívida na data fixada.

Esse pacto conferia ao credor a garantia e um lucro com a utilização do imóvel e com o inadimplemento. A *Equity* procurou abrandar a possibilidade de o credor lucrar com o devedor, de modo que se aquele pretendesse tomar posse do bem hipotecado, deveria pagar um aluguel compensador. O direito de recado deveria pagar um aluguel compensador. O direito de remir (*rigth of redemption*) o imóvel hipotecado, que cabia ao devedor, não ficava mais adstrito ao prazo fixado na convenção, já que a *Equity* poderia determinar ser esse direito exercitável até a época em que fosse declarada a preclusão judicial (*foreclosure*) do aludido direito de remição. Assim, o inadimplemento deixou de operar como uma condição, uma vez que a consolidação definitiva da propriedade em mãos do credor dependia de uma decisão da *Equity*, facultando-se, até esse momento, ao devedor o exercício do direito de remir. Modificação igualmente significativa, para transformar a *mortgage* em mera garantia, e não em fator de extorsão e lucro do credor, foi a possibilidade da *Equity*, no processo de preclusão, verificar se o bem gravado tinha valor superior ao da dívida e, na hipótese afirmativa, determinar sua venda e atribuir ao credor a quantia necessária à solução da dívida e ao devedor o remanescente.[6]

O conjunto dessas medidas alterou fundamentalmente a estrutura da hipoteca, de modo que o direito que tem o credor de tomar posse, por exemplo, tornou-se desinteressante em face da necessidade de pagar um aluguel ou arrendamento fixado judicialmente. Em razão disso, tornou-se comum a aposição nos contratos de hipoteca da cláusula de que o inadimplemento do devedor autorizaria o credor a vender a terceiros o bem gravado e a ressarcir-se de suas despesas, devolvendo o restante ao devedor. A faculdade de vender extrajudicialmente o imóvel gravado tornou-se direito estatutário desde o *Lord Cranworth's Act*, em 1885.

A dificuldade maior para verter o direito inglês em termos de direito continental de tipo romanístico está em que os conceitos e a estrutura de certas figuras não são iguais na *common law* e na *Equity*, embora em princípio vigore a regra *Equity follows common law*. Antes da grande reforma instituída pela *Law Property Act*, em 1925, na *common law* o credor hipotecário tinha propriedade plena dos bens gravados e um direito à posse imediata; o devedor era apenas titular do direito

---

[6] Megarry – Wade, *The Law of Real Property*, p. 842 e segs., ed. 1964.

de remição, que se exercita com o cumprimento da obrigação, direito esse que se assemelha ao que decorre da nossa retrovenda.

A concepção da *Equity* é totalmente diversa e se aproxima ao estatuto da *Obligation* com uma construção típica dessa jurisdição especial. Considerou-se a princípio o devedor hipotecário como "cestui qui trust", dando-lhe em consequência a propriedade *beneficial owner*,[7] de modo que aparentemente o proprietário seria o credor, mas, em realidade, esta permanecia com o devedor. Por fim, chegou-se a admitir que embora não tivesse o devedor o direito de remir antes do vencimento do mútuo, detinha ele na *Equity* a propriedade do bem, embora sujeita a um ônus, gravame, ou vínculo (*lien*). O credor hipotecário, por sua vez, é apenas titular de um direito real de garantia em coisa alheia, que se denomina no direito inglês de *incumbrance*.[8] A concepção da *Equity* de que o devedor tem sua propriedade apenas onerada se aproxima da noção atual, que tem seu fundamento no estatuto medieval da *Obligation*, e o termo *lien* revela bem essa procedência.

A *Law Property Act* (1925) adotou as concepções da *Equity*, pois o devedor é proprietário pleno, tendo o credor um ônus ou gravame em garantia de uma dívida. É da natureza da hipoteca do direito inglês a possibilidade de preclusão do direito de remir o gravame com a consequente integração do bem gravado no patrimônio do credor e o direito de tomar posse do imóvel, no caso de não haver o devedor na data do vencimento da dívida prestado o principal ou os juros, com a finalidade de compensar-se do empréstimo realizado. Esses remédios conflitam, de modo que iniciado o processo de preclusão não se pode pretender a posse do bem para obter progressivamente a dívida. Afora isso, existe a faculdade de vender o bem extraindo-lhe o valor, seja judicial, ou extrajudicialmente pelo próprio credor, ou por terceiro, se houver sido convencionado.

Estabelecido o processo de preclusão do direito de remir, tem o devedor, ou qualquer outra pessoa que possa sofrer prejuízo, o direito de requerer que o imóvel seja vendido judicialmente, com o que se evitam muitas situações iníquas. Para isso, basta verificar o que sucederia com os demais credores hipotecários se esses não pudessem objetar contra o desenvolvimento do processo de preclusão. Conferiu-se ao credor desde 1885 (*Lord Cransworth's Act*) o direito estatutário de vender o bem privadamente, para satisfazer-se com o seu valor. Discutiu-se, no direito inglês, qual a posição do credor, como titular do direito de vender privadamente e a opinião predominante é a de que ele não seja fiduciário do *power of sale*. Entretanto, ainda que não dete-

---

[7] Walsh, *On Mortgages*, p. 12.

[8] Megarry – Wade, *The Law of Real Property*, p. 846.

nha essa qualidade no pertinente ao poder de venda, ele é *trustee* dos procedimentos resultantes da venda (*proceedes of sale*); ao satisfazer o seu crédito, tem o dever de pagar os demais credores hipotecários, todas as despesas, devolver o saldo, acaso existente, ao devedor, segundo uma ordem estabelecida na *Law Property Act*.[9]

A alienação efetiva pelo credor tem a natureza de uma venda forçada. Não está, por isso mesmo, obrigado a procurar quem dê melhor preço, ou estabelecer alguma forma de concorrência ou licitação privada como medida preliminar à alienação. Apesar de tudo, não pode vender com a intenção de prejudicar o devedor ou os demais interessados, nem adquirir o imóvel, ainda que por interposta pessoa.

Verifica-se pelas faculdades contidas na estrutura da *mortgage* que ela não corresponde perfeitamente à hipoteca do direito continental, pois faculta – o que já não é comum – ao credor através da preclusão judicial, tornar-se proprietário do bem gravado; permite-se ainda a venda extrajudicial do imóvel pelo credor, sem que se considere a este como fiduciário do devedor e proprietário, quanto ao "poder vender"; por fim admite-se como modalidade de execução a transformação da hipoteca em anticrese, fruindo o credor as utilidades e compensando, por esse meio, a dívida. Vemos que a hipoteca inglesa é também acessória a um crédito, embora tenha, neste particular, sofrido importantes alterações.

Assim, a hipoteca de coisa futura não é permitida pela *common law*, que a tem como nula. Todavia, a *Equity*, de longa data, a considera válida como contrato implícito de gravar o imóvel ainda inexistente, quando o devedor o adquirir.[10] Lesão mais grave ao princípio da acessoriedade encontra-se quando o devedor vende a propriedade gravada, ou seja, a *Equity of redemption*, a um terceiro; se este solver o débito, adquire a seu favor a hipoteca.

Tem-se aí uma hipótese que fere frontalmente o aludido dogma da acessoriedade, podendo o gravame ser cedido a outrem, mantendo sua prioridade. Certamente, o mesmo não sucede quando o próprio devedor é o proprietário e solve, porque, neste caso, ele está adimplindo sua obrigação e, segundo o direito inglês, não teria sentido manter a hipoteca em seu favor. Com essa solução, melhora-se o *status* econômico dos demais credores hipotecários.[11]

4. A *common law* americana, obviamente, guarda muita semelhança com o direito inglês, mas seu desenvolvimento não seguiu inteira-

---

[9] Megarry – Wade, *The Law of Real Property*, p. 866.

[10] Walsh, *On Mortgages*, p. 55.

[11] Megarry – Wade, *The Law of Real Property*, p. 806.

mente a mesma orientação, em pontos fundamentais. Não se pode desconhecer que a legislação a respeito é estadual. Um aspecto relevante do direito americano em face do direito inglês reside na atitude de recusa em aceitar os princípios da *Equity* pelas antigas colônias ao se tornarem estados independentes, pois não tinham confiança nos poderes da Chancelaria, por lembrarem-se das faculdades conferidas aos *Royal Governors*. Somente se reconheceu à *Equity*, nos Estados Unidos, a categoria de um verdadeiro sistema jurídico, a partir da segunda década do século passado.[12] A transposição para o direito americano do conceito de hipoteca segundo a *Equity* ocorreu algum tempo antes, em 1809, num caso famoso, Jackson v. Willard, em que o *chief justice* Kent estabeleceu a natureza da *mortgage*, traduzindo o conceito usual na *Equity*: "the courts of law inclined to look upon a mortgage, not as a state in fee, but as mere security of debt".[13]

A hipoteca é, também lá, em princípio, estritamente acessória, e a sua natureza é de mero vínculo, ônus ou gravame, não dando lugar a que o credor possa exigir a posse do bem hipotecado, para fruir-lhe a substância. O devedor (*mortgager*) é proprietário do imóvel gravado, a menos que se disponha de modo diverso.

À sua vez, considera-se a preclusão como forma que abrange todos os casos de extinção do direito de remição. Constitui-se em termo técnico bem mais geral do que no direito inglês, pois naquele incluem-se todas as formas de execução hipotecária, inclusive a venda particular pelo credor.

Distingue-se a hipoteca americana da inglesa, porque naquela o direito de vender particularmente só existe quando for conferido pelo devedor hipotecário[14] e, nesta, esse poder se insere na sua estrutura independente de convenção. Ao conferir o poder de vender, pode o devedor indicar quem o exercerá.

Se for beneficiário o próprio credor, entende-se que este detém uma posição bifronte, sendo em face do poder de venda um fiduciário, e um *cestui*, ou beneficiário, com relação à extensão de seu direito no bem gravado.[15] Discutem, porém, se seriam aplicáveis a essa venda particular as regras da venda forçada. As opiniões se dividem, mas, se consideram o credor como fiduciário do poder de venda, como sucede preponderantemente, deverão aplicar princípios diversos dos do direito inglês, no qual não se dá, nesse particular, ao credor essa categoria. Por fim, a hipoteca americana acompanha a inglesa em suas

---

[12] Kurt Rudolph, *Die Bindungen des Eigentums*, p. 31, ed. 1960.

[13] Jackson v. Williard, 4 Johns, 41, 42 (1809) – Walsh, *On Mortgages*, p. 22 e p. 132.

[14] *Corpus Juris Secundum*, v. 59, §§ 544 e segs., p. 882 e segs.

[15] *Corpus Juris Secundum*, v. 59, § 554, p. 910.

lesões ao princípio da acessoriedade e, no pertinente ao crédito, admite a "hipoteca pelo valor máximo", ou "por importância não determinada", pois pode ser conferida para cobrir todo tipo de empréstimos, ou outros débitos, cujo montante ainda não se conhece, pelo período previsto na própria *mortgage*, sendo assim aplicável também às contas-correntes bancárias.[16]

§ 2º O sistema hipotecário do BGB.

5. A hipoteca do direito moderno supõe, diversamente do penhor, que o devedor hipotecário permaneça na posse do bem gravado, extraindo os seus frutos, e, no direito continental, segundo a tradição do direito romano, proibiram-se as cláusulas de comisso, mediante as quais podia o credor tornar-se proprietário por força do inadimplemento.

Em alguns sistemas permitiu-se a emissão de cédulas hipotecárias, destinadas à circulação, e não totalmente acessórias a um crédito. Essas últimas não exercem apenas uma função de garantia, mas constituem-se em eficiente instrumento de capitalização do proprietário. No Código Civil francês (arts. 2.144 e segs.), a hipoteca é estritamente acessória, e a aplicação do Código Napoleônico, na Alemanha (Renânia), através do *Rheinisches Civilgesetzbuch*, até a entrada em vigor do BGB, causou danos profundos ao crédito imobiliário, fazendo necessário o aparecimento das primeiras cooperativas de crédito (*Raiffeisenkassen*).

A situação tornou-se ainda mais grave porque naquele Código se permitia, em numerosos casos, hipoteca sobre todo o patrimônio.[17]

O direito germânico atual distingue três tipos de garantias: as hipotecas de tráfico e em garantia, a dívida imobiliária e as dívidas imobiliárias de renda, sendo que esta última tem escassa aplicação prática.

Distingue-se hipoteca e dívida imobiliária, porque esta não tem, em princípio, nenhuma vinculação com alguma relação creditícia; não é acessória.

8.2. Hipoteca de tráfico e hipoteca em garantia

6. A acessoriedade da hipoteca em relação ao crédito constitui-se em axioma fundamental por força do § 1.153 do BGB, no qual se dispõe que, "com a transferência do crédito, transmite-se a hipoteca ao

---

[16] Jarret v. McDaniel 32 Ark. 598 (1877); Louisville Bankink Co. v. Leonard 90 KY 106, 13 Sw (1890) etc. – Walsh, *On Mortgages*, p. 77.

[17] H. Mitteis, *Deutsches Privatrecht*, p. 90 e segs.

novo credor"; e a alínea II do mesmo § 1.153 dá ênfase a essa ideia, ao determinar que o "crédito não pode ser transferido sem a hipoteca, e esta sem aquele". A afirmação de uma regra de tão estrita acessoriedade ou inseparabilidade do crédito e de sua garantia viria criar dificuldades ao tráfico jurídico. E a dificuldade aumentaria, na justificação dogmática, quando o princípio da acessoriedade fosse posto em confronto com o axioma da constitutividade da inscrição do gravame no registro e a fé pública dele resultante. A constitutividade do registro e a abstração do acordo de constituição do ônus real dificultam a vinculação da garantia com qualquer realidade exterior ao albo imobiliário. Para harmonizar o princípio da acessoriedade com a natureza do sistema de registros públicos, adotou o BGB, como regra, a hipoteca de tráfico (*Verkehrshypothek*), e não a em garantia. E, em consequência dessa posição, exarou o BGB, no § 1.138, normas que definem a essência da hipoteca de tráfico e põem em harmonia a regra da acessoriedade com os demais axiomas que fundamentam os registros públicos, determinando que "os princípios dos §§ 891 até 899 vigoram para a hipoteca também em face dos créditos e das exceções, que cabem ao proprietário, nos termos do § 1.134".

Esses parágrafos (891 a 899) definem precisamente a fé pública do registro e os procedimentos de retificação e inscrição de objeção contra alguma inscrição feita anteriormente e a sua eficácia perante terceiros. Aplicando essas regras, conclui-se que, se o devedor prestou a importância que ele devia ao credor, mas não cancelou a inscrição no registro próprio, e, se o credor ou algum seu sucessor transferir o crédito e a hipoteca a terceiro, ter-se-á que a transferência do crédito é nula, pois a dívida já fora quitada, mas a da hipoteca vale e é eficaz. No caso, cabe ao titular da hipoteca somente a ação de excussão do imóvel gravado, e não a de cobrança de empréstimo.[18]

A eficácia do registro de imóveis não "dominifica" a relação creditícia, tornando-a oponível a terceiros. No sistema germânico, a publicidade diz respeito apenas ao ônus real inscrito e não ao crédito ao qual acedeu. As regras a respeito da extinção dos créditos não são atingidas pelo sistema registral, de modo que, solvida a dívida, não adquire o terceiro a posição de credor. Torna-se titular, contudo, da garantia real, porque esta virtude lhe confere o sistema dos registros públicos por força de sua constitutividade e de sua fé pública.

Em regra, a hipoteca é de tráfico, isto é, destinada a circular, permitindo a aquisição pelo terceiro da garantia real, ainda que extinto o crédito e dando margem a que se afirme haver aí um afastamento do princípio da acessoriedade em favor da mobilização. Como a hipo-

---

[18] Baur, Sachenrecht, § 36, p. 289, ed. 1964.

teca de tráfico é destinada a circular, emite-se, sobre ela, uma cédula hipotecária (§ 1.116, alínea I), e o credor torna-se titular da hipoteca, quando o devedor lhe transfere a cédula, podendo convencionar-se que o credor a receberá do próprio registro de imóveis, presumindo--se, entretanto, se o credor estiver na posse da cédula, que a recebeu por tradição do devedor (§ 1.117, alíneas I a III).

As hipotecas em garantia (*Sicherungshypothek*) realizam, em toda a sua plenitude, o princípio da acessoriedade, mas constituem uma exceção.[19] Determina-se no § 1.185 que "uma hipoteca pode ser feita de tal modo que o direito do credor hipotecário se determine ou exerça "somente em conformidade com a relação creditícia, não sendo permitido ao credor, para a prova do crédito, servir-se da inscrição".

Mais importante, para esse tipo de hipoteca, do que as realidades do registro, são as vicissitudes pelas quais pode passar a relação obrigacional; o axioma da constitutividade do registro e a fé pública perante terceiros cedem a sua posição ao princípio da acessoriedade, de tal modo que, realizada a cessão do crédito hipotecário, o adquirente somente terá o direito de cobrá-lo ou excutir a hipoteca, quando aquele ainda não houver sido solvido, pouco importando o que constar no registro. Extinto o crédito, desaparece a hipoteca, sem que tenha havido ainda o cancelamento da inscrição.[20] A hipoteca em garantia necessita estar expressamente assim designada no registro; caso contrário, a hipoteca será de tráfico.[21] Excluiu-se nesse tipo de gravame a emissão de cédula hipotecária.[22]

O discrime entre os dois tipos de hipoteca, de tráfico e em garantia, resulta, em última análise, da eficácia da inscrição no registro imobiliário sobre os cessionários. A hipoteca em garantia libera-se da constitutividade do aludido registro, para acompanhar, em todas as suas modificações, o crédito por ela garantido, independentemente do que constar nos livros fundiários, como sucedia com as hipotecas no "direito comum", que eram estritamente acessórias. Decorre daí que não lhe são aplicáveis as regras que têm o seu suporte no sistema imobiliário germânico. Não se pense, entretanto, que o direito germânico, em matéria hipotecária, tenha aberto exceções que sub-

---

[19] As denominações hipoteca de tráfico e hipoteca em garantia são em parte equívocas, uma vez que aquelas também garantem uma relação creditícia. Por seu turno, a afirmação de que as hipotecas em garantia não são destinadas a circular é também um pouco convencional, já que as hipotecas em garantia de título valor ou de um título de crédito circulam. A diferença entre ambos os tipos de hipoteca está antes na eficácia do registro de imóveis, da inscrição hipotecária, e de suas modificações, sobre a relação creditícia, que não se realiza, do mesmo modo, em ambas as formas de hipoteca.

[20] Baur, Sachenrecht, § 36, p. 290.

[21] § 1.184, alínea II.

[22] § 1.185.

verteriam totalmente a teoria dos negócios jurídicos dispositivos, que são abstratos. O acordo de constituição da hipoteca em garantia não deixou de ser abstrato, todavia o registro, quanto as demais alterações da relação creditícia, transferências, solução do débito, etc., perdeu a virtude de ser constitutivo; o fundamental não é o que ele contém, e sim, o crédito, o qual, em razão da regra do § 1.184, determina o regime jurídico do ônus real.[23]

Para se trazer luz ao específico do problema, basta supor que alguém dê em hipoteca, seja de tráfico ou em garantia, um imóvel que esteja registrado em seu nome, mas cujo negócio jurídico obrigacional subjacente contenha algum vício que o torne nulo. Como o acordo de constituição do ônus é abstrato, sem nenhuma vinculação com o negócio antecedente, a hipoteca constituída é válida e eficaz, e o credor é em verdade titular da garantia real. Quanto à constituição do ônus, nenhuma diferença existe de tratamento jurídico, neste particular. Imagine-se, também, que o crédito assegurado pela hipoteca já tenha sido solvido, no todo ou em parte, não se tenha feito a retificação do registro imobiliário. Na hipoteca em garantia, nenhum efeito tem a existência de retificação; mas o oposto sucede com as de tráfico, no pertinente à garantia real. Na hipoteca de tráfico, se não houve retificação, não é oponível a terceiros a modificação no conteúdo da relação de direito real. As diferenças, portanto, não se manifestam no início, quanto à constituição do gravame; elas ocorrem posteriormente.

7. As hipotecas em garantia podem ser "pelo valor máximo" (*Maximalhypothek*; *Höchstbetragehypothek*), ou "em garantia de títulos de crédito" (*Wertpapierhypothek*), ou simplesmente em garantia, como sucede com as hipotecas dos direitos francês, português ou italiano.

As hipotecas "pelo valor máximo" supõem a indeterminação prévia do montante da dívida a ser garantida e do momento em que ela se determinará. Vinculam-se a créditos futuros, tais como os que podem nascer de uma conta-corrente bancária, ou de relações duradouras, cujo saldo não possa ainda ser determinado. Até o momento em que a pretensão do credor não se objetivar, a hipoteca será pelo valor máximo e depois por quantia fixa. A hipoteca não está sob condição; é hipoteca pura, que grava desde logo o bem pelo valor máximo em que foi inscrita,[24] de modo que não se pode pensar seja ela, no período interimístico, isto é, até o momento em que a pretensão do credor for determinada quanto ao seu exato valor, dívida imobiliária,

---

[23] Explicação diversa é a de Eichler (*Institutionen des Sachenrechts*, II, 2, p. 484, ed. 1960 e também a de Palandt – Hoche, *Kommentar zum BGB*, § 1.184, p. 1047, ed. 1968) já que afirmam que os §§ 891 e 892 são aplicáveis aos créditos, quando se tratar de hipoteca de tráfico; na em garantia os aludidos §§ 891 e segs. são aplicáveis somente aos direitos reais.

[24] Staudinger – Kober, *Kommentar zum BGB*, III, § 1.190, p. 950, 7ª e 8ª edição.

como sugere Eichler[25] ou dívida imobiliária resolutivamente condicionada, como quer Baur.[26]

A particularidade dessa figura está em que ela supõe, como exigência de direito material, que se inscreva no registro o valor máximo da garantia, de tal modo que se não constar o valor, não pode ser realizada a inscrição.[27]

As hipotecas em garantia de títulos de crédito representam uma excelente adaptação dos princípios hipotecários aos do direito cambiário.

Não se extrai, nessa hipoteca, uma cédula que a corporifique, porque isso é vedado a todas as hipotecas em garantia. Como os processos de circulação, de substituição dos credores hipotecários, são diversos, segundo o direito registral e o direito cambiário, resolveu-se a dificuldade, no caso, aplicando-se os princípios de transferência do direito cambiário, ou seja, por acordo de transmissão, seguido de tradição do título, ou por endosso.

Cuida-se na realidade de um título de crédito ao qual acedeu uma hipoteca, inscrita no registro imobiliário, circulando aquele, com sua garantia, segundo as regras do direito cambiário. Aqui, convém esclarecer que a hipoteca depende do crédito, já que predomina o princípio da acessoriedade. Pode ser um título de crédito, circula com as regras que lhe são próprias, não transmudando sua natureza o fato de a relação creditícia estar garantida por uma hipoteca. Como esses títulos de crédito são abstratos, o terceiro o adquirirá independentemente do negócio subjacente. E assim os vícios da relação creditícia antecedente não são oponíveis aos adquirentes de boa-fé. Em tais termos, desde que o terceiro adquira o crédito, sem que o direito leve em consideração os vícios que possa conter a relação creditícia, se torna titular da garantia real. A sua vez, como é o crédito quem determina o regime jurídico, pode suceder uma falta de coincidência entre o credor inscrito e o real, mas o litígio se resolve segundo o princípio de que o credor é somente o endossatário, ou o detentor se a hipoteca estiver garantindo um título ao portador. Por fim, tem a hipoteca em garantia de título de crédito significação jurídica e econômica semelhante à da hipoteca de tráfico. A diferença maior está na acessoriedade das hipotecas em garantia, mas esta se torna mínima em virtude da abstração dos títulos de crédito. Apesar disso, há tratamento jurídico diverso quanto à hipoteca em garantia de título de crédito, o qual pode resultar do fato

---

[25] Eichler, *Institutionen*, II, 2, p. 490.

[26] Soergel – Baur, *Kommentar zum BGB*, t. 4, § 1.190, p. 729, ed. 1968.

[27] Staudinger – Kober, *Kommentar zum BGB*, III, § 1.190, p. 953.

de ser incapaz o emitente, ou de ter sido o título posto em circulação contra a sua vontade.[28]

8. Nas hipotecas acessórias a títulos ao portador, a letras de câmbio, ou a outros títulos que podem ser transferidos mediante endosso,[29] pode-se designar um representante (*Grundbuchvertreter*) legitimado fiduciariamente a representar o credor no desenvolvimento das relações hipotecárias, inclusive na execução.[30]

O acordo que designa o representante deve ser inscrito no registro imobiliário para que produza efeitos. No particular, adotou o BGB o princípio dispositivo, pois depende a inscrição dos interessados, mas é inegável que a posição do representante é fiduciária, não só do credor como também do devedor,[31] embora haja divisão na doutrina, pois muitos o consideram simplesmente representante que age em nome alheio.[32]

A tendência no direito germânico é a de estender, para efeitos de segurança creditícia, a figura do fiduciário a outras hipóteses e demonstra assim a necessidade de inserção de terceiras pessoas na relação obrigacional, com a finalidade de assegurar a execução das hipotecas e penhores, como se verifica no direito americano,[33] sendo para isso de maior valor o princípio contido no § 1.189 do BGB. Certo é que, além dos casos previstos no § 1.189, não se permite a inserção de um terceiro como fiduciário, por ser na hipoteca figurante essencial o credor e não se pode constituí-la com um credor aparente, fiduciário do credor real. A dívida imobiliária, por não exigir nenhuma relação subjacente de crédito, pode servir à aplicação da "fiducia", conforme sustenta Siebert, porque o legitimado fiduciariamente receberia o título da dívida imobiliária no interesse do credor.[34] No direito germânico, chega-se a esse resultado através do contrato ou estipulação em favor de terceiros.[35]

8.3. A dívida imobiliária (*Grundschuld*)

9. Como elemento fundamental do crédito real está a dívida imobiliária, ou a hipoteca pré-constituída. A denominação *dívida imobiliária*

---

[28] H. Westermann, *Lehrbuch des Sachenrechts*, § 113, p. 559, ed. 1960.

[29] § 1.187.

[30] § 1.189.

[31] § 1.189, *in fine*.

[32] Siebert, *Treuhandverhältnis*, p. 364 e segs.

[33] Siebert, *Treuhandverhältnis*, p. 364 e segs.

[34] Siebert, *Treuhandverhältnis*, p. 372.

[35] § 328 do BGB.

parece ser melhor do que a de *hipoteca pré-constituída*, termo utilizado em alguns sistemas jurídicos modernos, porque este pode revelar, implicitamente, a acessoriedade, maior ou menor, a uma relação creditícia. A nota característica da dívida imobiliária é o fato de, em regra, ser isolada (*isolierte Grundschuld*), ou seja, totalmente desvinculada de um crédito, pelo menos no momento de sua constituição.

Para dar ênfase a esse aspecto de sua estrutura, há quem afirme ser a hipoteca "causal", pois se relaciona a um crédito, e a dívida imobiliária, "abstrata", tanto vale dizer, uma vinculação real autônoma. A ela são aplicáveis no geral os princípios que regem a hipoteca, salvo aqueles que não se harmonizam com o elemento básico de sua estrutura, a circunstância de não pressupor uma relação creditícia que lhe sirva de suporte.[36]

A hipoteca subordina-se em seu nascimento a um débito, e sua finalidade principal consiste em satisfazer ao credor, na hipótese de não se ter realizado o adimplemento. A dívida imobiliária disso independe e pode ser extraída pelo proprietário em seu favor e somente depois vir a ser dada em garantia. A vantagem para o credor é evidente, pois ele não necessita preocupar-se em saber se a relação creditícia subjacente existia ou não, podendo sempre executar o imóvel gravado. A composição dos interesses, na hipótese de não haver causa, far-se-á do mesmo modo que nas promessas abstratas, através do instituto do enriquecimento injustificado.[37]

Como pura responsabilidade real, a dívida imobiliária corresponde ao "Gült" do direito suíço,[38] por meio do qual se põe um crédito como "ônus imobiliário, produzindo o efeito de desfazer a relação creditícia subjacente por força de uma nova ação *ex lege*.[39] A faculdade de extrair uma dívida imobiliária é muito importante para o devedor porque, ao constituí-la por ato unilateral de inscrição no registro, poderá obter o gravame em primeiro grau. A hipoteca que venha a ser feita posteriormente será de segundo grau.

Essa possibilidade dá nova significação à figura dos pactos de reserva prelatícia, ou simplesmente de reserva de grau (*Rangvorbehalt*), admitidos pelo direito germânico[40] e que têm grande importância para todo o sistema creditício, pois certas instituições somente concedem empréstimos com a constituição de gravames de primeiro grau.

---

[36] § 1.192 do BGB.

[37] Staudinger – Kober, Kommentar, III, § 1.191, p. 996; Eichler, *Institutionen*, II, 2, p. 500.

[38] Arts. 847 e segs do BGB.

[39] § 881 do BGB.

[40] § 881 do BGB.

A reserva de grau supõe acordo entre devedor e credor, de modo que este confere àquele a faculdade de registrar outro ônus real posteriormente, mas com prioridade de eficácia. Sendo possível ao proprietário extrair em seu favor uma dívida imobiliária, por negócio jurídico unilateral, só com essa providência, sem necessidade de nenhum acordo, ele deterá a aludida preferência, pois o direito real em seu favor foi inscrito anteriormente. O sistema creditício germânico opera com gravames de primeiro, segundo e até mesmo terceiro graus. Os bancos e as caixas ou associações de poupança concedem empréstimos com garantia hipotecária de primeiro grau. As entidades de direito público financiam mediante gravames de segundo ou terceiro grau, percebendo juros maiores correspondentes ao risco também maior.[41]

Utilizam-se nesses negócios creditícios hipotecas pelo restante do preço (alienação e hipoteca pelo saldo), hipotecas de amortização, por meio de pagamentos fracionados, ou através da organização de um fundo constituído pelos pagamentos do mutuário, para final compensação. A dívida imobiliária é direito real em coisa própria e uma lesão ao velho princípio *nemo res sua servit*. A admissão de direitos reais sobre bens próprios permite que o pagamento, realizado pelo proprietário que seja ao mesmo tempo devedor pessoal, extinga a relação creditícia, mas não a hipoteca, o que suporia retificação do registro. Nesse caso, o proprietário torna-se detentor de uma "hipoteca sobre imóvel de sua propriedade", ou seja, de uma dívida imobiliária.[42] Se o proprietário for um terceiro, a solução do débito acarretará a transmissão em seu favor do direito creditício que cabia ao credor contra o devedor, e a constituição em seu benefício de uma dívida imobiliária.[43]

O direito hipotecário germânico dá ênfase à posição do credor e à dos terceiros, o que se manifesta na adoção, como regra, da hipoteca de tráfico, e na possibilidade de extrair-se uma dívida imobiliária, e também ao devedor, pela facilidade em constituir direitos reais de garantia. A figura do representante inscrito no albo imobiliário (*Grundbuchvertreter*) torna mais segura a circulação das hipotecas em garantia de títulos de crédito, pois o devedor sabe perante quem deve operar-se a solução da dívida. O instituto da reserva de grau hipotecário serve muito bem aos interesses do devedor, dando-lhe maiores virtualidades na obtenção de empréstimos. Há, assim, uma certa ambivalência no direito hipotecário germânico: os institutos que protegem o credor dão também segurança ao devedor.

---

[41] H. Westermann, *Sachenrecht*, § 91, II, p. 445.

[42] Staundiger – Kober, *Kommentar*, III, § 1.163, p. 858.

[43] § 1.143 do BGB; vd. Soergel – Baur, *Kommentar*, v. 4, § 1.142, p. 662.

§ 3º A Hipoteca no direito brasileiro .

10. A hipoteca nos sistemas romanísticos, de que são exemplo o Código Civil francês (arts. 2.144 e segs.), o português de 1967 (arts. 686 e segs.) e o Italiano (Código Civil, arts. 2.808 e segs.), é estritamente acessória. No direito brasileiro, há certa dúvida a respeito, sustentando Pontes de Miranda,[44] que nossa hipoteca se assemelharia à hipoteca de tráfico do direito germânico, embora não fosse emitida mediante cédula, o que lá se faculta excepcionalmente. A maioria dos autores tem a hipoteca como acessória, transmitindo, de alguma forma, como elemento interpretativo de nossas disposições, o direito francês e o italiano. A fundamentação de Pontes de Miranda tem suas raízes no disposto no art. 850 do Código Civil brasileiro, que faz depender a extinção da hipoteca do cancelamento do registro. Em matéria registral, há em nosso direito a particularidade de que a hipoteca antes da inscrição existe *inter partes*,[45] de modo que o registro é mero elemento de eficácia, não tendo o efeito constitutivo que lhe atribuem, por exemplo, o direito germânico e o suíço. Guardando simetria com a constituição do gravame, a extinção da hipoteca realiza-se entre os figurantes, entre outras hipóteses, pelo desaparecimento da obrigação principal,[46] ainda que só comece a ter efeitos perante terceiros depois de averbada no respectivo registro,[47] embora seja diverso o entendimento da jurisprudência.

A existência da hipoteca *inter partes*, antes da inscrição no registro, é princípio que não se harmoniza com o nosso sistema em matéria de alienações, uma vez que a propriedade somente se adquire com a transcrição[48] e não se admite, como sucede no direito francês[49] e no italiano,[50] a transferência para o adquirente do bem alienado antes da realização daquele ato.

Nessa parte, deve-se corrigir o texto, porque os negócios jurídicos de disposição sobre imóveis, sejam translativos ou constitutivos de gravames, devem ter o mesmo regime jurídico. No particular, nosso Código Civil normou com desarmonia os negócios dispositivos, seguindo nas alienações as regras do BGB e, na hipoteca, as do Código Civil francês. Todavia, neste último Código, há simetria entre as disposições, pois a compra e venda transmite *inter partes* a propriedade,

---

[44] *Tratado de Direito Privado*, t. 20, p. 23.

[45] Cód. Civil, art. 848, *in fine*.

[46] Cód. Civil, art. 849, inc. I.

[47] Cód. Civil, art. 850.

[48] Cód. Civil, art. 530, inc. I; art. 589, § 1º.

[49] Cód. Civil francês, art. 1.583.

[50] Cód. Civil ital., art. 1.376.

sendo o registro mero elemento de eficácia perante terceiros. Não se pode, entretanto, adotar na disciplina, que deve ser unitária, dos negócios dispositivos regras colidentes entre si, considerando como uma das exceções à regra exposta no art. 676 do Código Civil a constituição das hipotecas negociais.[51]

O alcance que Pontes de Miranda dá ao art. 850 é lógica e sistemático dentro das premissas de seu raciocínio, de que os acordos de transmissão de propriedade e os de constituição de ônus sobre imóveis sejam abstratos e a eficácia de registro imobiliário *juris et de jure*. Acolhendo em seu monumental *Tratado de Direito Privado*, em toda a sua extensão, o princípio da fé pública do registro, o art. 850 passa a ter outra significação que não possuiria se os negócios dispositivos fossem causais, ou se a aludida fé pública, ao invés de absoluta, se constituísse em algo meramente relativo, de modo que a boa-fé do terceiro adquirente não tivesse de lhe tornar indisputável a aquisição. Ocorre que, em nosso direito, a alienação foi considerada causal, não desligada dos negócios antecedentes, e a presunção de pretender o direito real à pessoa em cujo nome se transcreveu, ou inscreveu,[52] não é absoluta, nem essa presunção foi modificada pelo D. 4.857, de 9 de novembro de 1939, que estabeleceu o "Regulamento dos Registros Públicos", ou pelo DL. 1.000, de 21 de outubro de 1969, que "consolidou e atualizou o aludido Regulamento". A jurisprudência tem como constitutivo o registro não apenas para as alienações, como também para a constituição de ônus, realizando desta forma uma obra de harmonização sistemática, embora esse não seja o sistema exposto na disposições do nosso Código Civil.

Duas interpretações são assim possíveis para o art. 850 do Código Civil Brasileiro: a) a transferência do crédito hipotecário a terceiro de boa-fé, depois de solvida a dívida, preclui o direito de averbar a quitação, ou de cancelar a inscrição do gravame; b) a cessão a terceiro de boa-fé não gera a decadência do direito formativo extintivo, de cancelamento da inscrição.

A solução a) assemelharia a hipoteca brasileira à hipoteca de tráfico do direito germânico; a outra, b), faria com que nossa hipoteca fosse igual à do direito comum, com certo temperamento, porque a extinção não seria imediata, com a simples solução da dívida, mas dependeria da averbação, sendo, entretanto, hipoteca em garantia, isto é, acessória.

---

[51] Certas disposições, no direito de família, constituem em muitos Códigos, inclusive no BGB, exceções à regra da constitutividade do registro, como sucede quando se opta por algum regime de bens, porque, no caso, o aludido registro é mero elemento de eficácia perante terceiros (nosso Cód. Civil, art. 261).

[52] Cód. Civil, art. 859.

Pela redação do art. 850 do Cód. Civil, "a extinção da hipoteca só começa a ter efeitos contra terceiros depois de averbada no respectivo registro", diversa, aliás, do art. 848, pertinente à constituição, tem-se que a solução do nosso direito é da letra b), sendo a hipoteca meramente acessória.

8.4. O princípio da acessoriedade

11. A acessoriedade da hipoteca significa que a relação creditícia comanda e determina o regime jurídico da garantia de direito real. Mais do que isso, tem o sentido de que a garantia se refere sempre a um crédito. Particularidade interessante em nosso direito é a de que um ônus real constituído sobre um bem de propriedade alheia, *a non domino*, portanto, existe e vale, sendo apenas ineficaz, apesar de a redação do art. 756, parágrafo único, do Cód. Civil ser equívoca, porque alude à revalidação da hipoteca, quando quem a deu tornar-se posteriormente proprietário. Nosso Código Civil não normou as hipotecas pelo valor máximo, ou de importância não determinada, mas a praxe tem admitido o registro de tais hipotecas, exigindo-se, entretanto, um regramento dessa figura.

Discute-se no direito brasileiro a possibilidade de que o proprietário possa constituir sobre imóvel que lhe pertença uma hipoteca em seu favor. Pela afirmativa, manifestou-se Pontes de Miranda.[53] À maioria dos autores nacionais passou despercebido esse problema, preocupados quase exclusivamente em explicar o direito hipotecário à luz do princípio de acessoriedade. À sua vez, a própria jurisprudência não deu maior relevo ao princípio da constitutividade do registro e às consequências que dele haviam de derivar. É implícita assim a resposta negativa à possibilidade de constituição de ônus sobre bem próprio. O problema maior está em saber se, quando o proprietário, devedor pessoal ou terceiro adquirente, solve a dívida adquire em seu favor a hipoteca, ou ela se extingue. O princípio da constitutividade do registro levaria à conclusão de que, enquanto não cancelada a inscrição, o gravame perduraria em favor do proprietário, se este fosse também devedor pessoal; se, no caso, ele fosse terceiro que deu sua propriedade em garantia de dívida alheia, ter-se-ia sub-rogação no crédito contra o devedor e aquisição de hipoteca sobre bem próprio, solução essa idêntica à do direito germânico, em que se deram todas as consequências ao princípio da constitutividade. A primeira dúvida está na possibilidade de existir a figura da hipoteca preconstituída, como pré-forma da dívida imobiliária, ou mesmo como dívida

---

[53] Tratado de Direito Privado, v. 20, p. 323 e segs.

imobiliária. A vantagem de tal sistema seria a de poder constituir um gravame real antes de se ter um credor e também a faculdade de reservar pela só vontade do proprietário uma melhor posição dentro do registro imobiliário. Para admissão dessa figura haveria necessidade de norma expressa, pois representa profunda lesão ao princípio da acessoriedade e, embora a jurisprudência tenha considerado o registro como constitutivo, não consta que tenha admitido a extração de uma hipoteca sem que houvesse uma relação de crédito, servindo de suporte, sobretudo por força do art. 755 do Código Civil, que impõe, como elemento estrutural, a aludida dependência.[54]

12. Problemática das mais importantes é a das cédulas hipotecárias instituídas pelos DL 70, de 21 de novembro de 1966, DL 167, de 14 de fevereiro de 1967, e DL 413, de 9 de janeiro de 1969.

Por meio desses Decretos-Leis criaram-se cédulas hipotecárias, destinadas a atender ao financiamento de construções pelo Banco Nacional de Habitação (DL 70), da agricultura (DL 167) e da indústria (DL 413).

O DL 70 instituiu a cédula hipotecária para "hipotecas inscritas no Registro Geral de Imóveis, como instrumento hábil para a representação dos aludidos créditos imobiliários".[55] Podem recair sobre primeiras e segundas hipotecas[56] e são emitidas pelo credor hipotecário, preenchidos certos requisitos, mas somente podem ser lançadas em circulação depois de averbadas à margem da inscrição da hipoteca a que disser respeito[57] e depois de autenticadas pelo oficial do Registro Geral de Imóveis competente, com todas as indicações.[58] A cédula é sempre normativa, podendo ser transferida por meio de endosso nominal, lançado no verso,[59] de modo que a hipoteca passa a fazer parte integrante do título, acompanhando nos endossos subsequentes, sub-rogando-se o endossatário em todos os direitos creditícios.[60] A cédula hipotecária instituída pelo DL 70 é cédula hipotecária em garantia, que se submete aos princípios da cessão de crédito por força do disposto no art. 16 do referido DL, embora haja no pertinente à forma de transferência alguns princípios de direito cambiário, tais os referentes

---

[54] Cód. Civil, art. 755: "Nas dívidas garantidas por penhor, anticrese ou hipoteca, a coisa dada em garantia fica sujeita por vínculo real ao cumprimento da obrigação".

[55] DL. 70, art. 10.

[56] DL. 70, art. 11.

[57] DL. 70, art. 13.

[58] DL. 70, art. 13, parágrafo único.

[59] DL. 70, art. 16.

[60] DL. 70, art. 16, parágrafo único.

ao endosso.[61] Na cessão de crédito a título oneroso, o cedente é responsável pela existência do crédito,[62] mas não o é pela solvência do devedor.[63] A eficácia da cessão de crédito perante o devedor supõe que esse tenha sido notificado.[64]

No art. 17 do DL 70 exara-se a regra de que na emissão, ou no endosso da cédula hipotecária, "o emitente e o endossante permanecem solidariamente responsáveis pela boa liquidação do crédito, a menos que avisem o devedor e o segurador, quando houver, de cada emissão ou endosso até trinta dias após a sua realização por carta enviada mediante recibo, pelo Registro de Títulos e Documentos, ou, ainda, por meio de notificação judicial...".

Essa regra não modificou o princípio de que a transferência da cédula se constitui em cessão *pro soluto*, pois quando o art. 17 do DL 70 alude "a boa liquidação", refere-se à circunstância de que, não avisado o devedor da emissão ou do endosso, eles assumem solidariamente o risco de não se fazer o pagamento ao verdadeiro credor.[65]

A entrega da cédula quitada ao devedor prova a extinção da hipoteca, independentemente de cancelamento da inscrição,[66] não havendo impedimento que essa prova se faça por outros meios. Se permanecer em circulação, porque não lhe quis devolver o emitente ou endossante, são eles responsáveis perante terceiros adquirentes.[67]

O parágrafo único do art. 18 do DL 70 abre uma problemática de interpretação de grande alcance. No caso de se haver solvido o débito e ter, não obstante isso, permanecido em circulação a cédula, como se resolverá o conflito? Se na cédula hipotecária houvessem sido adotados os princípios do direito cambiário quanto ao fundo, então o terceiro adquirente de boa-fé seria credor em virtude da abstração do título e, em consequência, titular da hipoteca, pois essa faz parte da cédula, acompanhando-a nos endossos. Por serem aplicáveis os princípios da cessão de crédito e sendo esta considerada, entre nós, negócio jurídico dispositivo causal, tem-se que o terceiro não adquire o crédito, nem a hipoteca, mas deve ser indenizado.

A cédula hipotecária do DL 70 distingue-se da hipoteca de tráfico do direito germânico, porque, nesta, não cancelado o registro, o terceiro adquire a garantia real (e não o crédito) e também da hipoteca em

---

[61] DL. 70, arts. 16 e 17.

[62] Cód. Civil, art. 1.073.

[63] Cód. Civil, art. 1.074.

[64] Cód. Civil, art. 1.069.

[65] Cód. Civil, art. 1.071.

[66] DL 70, art. 18.

[67] DL 70, art. 18, parágrafo único.

garantia de um título de crédito, porque a ele são aplicáveis os princípios do direito cambiário, quanto ao fundo, e não somente no que toca à forma de transferência.

13. Regime jurídico diverso é o das cédulas de crédito rural (DL 167) e industrial (DL 413). São promessas de pagamento abstratas, no pertinente aos créditos que corporificam.[68]

A cédula de crédito rural terá a denominação de cédula rural hipotecária, quando preencher os requisitos do art. 20, DL 167, entre os quais está a descrição do imóvel hipotecado. A terminologia do DL 413 é equívoca ao afirmar, em seu art. 9º, que "a cédula de crédito industrial é promessa de pagamento em dinheiro com garantia real cedularmente constituída". Em verdade, não se extraem duas cédulas como a aludida disposição dá a entender, a de crédito industrial e a hipoteca cedular,[69] garantido esta àquela. O processo é totalmente diverso, pois a cédula é uma só e tem a particularidade de constar em seu corpo,[70] ou mesmo fora dele, em documento separado,[71] ou até mesmo pela anexação dos títulos de propriedade à cédula de crédito industrial,[72] a descrição do imóvel, com suas confrontações, dimensões, benfeitorias, título e data da aquisição, etc.

A eficácia perante terceiros começa da data da inscrição da cédula de crédito rural[73] e cédula de crédito industrial[74] no Cartório de Registro de Imóveis, devendo ser averbados os endossos posteriores à inscrição, avisos, aditivos, etc., e qualquer ato que promova a alteração na garantia e condições pactuadas.[75] Essas averbações são necessárias para que as modificações no crédito ou na hipoteca tenham eficácia perante terceiros, pois de outro modo seus efeitos se reduzem aos contratantes.[76]

Por força dos arts. 24 do DL. 167 e 26 do DL. 413, aplicam-se à hipoteca cedular os princípios da legislação ordinária a respeito, desde que não colidam com preceitos de ambos os Decretos-Leis.

Convém indagar, para descrever a estrutura da cédula de crédito industrial e da cédula de crédito rural garantidas por hipotecas,

---

[68] DL 167, DL. 413, arts. 9º e 10.
[69] DL 413, art. 19, inc. III.
[70] DL 413, art. 14, inc. V.
[71] DL 413, art. 14, § V.
[72] DL 167, art. 30.
[73] DL 167, art. 30.
[74] DL 413, art. 29.
[75] DL 167, art. 35; DL 413, art. 36.
[76] DL 167, art. 40; DL 413, art. 29.

se lhes são aplicáveis as regras sobre a extinção da hipoteca comum,[77] ou se os Decretos-Leis 167 e 413 conferiram ao terceiro de boa-fé uma posição de inatacabilidade por qualquer outro interessado na relação obrigacional ou real. Dever-se-ia questionar se a hipoteca inserida numa daquelas cédulas, após a circulação, daria ao terceiro adquirente a titularidade da garantia real, na hipótese em que quem a houvesse dado não fosse proprietário. Se a resposta pendesse para a afirmativa, estaria vigorando para essas cédulas o sistema de abstração dos negócios dispositivos, ou o da causalidade, em que se deu proteção, ao terceiro de boa-fé. Todavia, protegem-se os terceiros de boa-fé, adquirentes da cédula hipotecária rural ou da cédula hipotecária industrial, por força dos arts. 30 e 35 do DL 167 e arts. 29 e 36 do DL 413, apenas quanto aos endossos posteriores à inscrição da cédula, as menções adicionais, aditivos e qualquer outro ato que promova alteração nas garantias e condições pactuadas. Não se tem, em consequência, o sistema da aquisição da garantia real pelo terceiro, quando não for titular do domínio quem deu o imóvel em segurança das aludidas cédulas. Aplicam-se, nesse particular, as regras dos negócios jurídicos dispositivos os quais, entre nós, são causais, por força de reiterada jurisprudência. Todavia, as modificações posteriores à inscrição da cédula, tanto na relação creditícia, quanto no gravame real, que não tenham sido averbadas, não são oponíveis a terceiros. Têm essas cédulas a característica de não acompanharem o princípio da acessoriedade em toda sua extensão, pois mais importantes que as vicissitudes da relação creditícia são, perante terceiros, as averbações dessas alterações no Registro Imobiliário, em livros próprios, denominados, respectivamente, de "Registro de Cédulas de Crédito Rural"[78] e "Registro de Cédulas de Crédito Industrial".[79]

A cédula de crédito rural e a cédula de crédito industrial assemelham-se, quanto ao tratamento jurídico, às hipotecas de tráfico do direito alemão, nas quais mais importantes que as modificações da garantia real são as alterações no registro imobiliário, o que fere o dogma da acessoriedade. Há diferenças específicas, não só quanto à constituição ou omissão, mas também quanto ao alcance da presunção do registro, que no direito germânico se restringe à garantia real, tanto que, adimplido o crédito e não retificado o registro, o terceiro adquirente não tem ação obrigacional (o crédito está extinto), e sim, a excussão real da garantia. Em nosso direito, ainda que solvido o crédito e não averbado o adimplemento, torna-se o terceiro titular da

---

[77] Cód. Civil, art. 850.

[78] DL 167, art. 31.

[79] DL 413, art. 31.

relação creditícia e real. Salva-se, assim, de alguma forma o princípio da acessoriedade.

14. A cédula hipotecária no direito brasileiro ficou restrita a operações com instituições financeiras,[80] ou com os órgãos integrantes do sistema nacional de crédito rural.[81]

Não podem os particulares, entre si, em suas operações, utilizar quaisquer desses tipos de cédulas hipotecárias. Para eles ficou reservada, apenas, a hipoteca tradicional, da qual não se extrai nenhum título hábil para fazê-la circular. Constitui, entretanto, má política permitir-se somente a certas entidades poder lançar mão, em seus negócios, de cédulas hipotecárias, pois nenhum argumento existe para restringi-las desse modo. No Projeto Orlando Gomes[82] previu-se a possibilidade de extrair uma cédula, mas não se regrou a figura, indicando apenas que ela se regularia por lei especial e se aplicariam, no que coubesse, os preceitos relativos à cédula rural pignoratícia. É de toda conveniência que o Código Civil regre, pela sua importância em nossos dias, a estrutura dessas cédulas, como o fez o BGB ao recolher os diversos sistemas hipotecários então existentes, como o prussiano, o bávaro, o romano etc.

8.5. O princípio da indivisibilidade

15. O axioma da indivisibilidade da hipoteca tem sido posto em rude prova em face de novas necessidades. O princípio diz respeito ao crédito, o qual, fracionado, não divide o gravame, e também ao imóvel onerado, pois ainda que esse se tenha dividido, esse fato não se projeta sobre a hipoteca. A regra da indivisibilidade não é cogente, ou de "ordem pública", e sim, dispositiva, já que as partes podem tornar o gravame divisível. O DL 70, ao criar as cédulas hipotecárias, determinou que o credor poderia emiti-las[83] como cédula integral, representando a totalidade de crédito, ou fracionária, limitada a parte dele, sendo que essa última não pode exceder, em hipótese alguma,

---

[80] O DL 70 permitiu a extração de cédula hipotecária para as operações compreendidas no Sistema Financeiro de Habitação; com as instituições financeiras em geral, ou entre outras partes, desde que emitidas em favor de pessoas jurídicas que façam parte das "instituições financeiras", ou de companhias de seguro (art. 10, incs. I a III). Também a cédula de crédito industrial somente é utilizável em operações com instituições financeiras (DL 413, art. 1º).

[81] A Lei nº 4.829, de 5 de novembro de 1965, criou o crédito rural e definiu o que se deveria ter como tal, no art. 2º, restringindo o conceito a recursos financeiros supridos por entidades públicas e estabelecimentos de crédito particulares. A cédula rural hipotecária somente pode ser emitida por particulares, no âmbito fixado pelo art. 2º da Lei nº 4.829, a cujos preceitos o DL. 167 visou a atender.

[82] Art. 695 e parágrafo único.

[83] DL 70, art. 10.

o valor total do crédito hipotecário.[84] Deu-se ao credor a faculdade de fracionar o crédito e consequentemente emitir títulos até o limite total, independentemente de concordância do proprietário do prédio gravado. O exercício dessa faculdade pluraliza os créditos, mas não constitui lesão ao princípio da indivisibilidade da hipoteca, pois cada uma delas tem como garantia o imóvel em sua totalidade.

A indivisibilidade da hipoteca significa também que os pagamentos parciais da dívida não autorizam a sua redução, ainda que ela compreenda vários bens.[85]

No Projeto Orlando Gomes,[86] previu-se a possibilidade de redução do gravame, não se restringindo, como fez o Código Civil de Portugal, às hipotecas judiciais.[87] Hipótese de maior alcance é a da oneração dos prédios em construção e a dos terrenos destinados a loteamento. No direito suíço, só se admite que vários prédios sejam dados em garantia de um só crédito se pertencerem a um proprietário, ou se forem de propriedade de vários devedores solidariamente obrigados. Nos demais casos de hipoteca de vários prédios por um só crédito, deve ser cada um deles onerado com uma fração correspondente ao débito.[88]

Na edificação para venda de apartamentos e nos loteamentos surge o problema com maior intensidade, pois a hipoteca inicialmente se projeta sobre todo o terreno e posteriormente sobre os apartamentos e os lotes. O credor, em razão da indivisibilidade, retém em seu favor a hipoteca, gravando todos os apartamentos e terrenos, não sendo possível a remição parcial, como disposto no art. 766 de nosso Código Civil, quando forem alienados. Todas essas realidades exigem um abrandamento do princípio da indivisibilidade, com a sua aplicação em outras hipóteses, que não foram previstas no Projeto Orlando Gomes. Nenhum prejuízo adviria ao credor se, realizado o loteamento ou a edificação, fosse possível aos adquirentes, na proporção do valor de seu prédio ou de seu terreno, restringir a hipoteca à fração por eles adquirida, inclusive para poder remi-la. Seria, em consequência, um ato complementar à venda dos lotes à individualização do edifício. Para isso não se faria necessário que o devedor hipotecário já houvesse pago a metade da dívida como se previu no § 1º do art. 655 do Projeto Orlando Gomes.

---

[84] DL 70, art. 10, parágrafo único.

[85] Cód. Civil, art. 758.

[86] Art. 655.

[87] Cód. Civil português, art. 720. A redução das hipotecas voluntárias supõe o consentimento de quem puder dispor do gravame (art. 719), ou seja, do credor.

[88] BGB, art. 798.

O direito germânico conhece a hipoteca em comum, ou em mão comum, quando o gravame abrange vários prédios de diferentes proprietários.[89] Se a hipoteca recair em vários prédios de um só proprietário, não se tratará, evidentemente, de um gravame em comunhão. A natureza jurídica dessa hipoteca, no direito germânico, tem sido objeto de inumeráveis discussões, havendo quem afirme constituir uma espécie da comunhão "em mão comum",[90] ou uma comunhão segundo quotas.[91] O certo é que a alínea 2ª do § 1.172 deu a cada um dos proprietários, desde que diversamente não haja sido disposto, o direito de exigir a redução da hipoteca que grava o seu prédio à fração correspondente à relação dele com o da totalidade dos prédios gravados. Esse dispositivo é do maior alcance, pois vem resolver precisamente os casos em que se edificou um prédio de apartamentos para vender ou se realizou um loteamento; em nosso direito, tudo ficaria na dependência do consentimento do credor. As regras da hipoteca em comunhão (*Gesamthypothek*) serviriam para resolver as dificuldades anteriormente expostas e existentes em nosso direito, e para todos os demais em que houvesse uma pluralidade de prédios de mais de um proprietário, garantindo somente uma relação creditícia.

O princípio da indivisibilidade das garantias reais, no pertinente à hipoteca, tem de ceder no sentido de permitir a redução do gravame hipotecário, quando efetuados pagamentos substanciais, e também quando se cuidar de edifícios para venda de apartamentos ou de loteamentos, pois é de todo interesse do adquirente que grave o prédio apenas a fração que corresponda à totalidade dos prédios hipotecados.

A divisão dará lugar ao aparecimento de várias hipotecas, cada uma delas vinculada a um imóvel determinado. A solução do § 1.172 do BGB é bem melhor do que a do art. 798 do Cód. Civil suíço, porque esta apenas permite, no caso de hipotecas de vários prédios por um só débito, pertencentes a diversos proprietários não obrigados solidariamente, que o ônus real grave cada um deles, segundo a fração que lhe caiba no débito total. No § 1.172 do BGB conferiu-se a cada um dos proprietários o direito formativo modificativo, de fracionar a hipoteca que grava a totalidade, de modo a que o seu prédio fique gravado apenas com uma parcela correspondente ao todo.

---

[89] BGB, § 1.132; §§ 1.172 e segs.

[90] Staudinger-Kober, Kommentar, III, § 1.172, p. 884.

[91] Soergel-Baur, Kommentar, v. 4, § 1.172, p. 705.

8.6. Os pactos de reserva prelatícia

16. Sempre foram admitidos, em nosso direito, os pactos de reserva prelatícia, ou de reserva de prioridade de ônus,[92] por se localizar a faculdade na ampla faixa de autonomia da vontade. A dificuldade está, porém, em fixar seus efeitos, se reais, ou meramente obrigacionais.

Toda a sistemática do registro, nesse particular, atende a dois princípios fundamentais, o da prioridade e o da continuidade. Convém, desde logo, frisar que a adoção da reserva de prioridade de ônus tem valor econômico relevante e atende às necessidades do crédito imobiliário, visto que algumas instituições financeiras somente operam com gravames de primeiro grau. A "posição" dos gravames entre os que a dão é o número de ordem e daí decorre normalmente a prioridade dos direitos reais em relação a outros inscritos posteriormente. Em algumas legislações, não se atribuiu ao proprietário a faculdade de reservar para outrem, mediante negócio jurídico com o credor, a preferência. Mas, em outras, a precedência entre os direitos reais depende em princípio da "posição" no registro imobiliário, embora seja possível, por meio de negócio jurídico dispositivo, conferir-se prioridade a direitos reais a serem inscritos posteriormente. No caso, a "posição" em que se encontra o credor hipotecário no registro não significa que ele tenha preferência, pois se destacou da anterioridade do número de ordem o efeito que lhe é normal, para atribuí-lo a outrem.

No DL 1.000, reitera-se, no art. 193, a regra constante no art. 206 do anterior "regulamento dos Registros Públicos", segundo a qual "apresentado o título da segunda hipoteca com referência à existência de anterior, o oficial, depois de prenotá-lo, esperará trinta dias que o interessado na outra promova o registro, com a devida preferência". Se tal não ocorrer, acrescenta o DL 1.000, isto é, "esgotado esse prazo, que correrá da data da apresentação, sem que apareça o primeiro título, o segundo será registrado e obterá preferência sobre aquele." Discute-se se o princípio é dispositivo e Pontes de Miranda o considera modificável pelas partes.[93] O art. 245 do DL 1.000 consagra axioma igual ao art. 262 do anterior Regulamento dos Registros Públicos, no qual se afirma que "a prioridade das hipotecas de qualquer natureza será regulada exclusivamente pelo número de ordem do protocolo, ressalvadas as hipóteses dos arts. 193 e 195". A fixação da natureza e da eficácia dos pactos de reserva prelatícia depende de ser ou não

---

[92] Pontes de Miranda, *Tratado de Direito Privado*, v. 18, p. 38 e segs.; Carvalho dos Santos, *Repertório Enciclopédico do Direito Brasileiro*, v. 25, vb. Hipoteca, p. 20 e segs.

[93] *Tratado de Direito Privado*, v. 18, p. 38.

constitutivo o registro. Se ele possuir o predicamento da constitutividade, nenhum óbice haverá quanto à utilização dos aludidos pactos, salvo se existir proibição.

Se for vedado outorgar-se prioridade diversa do número de ordem, o pacto de reserva prelatícia terá somente eficácia obrigacional, impedindo, nesse plano, que o credor inscreva o ônus, mas nenhuma influência terá na dimensão dos direitos reais, de tal modo que se o credor entender de não cumprir sua obrigação, poderá ser constrangido a indenizar os prejuízos daí decorrentes, embora isso não se reflita quanto à prioridade por ele adquirida no momento em que requereu o registro. Nos códigos em que a hipoteca existe *inter partes*, antes de ser inscrita, tem-se que o pacto de reserva-prioridade não depende do registro para sua existência ou eficácia, que é de direito real, mas *inter partes*, tornando-se *erga omnes*, realizada aquela providência.

O art. 245 do DL 1.000 fixa o princípio da imodificabilidade convencional dos graus de prioridade no registro, abrindo, apenas, no que aqui interessa, uma exceção, ou seja, a do art. 193, correspondente ao art. 206 do anterior Regulamento dos Registros Públicos.

A espécie prevista no art. 193 constitui-se em germe imperfeito dos pactos de reserva prelatícia dotados de eficácia real. Pré-notada a hipoteca em que se alude à existência de outra, o oficial esperará por trinta dias, findos os quais será feita a inscrição. Os negócios jurídicos de reserva de grau atendem à necessidade de nossos dias de que o imóvel seja fator de crédito, cuja obtenção dura sempre período bem maior do que o previsto no art. 193 do DL 1.000.

O Código Civil português não normou a figura, mas permitiu a cessão do grau hipotecário dos credores entre si.[94] O direito germânico, além de regrar essa hipótese,[95] disciplinou os negócios jurídicos de reserva de grau,[96] que são de direito das coisas. No sistema do BGB, o proprietário, por meio de um negócio jurídico dispositivo com o credor, pode reservar-se o direito de inscrever com anterioridade de eficácia outra hipoteca, conforme as condições estabelecidas entre ambos. Sistema diverso seria o de registrar a hipoteca, objeto da reserva, com exclusão do eventual e futuro credor, para posterior complementação. Esta foi a solução do direito bávaro, anterior, portanto, ao BGB.[97]

---

[94] Cód. Civil, art. 729.

[95] BGB, § 880.

[96] BGB, § 881.

[97] Staudinger-Kober, *Kommentar*, III, § 881, p. 133.

Poder-se-ia, por fim, aperfeiçoar a disposição constante no art. 193 do DL. 1.000 permitindo-se, no caso de existir um pacto de reserva prelatícia, que se faça a pré-notação da hipoteca e do aludido pacto, o qual há de conter as condições gerais de gravame a ser posteriormente inscrito. A inscrição da hipoteca ficaria pendente durante o período estabelecido, mas se tornaria imediatamente eficaz se o imóvel fosse alienado, ou se se pretendesse registrar outra hipoteca sem as condições expressamente determinadas no pacto de reserva prelatícia. Essa solução aproximaria o tratamento do pacto de reserva de grau ao do das hipotecas diferidas, existentes em alguns sistemas modernos, as quais têm a característica de que a inscrição somente se opera quando o proprietário tentar registrar ou inscrever algum negócio jurídico capaz de prejudicar direitos do futuro credor hipotecário. Na hipoteca diferida não se faz desde logo a inscrição, mas os títulos necessários para isso estão em poder do oficial do registro, aguardando apenas a ordem, ou a ocorrência de algum fato que possa prejudicar os interesses do credor, tornando ineficaz a hipoteca a ser inscrita ou lhe dando categoria inferior à da data da entrega dos documentos. Com essa disposição, poder-se-ia impedir que a pré-notação tivesse eficácia apenas pelo período de trinta dias, o que é totalmente sem sentido em face das necessidades de obtenção de crédito imobiliário, as quais exigem espaço de tempo muito superior. À sua vez, constitui problema de não fácil solução o da extinção dos direitos reais pelo transcurso de tempo. Nas legislações que dão à constitutividade do registro um caráter absoluto, a inscrição de algum ônus ou gravame, de modo igual ao que sucede com a transcrição das alienações, não perde a sua eficácia apenas porque fluiu certo período de tempo. Esse princípio liga-se com o axioma de que as retificações do registro, quaisquer que sejam elas, dependem de provocação do interessado, não realizando o oficial nenhuma modificação *ex officio*. Afirma-se, em consequência, que a regra da extinção dos efeitos do registro pelo simples decurso de um prazo seja peculiar aos códigos que adotaram o princípio de que o registro tem efeitos meramente declaratórios, preponderando sobre a realidade que ali se contêm as vicissitudes pelas quais pode passar o negócio jurídico que lhe deu causa. Por esse motivo, no direito germânico, em que se deu ampla eficácia à constitutividade do registro, a reserva de grau de inscrição não está submetida a nenhum prazo e adere de tal modo ao direito do proprietário sobre o imóvel, que o acompanha nas alienações.

O pacto de reserva prelatícia não é o objeto apenas de pré-notação, mas ele deve ser inscrito juntamente com o gravame. Não se altera o "número de ordem" (*Post*) da inscrição do ônus, apenas a hipoteca inscrita posteriormente prefere à anterior, por força do pacto de reserva de grau.[98]

A particularidade de nosso direito em face do BGB está em que entre nós se restringiu a possibilidade de alterar, por negócio jurídico, os graus de prioridade do registro, adotando, entretanto, quanto ao mais, um sistema móvel, já que, segundo a jurisprudência, no caso de vários credores hipotecários, o pagamento a um deles, ao credor da primeira hipoteca, por exemplo, melhora a situação dos demais, porque o devedor não adquire em seu favor a hipoteca, e as demais decrescem de grau.

No sistema do BGB, as hipotecas não modificariam nossa última hipótese a sua posição, pois o proprietário que prestou e solveu o débito adquiriria o gravame em seu favor,[99] mantendo o seu grau. A vantagem para o proprietário é relevante, uma vez que ele poderá ceder o ônus real a outrem, com o grau em que estava inscrita.

O direito brasileiro adotou uma posição intermediária e não satisfatória, pois segundo o art. 193, *in fine*, do DL 1.000, não apresentado acordo de constituição de hipoteca no prazo de trinta dias, o oficial inscreverá a que lhe foi entregue como primeira hipoteca, perdendo o credor da outra a preferência. Cuida-se, aqui, apenas da perda de preferência de direito real, porque se o credor da segunda hipoteca se houvesse obrigado a não levá-la a registro antes que o da primeira o fizesse e se o prazo convencionado para isso fosse superior a trinta dias, o fato de o credor da segunda haver levado o título ao albo imobiliário seria, desde logo, infringência aos efeitos obrigacionais do pacto de reserva prelatícia, devendo, se disso resultou algum prejuízo, indenizar.

Em nosso Código Civil, no art. 817,[100] determinou-se que, perfazendo 20 anos, só poderá subsistir a hipoteca reconstituindo-se por novo título e nova inscrição e, neste caso, lhe será mantida a preferência, que então lhe competir. Esta hipótese era a única em nosso direito, em que a extinção de uma hipoteca não alterava a ordem de procedência, quando se renovava o título e o próprio registro. Todavia, em face do art. 245 do DL 1.000, que resolveu apenas dois casos em que a aludida precedência não se regularia pelo número de ordem (arts. 193 e 195) e não constando entre elas a preferência do art. 817 do Código Civil, em sua parte final, tem-se que a mesma foi derrogada pelo aludido Decreto-Lei.

---

[98] Eichler, *Institutionen*, II, 2, p. 362.

[99] § 1.163 do BGB.

[100] Com a redação dada pela Lei nº 2.437, de 7 de março de 1955.

Por fim, a legislação sobre registros públicos não adotou, senão em escassa medida, a modificação convencional dos graus de prioridade por meio de pactos de reserva prelatícia, como também não normou a cessão dos graus hipotecários entre os credores. O pagamento do crédito hipotecário faz com que o gravame se extinga, sem que se transforme em hipoteca em favor do proprietário, o que seria uma solução prática e de grande alcance econômico.

17. O direito de remição, no direito brasileiro, cabe ao credor da segunda hipoteca, ao próprio devedor[101] e ao adquirente.[102]

A particularidade de nosso direito, do italiano e do português, para somente enumerar alguns sistemas jurídicos, está em que o adquirente do imóvel gravado tem o direito de remi-lo antes do vencimento do crédito hipotecário.[103] Na *common law* inglesa, denomina-se de remição também ao dever que tem o obrigado de adimplir a dívida, mas isso atende à peculiaridade de que nesse sistema o credor pode tornar-se proprietário através de declaração judicial de preclusão do direito de remir e também a concepção vigorante até o advento da *Law Property Act*, em 1925, de que na hipoteca se transferia desde logo a propriedade ao credor, embora sob condição resolutiva, ficando, em princípio, o devedor hipotecário com a posse imediata.

No direito germânico,[104] deu-se o direito de remição *Ablösungsrecht* ao proprietário do bem gravado que seja também devedor e a qualquer terceiro que possa perder, por meio da execução hipotecária, um direito no imóvel, incluindo-se, entre eles, o possuidor que sofrer o risco de se ver privado da posse.[105]

Merece crítica considerar-se exercício de direito de remir o adimplemento do devedor que seja ao mesmo tempo proprietário do imóvel onerado, pois nenhum direito existe para ser exercido, já que se trata precisamente do contrário, isto é, de cumprir um dever. Não haveria sentido usar a expressão *o direito de remir*, ou *remição*, para essas hipóteses.[106]

Em algumas legislações, o direito de remição, ou de expurgação de ônus, como lhe denomina o Código Civil português,[107] é somente aplicável aos adquirentes de imóveis gravados, não se considerando

---

[101] Cód. Civil, art. 814.

[102] Cód. Civil, art. 815.

[103] Cód. Civil, art. 815, § 1º.

[104] BGB, §§ 1.142 e segs.

[105] BGB, §§ 268 e 1.150.

[106] H. Westermann, Sachenrecht, § 103, p. 499 e segs.

[107] Cód. Civil, port., art. 721; Cód. Civil ital., arts. 2.889 e segs.

os demais casos, como o do credor hipotecário, espécies do direito de remir.

O conceito do direito de remir dependerá dos efeitos que o ordenamento jurídico atribuir ao seu exercício. Nos códigos que dispuserem que a remição somente terá lugar quando um terceiro adquirir o domínio de um imóvel gravado, a remição terá o sentido de liberação, de extinção de um gravame. Em outros sistemas, e isso se deduz pelo § 268 do BGB, a remição se constitui em "direito à proteção de outros direitos" e o seu exercício supõe o vencimento da dívida hipotecária. Nosso Código Civil tem a remição no sentido dos códigos romanísticos, isto é, independentemente do vencimento da dívida quando o terceiro adquire imóvel gravado, propondo para a liberação pelo menos o preço pelo qual obteve o bem,[108] e também no do BGB.

Se o ordenamento admitir hipotecas em favor do proprietário, o exercício do direito de remir não gera imediatamente a liberação e apenas transfere a quem prestou a titulariedade da garantia real. Mas, se do exercício do direito resultar a consumpção da garantia, a remição terá o significado de liberação.

No direito brasileiro, cabe ao devedor, ao titular da segunda hipoteca e ao terceiro adquirente, o aludido direito. Nas duas primeiras hipóteses, é necessário que a dívida esteja vencida e, na última, tem-se que o nascimento do direito de remir opera-se pelo simples fato da aquisição por terceiro de bem gravado.

A razão pela qual o ordenamento dá ao credor da segunda hipoteca o direito de remi-la outra não é senão a de impedir que o credor da segunda venha a sofrer o risco resultante de uma possível execução, e o adimplemento que este realizar repercutirá no mundo jurídico como sub-rogação[109] nos direitos do credor, cujo débito foi solvido. Todavia, não parece acertado conferir esse direito apenas ao credor da segunda hipoteca, como se dispôs no direito brasileiro, pois a situação deste é análoga a de todos os demais que podem perder um direito sobre o imóvel, por força de uma execução hipotecária.

O direito de remir, no particular, liga-se com a teoria do pagamento ou adimplemento. Se todos e qualquer um pudessem prestar independentemente da vontade do devedor nenhum sentido haveria em falar-se em direito de remir, pois o pagamento teria sempre a virtude de liberar o ônus, embora pudesse não gerar a sub-rogação nos direitos do credor. No direito germânico, se o devedor objetar ou contraditar a oferta da prestação por terceiro, terá o credor a faculdade de

---

[108] Cód. Civil, art. 815.
[109] Cód. Civil, art. 814, § 2º; art. 985, inc. I.

recusá-la.[110] Todavia, se se tratar de exercício de direito de remição, o seu titular poderá prestar ainda que o devedor tenha objetado e que o credor se tenha recusado a aceitar o adimplemento. Distinguem-se, aí, nitidamente, direito e faculdade; e a remição é exercício de direito.

8.7. O direito de remição

No direito brasileiro, não se vinculou o direito de remir com a teoria de pagamento e dispôs-se apenas a respeito de uma hipótese de remição, a do credor da segunda hipoteca, não se facultando aos demais detentores de um direito sobre o imóvel o exercício do aludido direito.

Nosso Código submete a outros requisitos o direito de remir de terceiro, adquirente de imóvel gravado, já que este direito nasce independentemente do vencimento da dívida, e a remição pode ser feita pelo valor da alienação.

No BGB, adotou-se uma norma igual para todas as hipóteses em que o imóvel gravado não pertence ao devedor hipotecário e pouco importará se foi um terceiro quem deu a garantia real, ou se alguém posteriormente adquiriu a propriedade gravada, pois o tratamento jurídico é o mesmo.

Conforme disposto no § 1.172, o proprietário está legitimado a satisfazer o credor quando o crédito se venceu, ou quando o devedor pessoal tenha o direito a efetivar a prestação.

Tanto a *common law*, quanto o direito germânico desconhecem o benefício de poder utilizar o adquirente do imóvel gravado o direito de remição antes ainda do vencimento da dívida, pois este direito somente pode ser exercido como está expresso com mais generalidade no BGB, desde que possa haver a execução hipotecária,[111] uma vez que existem causas de dissolução de contrato por descumprimento de obrigações.

Cuida-se, então, de saber da compatibilidade do direito de remição com a circulação das hipotecas por meio de cédulas. O direito dos adquirentes dos imóveis gravados de liberarem-se de ônus sem que a dívida esteja vencida dificulta a circulação hipotecária, pois submete o credor ao dever, se não concordar com a oferta do valor da remição, que é pelo menos o da aquisição, de ter de submeter-se a um processo de licitação.[112] Apesar de ser a remição o exercício de um direito, o

---

[110] BGB, § 267, alínea 2ª.
[111] BGB, § 268.
[112] Cód. Civil, art. 815, §§ 1º e 2º; art. 816.

— 162 —

Código Civil, paradoxalmente, onera o devedor de tal modo se não notificar o credor dentro em trinta dias a contar da data da aquisição para esse efeito,[113] que ele tem de iniciar o processo de liberação do imóvel. Como este pode ser liberado propondo-se o preço pelo qual foi obtido, tudo isso pode resultar em grave prejuízo para o credor e para as demais transações que tenham por base a cédula hipotecária. Não seria, em consequência, aconselhável permitir o exercício do direito de remição antes do vencimento da dívida, ou sem que o imóvel estivesse sofrendo o risco de vir a ser executado, pelo menos nas hipotecas cedulares.

Se quem adquiriu prestar ao credor, operar-se-á em seu benefício, e de pleno direito, a sub-rogação.[114] Se quem tornar-se proprietário do prédio, em razão da licitação, for o credor hipotecário, o devedor e alienante será responsável por evicção,[115] em face daquele que perdeu o domínio.

No direito italiano,[116] deu-se a faculdade ao adquirente do imóvel hipotecado, no momento em que o compra, de reter a prestação do preço para ofertá-la ao credor. Com esse procedimento, evita-se que haja uma nova prestação do adquirente, com a qual ele se sub-rogaria nos direitos do credor em face do devedor e tenha depois de cobrar deste o que pagou.

É costume, entre nós, que na alienação haja também uma "assunção interna de adimplemento", pela qual o novo proprietário, como parte do preço, promete ao vendedor quitar a hipoteca.

Nessa hipótese, não se pode falar em pagamento que gere sub-rogação, pois parte ou a totalidade do preço tem de ser paga ao credor hipotecário. Cuida-se de estipulação em favor de terceiro *solvendi causa*, normalmente em sentido impróprio, uma vez que a "assunção interna de adimplemento" é negócio jurídico somente entre devedor e terceiro e não gera direitos ao eventual beneficiário, no caso, ao credor hipotecário.

A posição jurídica do adquirente de um imóvel hipotecado é a mesma de quem não é devedor e deu em garantia de um débito um imóvel de sua propriedade. A identidade entre ambos os casos está em que não há débito, apenas responsabilidade. Tudo isso está a exigir um tratamento igual.

---

[113] Cód. Civil, art. 815, § 1°; art. 816, § 2°, incs. I a III.
[114] Cód. Civil, art. 985, inc. II.
[115] Cód. Civil, art. 816, § 4°; art. 1.108.
[116] Cód. Civil ital., art. 1.482; art. 2.897.

8.8. Os representantes para fins de execução extrajudicial

18. Determinou-se no art. 29 do DL 70 que "as hipotecas a que se referem os arts. 9° e 10 e seus incisos, quando não pagas no vencimento, poderão, à escolha do credor, ser objeto de execução na forma do Código de Processo Civil (arts. 298 a 301) ou deste Decreto-lei (arts. 31 a 38)."

A execução das cédulas hipotecárias[117] pode ser realizada através de "agentes fiduciários", sendo um deles, para as hipotecas compreendidas no Sistema Financeiro de Habitação, o Banco Nacional de Habitação (BNH) e, nos demais casos, as instituições financeiras, inclusive as sociedades de crédito imobiliário.[118] Os agentes fiduciários, nas hipotecas não compreendidas no Sistema Financeiro de Habitação, deverão ser escolhidos de comum acordo entre credor e devedor, no contrato originário ou em aditamento ao mesmo, salvo se estiverem agindo em nome do BNH, como delegados para esse efeito,[119] ou nas hipóteses em que não havendo acordo sobre quem deverá ser agente fiduciário seja o mesmo designado pelo juiz competente.[120] No processo de execução de cédulas hipotecárias por meio de agentes fiduciários, ou de representantes, adotou-se o modelo da execução forçada, pois, embora ela se realize extrajudicialmente, ela se efetiva através de leilões públicos, guardando semelhança com o que ocorre nas execuções judiciais.[121] Em sua essência, esse tipo de execução extrajudicial é análogo ao das *mortgages* do direito americano em que o credor,[122] ou um terceiro, inclusive órgãos públicos, desde que assim se tenha convencionado, têm legitimação para realizar a extração do valor do imóvel, como fiduciários do credor e do devedor, sendo autorizados a receber quantias e a realizar pagamentos, tal como se previu no DL 70.[123]

No sistema do DL 70, o representante de ambos os figurantes da relação de crédito hipotecário é fiduciário não só do *power of sale*, como também dos *proceeds of sale*, devendo para isso, realizar leilões públicos, o que não sucede, em princípio, no direito inglês.

---

[117] DL 70, arts. 9° e 10.

[118] DL 70, art. 30, I e II. O termo "agente fiduciário" provém da *common law* ("trustee") e seria melhor designá-lo simplesmente como "fiduciário", ou como representante.

[119] DL 70, art. 30, parágrafo único.

[120] DL 70, arts. 41 e 30, § 2°.

[121] DL 70, arts. 32 a 34.

[122] No DL 70, salvo quando se cuidar do BNH como "agente fiduciário" por natureza, este deverá ser sempre um terceiro que não mantenha vínculos com credores ou devedores (art. 30, § 3°).

[123] DL 70, art. 35.

No DL 70, previram-se dois tipos de agentes fiduciários em seu art. 30, sendo o do inciso I, o BNH, de natureza diversa dos demais. É da competência do BNH, nas hipotecas compreendidas no Sistema Financeiro de Habitação, a qualidade de agente fiduciário, por força de lei, se optar pela execução extrajudicial[124] independentemente, portanto, de acordo entre os figurantes da relação jurídica.[125]

Essa competência é de direito público e pode ser delegada às instituições financeiras[126] pelo Conselho de Administração do BNH, o qual lhes fixará a forma de atuação.

Nos demais casos, o agente fiduciário depende da concordância do credor e devedor, ou ainda de indicação judicial, se não houver acordo. Sua posição é, entretanto, mais restrita do que a do *Grundbuchvertreter*, pois o representante inscrito no albo imobiliário não é figura que surja apenas na execução da hipoteca, mas um representante com características de fiduciário que pode acompanhar todo o desenvolvimento da relação obrigacional e hipotecária, restrito, é verdade, aos gravames em segurança de títulos ao portador, letras de câmbio ou outros títulos endossáveis.

A posição jurídica do agente fiduciário, escolhido por ambos os figurantes, é peculiar: não se vincula ao proprietário ou ao credor, por uma relação de mandato. Ele representa a ambos por direito autônomo, tal como sucede com o representante inscrito no albo imobiliário, no direito germânico,[127] embora lá não se admita a execução extrajudicial da hipoteca. É o que se deduz também do art. 35 do DL. 70, em que se afirma ser o aludido agente "autorizado independentemente de mandato do credor ou devedor, a receber quantias que resultarem da purgação do débito ou do primeiro ou segundo públicos leilões, que deverá entregar ao credor ou ao devedor conforme o caso, deduzidas de sua própria remuneração".

O agente fiduciário tem, entretanto, poderes menos amplos, posto que vinculados somente à execução hipotecária extrajudicial. O próprio BNH reconheceu essa insuficiência tanto que por Resolução de Diretoria[128] criou a figura dos "cobradores", aos quais compete o recebimento do crédito corporificado nas cédulas hipotecárias.

No direito germânico, todas essas funções, de cobrança, de fiscalização, de denúncia do contrato hipotecário e de execução, podem ser atribuídas ao representante. Para constituir o representante inscrito

---

[124] DL 70, arts. 29 e 30, inc. I.

[125] DL 70, art. 30, § 2º.

[126] DL 70, art. 30, § 1º.

[127] Staudinger-Kober, Kommentar, III, § 1.189, VI, p. 949.

[128] RD, 16/67, de 24.05.67, publicada no Diário Oficial da União de 07.06.67.

no registro imobiliário, é necessário, segundo o BGB, também acordo entre o proprietário e o credor se o título for à ordem; se se tratar de título ao portador, basta a declaração de vontade de quem tem o domínio, exigindo-se em ambos os casos a inscrição no registro de imóveis.[129]

A instituição do representante inscrito no albo imobiliário, que pode ser pessoa física ou jurídica, tem por finalidade tornar ao devedor mais fácil a prestação, principalmente quando se cuida de títulos amortizáveis e evitar que este não saiba, em face da circulação do título, quem deverá receber a prestação.

No DL 70,[130] facultou-se às partes, em qualquer momento, em aditamento ao contrato hipotecário, substituir o agente fiduciário. A substituição convencional do agente supõe apenas acordo entre credor e proprietário e refere-se, obviamente, àqueles casos em que a indicação do representante é convencional. De modo igual, pode ocorrer, no direito germânico, mediante acordo entre proprietários e credores, a destituição do representante, devendo, entretanto, esse acordo, para produzir efeitos, ser levado a registro.

O direito brasileiro demonstra assim uma aproximação progressiva à figura do representante, com poderes mais extensos do que o de simples "agente fiduciário". Seria de toda conveniência dar maior dimensão a essa figura atribuindo-lhe um sistema de regras claramente definido. Um bom modelo para isso poderia ser o representante inscrito no registro de imóveis, abrangendo não só as hipotecas em garantia do DL 70, mas também as hipotecas de tráfico, previstas nos DLs 167 e 413, facilitando os recebimentos das quantias para amortização ou quitação, regularizando a todo o momento o registro em razão da circulação, como também conferindo-lhe a representação para execução judicial ou extrajudicial até final extração do valor do bem onerado.

8.9. Hipoteca e anticrese

19. No direito inglês, a *mortgage*, contém, como uma virtualidade de execução do débito, a transferência da posse imediata ao credor para que este possa fruir as utilidades do bem e compensar os juros ou o capital. No direito brasileiro, há uma certa tendência para a extinção da anticrese. Uma das razões de não ser aplicável a anticrese, entre nós, está em que o seu regramento, ao contrário do usufruto, não permite que essa garantia recaia sobre universalidades. Por sua vez,

---

[129] BGB, § 1.188.
[130] DL 70, art. 30, § 4°.

impunha-se que o Código Civil houvesse exarado certas regras sobre a administração, prestação de contas e até mesmo, como sucede no direito inglês, sobre a possibilidade de ser fixado judicialmente o preço do arrendamento que compensasse a utilização do imóvel. Deixar ao arbítrio do credor essa providência, torna extremamente desinteressante o instituto. O Projeto Orlando Gomes não consagrou a anticrese entre os direitos reais da garantia, seguindo, aliás, o exemplo do Código Civil português. Os direitos do usufrutuário, no Projeto Orlando Gomes, podem ser cedidos a terceiros, resolutivamente, tendo o nu--proprietário direito de preferência na aquisição,[131] de modo que esses direitos podem ser objeto de hipoteca.[132]

Todavia, não parece acertado extinguir a anticrese, quando em outros países ela tem sido aplicada até mesmo no direito de empresas, com excelentes resultados. O BGB não contemplou a anticrese no catálogo dos direitos reais de garantia sobre imóveis, mas a praxe criou o denominado "usufruto de garantia", por meio do qual se pode atribuir ao credor hipotecário o usufruto sobre o bem gravado, para desse modo imediatamente (e não após o "sequestro") poder fruir os frutos do imóvel (por exemplo, os aluguéis).[133] Os frutos destinam-se a abater a dívida garantida por hipoteca. Com a combinação dessas duas figuras, hipoteca e usufruto, chegou-se à permissão fática da anticrese sobre bens imóveis que o BGB não consagra, pois o "penhor de fruição" somente pode recair sobre bens imóveis. Nosso Código Civil define a anticrese[134] como direito real de garantia através do qual o devedor, ou um terceiro, entrega ao credor um imóvel, cedendo-lhe o direito de perceber, em compensação da dívida, os frutos e rendimentos. Essa definição corresponde à da *vifgage*, e a do § 1º do art. 805, à da *mortgage* medieval já que é lícito estipular também que os frutos e rendimentos do imóvel, na sua totalidade, sejam percebidos pelo credor, somente à conta de juros. Em nosso direito, permite-se que o imóvel hipotecado possa ser dado em anticrese pelo devedor ao credor hipotecário, assim como o imóvel sujeito à anticrese possa ser hipotecado pelo devedor ao credor anticrético.[135]

Critica-se a anticrese por não ser utilizada em nossos dias. A verdade é que a anticrese, no Código Civil, restringiu-se aos frutos e

---

[131] Art. 533 e parágrafo único. No Projeto Orlando Gomes consagra-se princípio diverso do Código Civil (art. 717), pois nestes o usufrutuário somente poderá transferir o seu direito ao proprietário da coisa. O Projeto adotou o mesmo princípio que o do art. 1.444, alínea 1ª, do Código Civil português.

[132] Projeto Orlando Gomes, arts. 644 e 647; Cód. Civil port., art. 699, alíneas 1 a 3.

[133] Baur, *Sachenrecht*, § 32, I, *b*, p. 260.

[134] Art. 805.

[135] Cód. Civil, art. 805, § 2º.

rendimentos produzidos por imóveis, o que não satisfaz numa época predominantemente industrial, na qual a empresa tende a ser o centro da economia. Assim, impunha-se que o objeto de anticrese pudesse ser também empresas, ou seja, universalidades, tal como sucede com o usufruto.

— 9 —

O juízo arbitral no Direito brasileiro[1]

Sumário: 9.1. Introdução; 9.1. As condições jurídicas do compromisso; 9.3. Os efeitos do compromisso; 9.4. Conclusão.

9.1. Introdução

1. É corrente a observação de que existem países mais e outros menos inclinados à adoção do juízo arbitral. Ainda quando o progresso da técnica pudesse estar a indicar a necessidade de especialização nos julgamentos, e ainda quando se pudesse deduzir que os tribunais comuns, de jurisdição ordinária, dela carecem, ainda assim os juízos arbitrais se constituem em fato extremamente raro. Acresce que nosso País adotou o denominado "Estado Judicial", em regra expressa de sua Constituição, pois toda e qualquer lesão a direito não pode ser subtraída ao exame do Poder Judiciário.[2] Essa disposição é tradicional em nosso direito público. Alguns autores concluíram que o juízo arbitral infringiria o aludido preceito constitucional, porquanto, sendo a sentença do juízo arbitral terminativa, através dela se teria excluído da apreciação do Poder Judiciário alguma questão de direito. É uma orientação, evidentemente extremada e, por isso mesmo, não deve ser acolhida.

Estabelecido o juízo arbitral, detém ele competência plena para resolver a controvérsia a ele submetida. Como juízo arbitral está intimamente vinculado com o modelo jurídico da transação, somente os direitos disponíveis é que podem ser objeto desta jurisdição.

2. Em muitos países, e os Estados Unidos parecem ser um bom exemplo, a adoção ampla do juízo arbitral vem de data recente; e se vincula à circunstância de a legislação ter favorecido a sua utilização. Foi a partir da legislação permissiva do Estado de Nova Iorque, em

---

[1] Trabalho publicado na Revista de Informação Legislativa, Ano 25, nº 98, Abr./jun. 1988.
[2] Constituição da República Federativa do Brasil, art. 153, § 4º.

— 169 —

1920, que se começou a dar maior atenção à arbitragem, alcançando hoje ampla aplicação.[3]

Na Europa, é possível constatar existirem alguns países que são mais favoráveis à arbitragem do que outros.

Não se podia dizer, pelo menos até data recente, que o direito francês fosse favorável à arbitragem, porquanto nele se fazia uma distinção, aliás, tradicional, entre cláusula compromissória e compromisso. A cláusula compromissória configura-se como uma disposição relativa e litígio futuro; mas não é bastante em si, sendo necessário que sobrevenha, depois da ocorrência do litígio, nova convenção, denominada de compromisso, esta, sim, suficiente para constituir o juízo arbitral.[4] A esta orientação filiou-se o direito brasileiro. A matéria foi, desde logo, regulada no Código Civil de 1916 e só posteriormente recebeu consagração nos Códigos de Processo Civil de 1939 e, por fim, no de 1973, atualmente em vigor. Apesar de existirem decisões mais liberais, pode-se afirmar que, na generalidade dos casos, a cláusula compromissória não produz nenhum efeito jurídico.

Há países em que o juízo arbitral ganhou enorme relevância, parecendo suficiente mencionar os Estados Unidos, onde se julgam, por ano, em média, 200 mil casos, número expressivo e que dá a medida do conceito em que é havido esse tipo de julgamento.[5]

Entre nós, não é comum a adoção do juízo arbitral. Há uma inclinação em favor da jurisdição comum, sendo as questões, quase sempre, decididas pelo Poder Judiciário.

Não possuímos Câmaras de Comércio especializadas que poderiam de alguma maneira colaborar para a difusão de julgamentos,

---

[3] O *Federal Arbitration Act* é de 1925. Nos Estados, a legislação não era favorável aos juízos arbitrais, porque eles retiravam a jurisdição dos tribunais (*outs the jurisdiction of Courts*) e eram contrários à *public policy* do Forum. Os Estados Federados passaram a adotar legislações permissivas de instituições de juízos arbitrais, disseminando-se a sua prática. Não se pode esquecer o trabalho da Comissão das Nações Unidas para o Direito do Comércio Internacional (CNUDCI), que aprovou, em 21 de julho de 1985, uma Lei-Modelo sobre a arbitragem internacional, resultado de um esforço que remonta a 1966, ao próprio ano da criação da CNUDCI (ver a respeito M. A. Bento Soares e R. M. Moura Ramos, *Contratos Internacionais*, Coimbra, 1986, p. 319 e segs.).

[4] O CPC francês de 1806 contém as disposições dos arts. 1.003 a 1.028 contrários à admissão ampla dos juízos arbitrais. Todavia, o Protocolo de Genebra, de 1923, influiu no direito comercial francês, adotando a Lei de 31.12.26 juízos arbitrais sobre litígio futuro em matéria comercial. A disposição mais recente a respeito de arbitragem é o D. 80.354, de 14.05.80; ver a respeito Ernst Mezger (Uberblick über das Französische Recht der Schiedgerichtsbarkeit nach dem Reform: Dekret vom 14.05.80, *in*: ZZP, 94, 1981, 117-165), que fez uma comparação com o direito atual vigente na Alemanha. Para uma comparação entre o direito inglês e o norte-americano, ver Thomas E. Carbonneau, Étude historique et comparée de l'arbitrage, in: *Revue Internationale de Droit Comparé*, 1984, p. 727-781.

[5] Howard Holstmann, "The first Code of Ethics for Arbitrators in Commercial Disputes", in: *The Business Lawyer* 33, 1977, p. 309.

através de árbitros. Inexistentes essas câmaras, o juízo arbitral não é praticamente utilizado.

3. Para que se possa ter uma ideia da arbitragem, segundo o direito interno e internacional, é necessário esclarecer, desde logo, as disposições fundamentais do direito comum e do direito internacional privado. Em matéria de contratos, e o compromisso é um deles, vigora o art. 9º da Lei de Introdução, segundo o qual "as obrigações são reguladas pelas leis do país em que se constituírem". Consagra-se em toda a extensão o princípio da autonomia da vontade limitado no que mais importa pelos bons costumes, pelas disposições consideradas de ordem pública. O princípio da autonomia da vontade tem, aliás, categoria constitucional, pois "ninguém será obrigado a fazer ou deixar de fazer alguma coisa senão em virtude de lei".[6]

Parece importante analisar as condições jurídicas do compromisso (I) e a sua eficácia (II) para que se revele a estrutura básica do juízo arbitral no direito brasileiro.

9.1. As condições jurídicas do compromisso

4. Conforme o exposto, no direito brasileiro faz-se a distinção nítida entre cláusula compromissória e compromisso. A adoção, portanto, de uma cláusula compromissória que viesse a prever litígio futuro, teria pouca ou nenhuma eficácia. Mas poder-se-ia discutir se daí resultaria ou não uma obrigação de fazer, considerando-se a cláusula compromissória como uma espécie de contrato preliminar à realização do compromisso. Se, depois, uma das partes entendesse de não submeter ao juízo arbitral, previsto na cláusula compromissória, a controvérsia teria infringido obrigação de fazer, e seria, para logo, obrigada a indenizar. Há, porém, um óbice de natureza prática: como se poderia mensurar o prejuízo decorrente da não submissão de uma controvérsia ao juízo arbitral, e sim ao juízo comum? Em princípio, não se poderia visualizar, salvo as custas e as despesas processuais, que poderiam ser maiores na justiça comum, nenhum prejuízo. Mesmo que se entenda que a cláusula compromissória possa ser constituída em contrato preliminar à realização de um futuro compromisso, ainda assim, não teria aplicação prática, pois da lesão da obrigação de fazer não resultaria nenhum dano.

5. O atual Código de Processo Civil regulou minuciosamente o compromisso nos arts. 1.072 e segs. Entre os requisitos estão a capacidade das partes e o fato de serem os direitos objeto de compromisso necessariamente disponíveis, transacionáveis.

---

[6] Constituição da República Federativa do Brasil, art. 153, § 2º.

As disposições que definem o contrato de compromisso estão disciplinadas no artigo 1.074 do CPC, segundo o qual: "o compromisso conterá, sob pena de nulidade: I – os nomes, profissão e domicílio das pessoas que instituírem o juízo arbitral; II – os nomes, profissão e domicílio dos árbitros, bem como os dos substitutos nomeados para o caso de falta ou impedimento; III – o objeto do litígio, com todas as suas especificações, inclusive o seu valor; IV – a declaração de responsabilidade pelo pagamento dos honorários dos peritos e das despesas processuais (art. 20)". Essas disposições determinam as hipóteses de nulidade do compromisso, devendo-se acrescentar que o compromisso, como ato jurídico, se submete também a outras hipóteses de nulidade e anulabilidade previstas na Parte Geral do Código Civil, especialmente nos arts. 86 e segs. e 145.

6. Os dois aspectos mais importantes e que definem a natureza do juízo arbitral em nosso País estão no art. 1.074, incisos II e III, quando exigem que constem, sob pena de nulidade, no compromisso, os nomes, profissão e domicílio dos árbitros, bem como se descreva o objeto do litígio com todas as suas especificações, inclusive o seu valor. Ainda quando fosse possível indicar, na cláusula compromissória, os nomes dos peritos, não haveria como cumprir o que se contém no inciso III do art. 1.074, pois não se poderia especificar, antecipadamente, o litígio de modo exato, fazendo constar, do mesmo modo, o seu valor. Em face dessas disposições, é óbvio que no direito brasileiro a cláusula compromissória não possui maior importância, e o compromisso deve ser feito após a existência do litígio.

Em consequência, o compromisso a respeito do litígio futuro será ineficaz, ou, conforme a terminologia do art. 1.074, estará ferido de nulidade.[7]

7. A questão de saber se são válidas as disposições compromissórias sobre litígio futuro ou se elas devem referir-se a litígio presente tem dividido as legislações e os autores.

No direito francês, é antiga a discussão para se saber se a cláusula compromissória, que contivesse todos os requisitos do compromisso, ainda que à data de sua realização não existisse litígio, seria

---

[7] O Supremo Tribunal Federal já considerou a "cláusula compromissória" como simples "recomendação facultativa", sem nenhum efeito (Min. Clóvis Ramalhete, *in* Agravo n° 82.707-2 PB, *D.J.U.*, de 04.08.81, p. 7.287; ver ainda acórdão publicado na *Revista dos Tribunais*, vol. 470, p. 150 e segs.). A "Cause Célèbre" em matéria de juízo arbitral foi o "Caso Lage", mas neste caso havia decretos-lei específicos que regularam a matéria. A questão durou por longo espaço de tempo e houve interferência política, o que deve ter contribuído para o descrédito do juízo arbitral. Ver Clóvis do Couto e Silva, *Comentários ao Código de Processo Civil*, vol. XI-2, São Paulo, p. 559 e segs.

válida. Um dos autores mais atacados no direito francês, *Jean Robert*,[8] entende que, se a cláusula compromissória preencher os requisitos do compromisso, ela é eficaz como compromisso. O problema teria hoje importância histórica, porquanto a equiparação entre cláusula compromissória e compromisso foi feita pelo Decreto n° 80.384, de 14.05.80.

8. Uma questão importante é a de se saber se os órgãos de pessoas jurídicas poderiam ser considerados juízes arbitrais no direito brasileiro, em face das disposições do inciso II do art. 1.074. É fora de dúvida que o autor do Código de Processo Civil não tinha em mente os órgãos institucionais de arbitragem como as Câmaras de Comércio, mas, simplesmente, o juiz arbitral ocasional, ou *ad hoc*. Poder-se-ia concluir que, ao exigir como requisito de nulidade o nome e a profissão dos árbitros e dos seus substitutos, se exclui que pudessem sê-lo pessoas jurídicas ou seus órgãos.

Segundo essa interpretação, as Câmaras de Comércio não poderiam, em princípio, ser indicadas como árbitros, e, sim, os seus eventuais membros, isto é, as pessoas que as integrassem. O árbitro deverá ser uma pessoa física, estando excluídas as pessoas jurídicas de seu rol. Em face dos termos expressos do art. 1.074, II, do CPC, e ainda da circunstância de não ser possível deixar a terceiros a indicação de árbitro, as pessoas jurídicas ou os seus órgãos não podem ser indicados como juízes arbitrais.

9. No geral, tem-se como impossível a instituição de juízo arbitral a respeito de matérias que não podem ser objeto de transação, ou para as quais existia um procedimento específico e obrigatório, como, por exemplo, as questões de Estado, a falência, e todas aquelas em que deveria participar o Ministério Público.

Assim, não é possível estabelecer, no direito brasileiro, o juízo arbitral por testamento, com a finalidade de substituir o inventário e a partilha, processo judicial, por um processo arbitral, ainda quando os herdeiros sejam todos maiores, e os interesses sejam somente patrimoniais.

Não se ignora que em outros países é possível a imposição de juízo arbitral em testamento, inclusive com penalidade, se os herdeiros não a aceitarem; mas no direito brasileiro, sendo o inventário procedimento obrigatório, ainda mesmo para as pessoas maiores e capazes, não teria nenhuma possibilidade a utilização do juízo arbitral como meio de substituição do inventário.

---

[8] *Traité de l'Arbitrage Civile ou Commerciale en Droit Interne*, Paris, 1951, n° 129, p. 134.

10. Certos direitos não podem ser objeto de compromisso; mas pode suceder que a controvérsia indisponível apareça em direito que era, em princípio, transacionável, na condição de questão prejudicial à decisão. É o que dispõe o art. 1.094 do CPC, ao determinar que, surgindo a controvérsia "acerca de direito sobre os quais a lei não permite a transação e verificando-se que de sua existência ou não dependerá o julgamento, o juiz suspenderá o procedimento arbitral, remetendo as partes à autoridade judicial competente".

Seria possível ao legislador considerar extinta a competência do juiz arbitral, em face da existência da questão prejudicial indisponível. Não foi, entretanto, esta a solução adotada pelo nosso CPC; nessa hipótese, as partes deverão submeter a questão indisponível ao Juiz do Estado. O próprio juiz arbitral não possui competência para propor a ação perante o juiz estatal: ela se resume em suspender o processo arbitral e solicitar que as partes interessadas exerçam seu direito de ação perante o Estado. Se elas não o fizerem, a solução será a extinção do juízo arbitral.

A regra de que as questões prejudiciais indisponíveis devam ser submetidas à Justiça do Estado é no fundo a consagração de que, para certos casos, há o monopólio da Justiça do Estado; e esses direitos não são somente os indisponíveis, como está prescrito no Código de Processo Civil, mas há outros de natureza diversa. Por exemplo: se para a solução de certa controvérsia for necessário verificar a constitucionalidade de uma lei, como se procederá? Uma vez que aos juízes arbitrais falece a competência para declarar a inconstitucionalidade, a matéria deveria ser submetida à Justiça do Estado. Essa hipótese não está prevista no direito brasileiro, razão pela qual poderia constituir-se em problema se a solução do litígio depender da verificação preliminar da constitucionalidade de uma lei.

11. Em termos de direito internacional privado, prevalece o critério do lugar em que foi proferida a sentença para qualificá-la como nacional ou estrangeira. Não importa a lei a ser aplicada. Existindo um elemento de estraneidade na relação jurídica, é possível realizar aqui um julgamento conforme direito de outro país que não o brasileiro; se proferido no estrangeiro, o direito de foro é que prevalecerá. Todavia, se o litígio deve ser resolvido em nosso País, havendo um elemento de estraneidade, seria possível aplicar regra jurídica estrangeira pelo juízo arbitral nacional.

Entre os requisitos da validade do compromisso, previstos no art. 1.074 do CPC, no qual se enumeram os demais elementos que o compromisso pode conter, conferiu-se aos árbitros a faculdade de julgarem por equidade, mas não se lhes proibiu a aplicação do direito estrangeiro, especialmente quando uma das partes for domiciliada no exterior.[9]

12. Quando os países latino-americanos cuidavam de adotar regras sobre a constituição do juízo arbitral para resolver controvérsias, as posições de alguns deles e a dos Estados Unidos da América eram diversas. Enquanto alguns países latino-americanos se inclinam para que haja determinação do litígio, propugnam os Estados Unidos pela validade da cláusula de arbitragem sobre litígio futuro.

A dualidade de posições resulta, em última análise, do fato de o juízo arbitral, a par das vantagens que inegavelmente possui, poder ser um elemento de pressão contra a parte contratual mais fraca.

Nos contratos internacionais, de empréstimos valiosos, de aquisição de equipamentos, a parte mais forte poderá fazer incluir cláusulas na convenção de arbitragem que lhes sejam excessivamente proveitosas.

Apesar disso, encontra-se uma disposição favorável ao juízo arbitral sobre litígio futuro, no art. 1º da Convenção do Panamá, de 30 de janeiro de 1975, relativamente à arbitragem comercial internacional, segundo a qual: "An agreement in which the parties undertake to submit to arbitral decision any differences that may arise or have arisen between them with respect to a commercial transaction is valid". Os riscos resultantes da aposição de uma cláusula de juízo arbitral sobre questão futura está em que ela poderá integrar, pelo menos no direito interno, com toda a certeza, "os contratos de adesão", retirando-se, assim, seu exame do Poder Judiciário. Ora, como atualmente se procura proteger o mais fraco, esse tipo de cláusula poderá servir aos interesses e desígnios, nem sempre os melhores, da parte dominante do contrato. Por esse motivo, alguns países latino-americanos objetam contra esse tipo de cláusula, pois sentem que ela poderá prejudicá-los quando surgir a controvérsia. Vale salientar que nos Estados Unidos se discutiu, não faz muito, a respeito das cláusulas sobre juízo compe-

---

[9] O 1º Tribunal de Alçada de São Paulo (7ª Câmara Cível) julgou, em sentido contrário, uma questão interessante entre uma empresa alemã, Theodor Wille K. G., e duas outras empresas brasileiras, Polynor S.A. e Indústrias Reunidas F. Matarazzo. Num contrato de aquisição de maquinaria da empresa alemã, foi incluída uma cláusula, nos seguintes termos: "Toda e qualquer controvérsia oriunda deste contrato ou a ele concernente será resolvida definitivamente sob as normas de conciliação e arbitramento da Câmara de Comércio Internacional, por um árbitro nomeado segundo essas normas, excluídas ações perante Tribunais regulares. A sede do Tribunal Arbitral é Zurique, e a lei aplicável é a lei em vigor na Suíça". Apesar de se tratar de problema envolvendo empresa domiciliada no estrangeiro, aplicou-se o direito nacional, concluindo-se que se tratava de simples cláusula compromissória, não vinculativa. Deu-se, por competente, a nossa justiça para resolver a controvérsia apesar de as partes terem indicado como sendo a sede do juízo arbitral a cidade de Zurique, com a aplicação do direito suíço (*Revista dos Tribunais*, vol. 152, 1983, p. 152 e segs.).

tente. Adotou-se, para essas hipóteses, uma solução peculiar;[10] exigiu-se a razoabilidade de sua indicação.

9.3. Os efeitos do compromisso

13. O compromisso não é um ato produtor de direitos e obrigações tão somente. Ele detém uma categoria maior; é considerado como um ato de organização jurídica,[11] porquanto dele se origina o juízo arbitral. Para determinar, com a presvisão necessária, o momento em que se tem como constituído o juízo arbitral, o art. 1.085 do CPC formulou uma regra: "considera-se instituído o juízo arbitral, tanto que aceita a nomeação pelo árbitro, quando um apenas, ou por todos, se forem vários". Lavrado o compromisso, dele nasce o direito formativo para os árbitros de aceitarem a indicação; e com a aceitação passa a existir o juízo arbitral. A especificidade dos atos jurídicos de organização em face dos demais atos está em que eles formam não uma das diversas relações jurídicas obrigacionais, pois deles nasce verdadeiro *status*, regulado, em parte, pelas disposições adotadas pelos integrantes do compromisso, ou ainda pelas regras dispositivas previstas no Código Civil e no Código de Processo Civil.

O juízo arbitral é juízo de fato e de direito (CPC, art. 1.078). Discute-se a natureza da jurisdição que surge do compromisso, se é ou não diversa da dos Tribunais de Estado. Toda jurisdição, mesmo a privada, é jurisdição em sentido próprio. A diferença entre as jurisdições está, sobretudo, na sua origem.

14. A justiça de Estado tem, na sua organização, todo o aparelho de poder, podendo executar, com servidores próprios, as suas decisões. Ao juízo arbitral falta essa organização, razão pela qual deve ele

---

[10] Nos Estados Unidos, as cláusulas a respeito de designação de juízo competente são, desde data recente, admitidas desde que razoáveis. A elas se aplica a regra do "reasonableness", em que se questiona, por exemplo: "did the parties freely and intelligently enter their agreements?". O acordo a respeito do juízo competente deve ser livre; em consequência não poderia fazer parte de contratos em que um figurante impõe sua vontade a outro. Nesses casos, a cláusula denegatória de foro deveria ser submetida a controle, como sucede em vários países com as "condições gerais de negócios" (a respeito, ver Peter Behrens, *Internationale Gerichtstandsvereinbarungen vor Amerikanischen Gerichten*, in *Rabels Zeitschrift* 38 (1974, p. 604). A razão pela qual os Estados Unidos têm admitido esses acordos está exposta na decisão da Suprema Corte (407 U.S. 10, (1972): "The expansion of American business and industry will hardly be encouraged if, notwithstanding solemn contracts, we insist on parochial concept that all disputes must be resolved under our Laws and Courts").

[11] Ver Clóvis do Couto e Silva, *Comentários ao Código de Processo Civil*, vol. XI, cit. p. 561 e segs. A categoria do compromisso como "ato de organização jurídica" foi adotado por Luiz Olavo Batista (Cláusula Compromissória e Compromisso, in: *Revista de Direito Público*, vol. 70, 1984, p. 296 e segs.). A particularidade dos "atos de organização jurídica é a de se constituírem em sínteses de direitos e deveres", polarizados por uma finalidade objetiva, no caso, a constituição do juízo arbitral.

— 176 —

requerer a execução das medidas por ele decididas através do aparelho do próprio Estado.

A competência do juízo arbitral em face do estatal está prevista no art. 1.086: "o juízo arbitral pode tomar depoimento das partes, ouvir testemunhas e ordenar a realização de perícia. Mas lhe é defeso: I – empregar medidas coercitivas, quer contra as partes, quer contra terceiros; II – decretar medidas cautelares".

Verifica-se que em nada difere o juízo arbitral, no que ele tem de essencial, do processo de justiça do Estado. Naturalmente, se o processo é daqueles que exigem prova, pode ele determinar a realização de perícia ou a ouvida de testemunhas. As medidas cogentes necessárias para a sua realização não podem ser exigidas, autonomamente, porquanto, segundo o art. 1.087 do CPC, "quando for necessária a aplicação das medidas mencionadas nos n^{os} I e II do artigo antecedente, o juízo arbitral as solicitará à autoridade judiciária competente para a homologação do laudo". Competirá ao juízo arbitral determinar se é caso, ou não, de prova pericial; se é necessário ouvir testemunhas. Se houver mister de alguma medida cogente para a realização das atividades necessárias à produção da prova, deverá ele solicitar ao juiz competente para homologar as necessárias providências.

15. Um aspecto particular e importante é que lhe foi vedado decretar medidas cautelares. Cumpre esclarecer que o Código de Processo Civil incluiu, em seu elenco, as mais diversas espécies de medidas cautelares, não existindo regime jurídico uniforme para todas, senão para certo número delas. Assim, há medidas cautelares de caráter preparatório e assecuratórias da realização efetiva da sentença, que terão de mencionar, entre outros requisitos, a lide e seus fundamentos (CPC, art. 801). Poder-se-ia fazer uma distinção entre a concessão e a efetivação da medida. Para a sua efetivação, já decidida pelo juízo arbitral, é que se poderá necessitar, eventualmente, do auxílio do juiz, mas essa solução feriria o disposto no art. 1.087 do CPC.[12]

16. Os juízes privados são árbitros de sua competência e devem declarar se lhes cabe o julgamento da controvérsia fixando os seus respectivos limites. Julgam a respeito de sua própria competência. Todavia, o juízo arbitral deve conformar-se aos limites postos pelo contrato de compromisso. Está claramente expressa no art. 1.100 do CPC a regra de que: "é nulo o laudo arbitral... II – se proferido fora dos limites

---

[12] No direito italiano, sendo o art. 818 do CPC inspirador do art. 1.087 de nosso CPC, a proibição de decretar medidas cautelares é absoluta (ver Carpi, Colesanti, Taruffo, *Commentario Breve al Codice di Procedura Civile*, Padova, 1943, p. 817 e seguintes). No direito francês admite-se que os árbitros possam decretar medidas cautelares, de modo igual ao que sucede com os juízes comuns (ver Anghellos Foustoucos, L'arbitrage – interne et international – en Droit Privé Hellénique, Paris, 1976, n° 112, p. 78, nota n° 30).

do compromisso, ou em desacordo com o seu objeto". Eventuais julgamentos a respeito da competência, fora dos aludidos limites, anulam o laudo arbitral; e esta nulidade é verificada no julgamento do recurso que pode ser interposto da sentença que eventualmente homologar o laudo arbitral com este defeito. Se o laudo arbitral houver sido prolatado fora dos limites do compromisso, ou em seu desacordo, determinará o tribunal, ao prover o recurso, que se profira novo laudo, observando-se os limites do compromisso.

17. À sua vez, existe uma certa distinção entre compromisso como ato arbitral e o procedimento a ser adotado, que pode ser objeto de outro ato jurídico.

No direito brasileiro, as disposições processuais necessárias à produção do laudo arbitral, segundo o art. 1.091 do CPC, podem ser estabelecidas pelas partes, no negócio jurídico do compromisso, mas não se facultou ao próprio árbitro estabelecê-las, salvo autorização das partes, como sucede, normalmente, nas Câmaras de Comércio, órgãos de arbitragem institucionalizados. Dispõe o art. 1.091 do CPC: "As partes podem estabelecer o procedimento arbitral, ou autorizar que o juízo o regule. Se o compromisso nada dispuser a respeito, observar-se-ão as seguintes regras: I – incumbe a cada parte, no prazo comum de 20 (vinte) dias, assinado pelo juízo, apresentar alegações e documentos; II – em prazo igual e também comum, pode cada uma das partes dizer sobre as alegações da outra; III – as alegações e documentos serão acompanhados de cópias, para serem entregues a cada um dos árbitros e à parte adversa, sendo autuados pelo escrivão os originais". É certo que o ato que disciplina o procedimento supõe a existência de um compromisso válido. A questão assume importância, porquanto o compromisso necessita ser feito, no direito brasileiro, por escrito; mas o procedimento de arbitragem pode decorrer de disposição de lei, ou da vontade das partes. Em outros sistemas jurídicos, a distinção é também claramente perceptível, uma vez que, embora o compromisso esteja submetido à forma escrita, o processo pode ser adotado por manifestação tácita da vontade. A simples apresentação de um projeto de regulamentação de procedimento, feita pelo árbitro, sem objeção das partes, já seria suficiente para considerarem-se aceitas as regras do processo arbitral.

18. Quanto ao direito internacional privado, determina o art. 12 da Lei de Introdução ao Código Civil brasileiro que "é competente a autoridade judiciária brasileira quando for o réu domiciliado no Brasil ou aqui tiver de ser cumprida a obrigação". Essa disposição, entretanto, tem sido derrogada, porquanto, se houver cláusula compromissória determinando a competência do juízo arbitral no estrangeiro, é ela

suficiente para afastar a competência dos juízes brasileiros, conforme tem sido decidido pelo Supremo Tribunal Federal.[13]

A distinção entre cláusula compromissória e compromisso não se projeta, entretanto, no direito internacional privado, quando o laudo for proferido no exterior, considerado, por esse motivo, como sentença estrangeira, se lá não existir o aludido discrime.

Aspecto importante é o relativo às citações. Nos direitos inglês e americano, são elas feitas por *affidavit*; a citação é promovida por via postal, pela própria parte ou por seus advogados, e não por autoridade judicial ou por funcionário público. Ainda quando tenha vigência no caso a *lex fori*, o Supremo Tribunal Federal tem exigido que a citação para o processo homologatório estrangeiro se faça mediante carta rogatória a ser cumprida aqui, de acordo com as formalidades do direito brasileiro.[14]

19. Os requisitos para a execução da sentença proferida no estrangeiro estão disciplinados no art. 15 da Lei de Introdução, e são os seguintes: a) haver sido proferida por juiz competente; b) terem sido as partes citadas ou haver sido legalmente verificada à revelia; c) ter passado em julgado e estar revestida das formalidades necessárias para a execução no lugar em que foi proferida; d) estar traduzida por intérprete autorizado; e) ter sido homologada pelo STF.

O procedimento de homologação foi regulado no Regimento Interno do STF.[15] Exige-se que a decisão arbitral a ser homologada deva ser fundamentada, sob pena de nulidade.[16]

A exigência de que a sentença arbitral deva ser homologada no lugar de origem é antiga; basta lembrar o caso em que se negou a homologação a um laudo proferido pela *American Arbitration Association* por lhe faltar a homologação de qualquer tribunal judiciário ou administrativo do país de origem.[17]

---

[13] Ver José Guilherme Villela, Reconhecimento de decisões arbitrais estrangeiras, in: *Revista de Informação Legislativa*, n. 75, 1982, p. 53. Todavia, assim não sucedeu no caso entre a Theodor Wille K. G., Polynor S.A. e Indústrias Reunidas F. Matarazzo (ver nota n° 8 deste artigo), muito embora a decisão não fosse do Supremo Tribunal Federal, e, sim, do 1° Tribunal de Alçada de São Paulo.

[14] Ver José Guilherme Villela, *Reconhecimento de Decisões Arbitrais Estrangeiras*, cit., p. 55.

[15] Arts. 215 e segs. Recente reforma do Regimento Interno do Supremo Tribunal Federal manteve o Processo de homologação inalterado (Emenda Regimental n° 2, publicada no *D.J.U.*, de 09.12.85.

[16] SE 2.766/6, sendo requerente Anderson Clayton S.A. e requerido Irodusa – Indústria Reunidas Otávio Duarte S.A., in: *D.J.U.*, de 23.09.83, p. 14.496.

[17] *RTJ* 54/714. O Regulamento da Corte de Arbitragem da Câmara Internacional de Comércio determina que (art. 22) "avant de signer une sentence partielle ou définitive, l'arbitre doit soumettre le projet à la Cour d'arbitrage. Aucune sentence ne peut être rendue sans avoir été

A partir dessa decisão, tem-se adotado a regra de o laudo arbitral proferido no estrangeiro necessitar ser homologado no país de origem para posteriormente ser homologado no Brasil.[18]

Embora não tenha encontrado em decisões menção à inexistência do direito de defesa, parece evidente que, se o laudo for proferido com desrespeito a essa garantia fundamental, não poderá ser ele homologado no Brasil.[19] Não bastará, portanto, a simples citação se for possível comprovar que se limitou ou excluiu o direito de defesa, ou ainda que, no processo adotado, não se trataram igualmente as partes. Sem a obediência a essas regras básicas do processo, a homologação do juízo arbitral poderia justificar ou convalidar uma situação absolutamente injusta. Elas devem ser consideradas como vigorantes em todo o procedimento e mesmo no juízo arbitral, ainda quando a autoridade que homologa não possa examinar o mérito do laudo arbitral.

9.4. Conclusão

20. Resulta de todo o exposto a constatação de o direito brasileiro não ser favorável ao juízo arbitral. A sua principal característica está na exigência da indicação do nome dos árbitros e também da especificação, com extremo rigor, do objeto do litígio, dando-lhe, inclusive, o seu valor, Tudo isto colaborou para que o juízo arbitral seja um acontecimento raro no direito brasileiro. Não se deu nenhum efeito à cláusula compromissória, ou seja, à convenção do juízo arbitral a respeito de litígio futuro. Somente depois de existente a controvérsia, é que se poderá realizar o contrato de compromisso, no qual se indicarão os requisitos do litígio. Tudo isto embaraça, extraordinariamente, a constituição do juízo arbitral. Não se faculta, ainda, a terceiros, a indicação de árbitro.

Em consequência, perderam em importância os órgãos institucionais de arbitragem, porquanto, se fosse feita a indicação de uma Câmara de Comércio, ela não poderia designar os seus árbitros como juízes arbitrais, pois seria o mesmo que autorizar a terceiros a indicação de árbitro, o que não é permitido. As disposições do Código de Processo Civil, que hoje regulam a matéria, endereçam-se à arbitragem *ad hoc*. Por outro lado, não existindo órgãos institucionais de arbitragem, que verdadeiramente o sejam, não adquire a arbitragem

---

approuvée en la forme par la Cour". Mas ainda assim essa aprovação não é suficiente para ser homologada a aludida sentença arbitral no Brasil.

[18] Ver, também, a SE 2.178/1, da Alemanha, em que era requerente Centrofil S.A. e requerida La Pastini Exportação e Importação, in: *D.J.U.*, de 27.08.69, p. 6.285.

[19] Luiz Olavo Batista, Notas sobre a Homologação do Laudo Arbitral Estrangeiro em Direito Brasileiro, in: *Revista dos Tribunais*, vol. 556, 1982, p. 274.

prestígio perante os possíveis interessados, preferindo estes que suas questões sejam julgadas pelo Judiciário. Há, por igual, o temor de que o julgamento não seja proferido com a necessária isenção.

Se existissem órgãos institucionais de arbitragem, e a sua imparcialidade fosse amplamente admitida, eles poderiam ter sucesso, mas tudo isso supõe experiência e tradição, o que infelizmente não ocorre entre nós, em que a jurisdição permanece como monopólio do Poder Judiciário.

Por fim, para a eficácia da sentença estrangeira exigiu-se o "duplo *exequatur*", ou seja, a homologação pela justiça estrangeira e pela do Brasil. A dificuldade está no fato de que em muitos países não está prevista a homologação pelo Judiciário da sentença; e sem essa providência não pode ela ser executada no Brasil.

— 10 —

Dever de indenizar[1]

Sumário: 10.1. Introdução; 10.2. A responsabilidade por dolo; 10.3. Culpa; 10.4. Nexo causal; 10.5. Concausa de dano; 10.6. Divisão de responsabilidade; 10.7. Princípios que comandam as diferentes espécies de responsabilidade; 10.8. Restituição *in natura;* 10.9. Reparação em dinheiro; 10.10. Dívida de dinheiro e dívida de valor; 10.11. Dano moral; 10.12. Danos pessoais com reflexo no patrimônio; 10.13. Responsabilidade por fatos de outrem; 10.14. Caso fortuito e força maior; 10.15. Responsabilidade por risco; 10.16. Fundamento da responsabilidade objetiva.

10.1. Introdução

O dever de indenizar surge como decorrência da necessidade de repartir os riscos na vida social. Importância diminuta haveria a feitura de contratos ou lesões ao direito de propriedade se não fosse possível distribuírem-se os danos deles decorrentes. Como se cuida, porém, de composição de danos, o direito civil não pode cingir-se, como o direito penal apregoa, à falta de valor do próprio ato (daí a punição da tentativa), mas deve levar em consideração os efeitos decorrentes de uma atividade, ou ação. No dever de indenizar, no direito civil, valoriza-se o fato e não seus autores, e tampouco o efeito puro dos fatos (Esser, *Schuldrecht*, § 54, p. 195, 1960). Que não se leva em conta o autor é verdade – que se verifica a todo momento: não basta a intenção deste, se boa ou má, nem a culpa, ainda que grosseira do agente, se não resultou algum dano. Não se levam em conta somente os efeitos do ato, uma vez que é necessário imputá-lo ao agente. A atividade deve preencher o suporte fático abstrato previsto na lei e vincular o autor à censura. A responsabilidade pode ser por culpa ou dolo. Culposa é a atividade que preenche a discriminação do art. 159 do Código Civil: "Aquele que por ação ou omissão voluntária, negligência ou imprudência, violar direito, ou causar prejuízo a outrem, fica obrigado a reparar o dano". Outros Códigos utilizam fórmulas

---

[1] Publicado na Revista de Jurisprudência do TJRGS, ano II, n° 6, 1967.

com significado semelhante. O § 276 do BGB adota a seguinte: "O devedor tem, desde que diversamente não esteja disposto, de responder por dolo e culpa. Age culposamente quem desprezar os cuidados exigíveis no tráfico".

Um dos aspectos que chama atenção com maior insistência, a respeito do problema da indenização, é o referente à caracterização da culpa. Em outros termos, até que ponto ou limite se há de ter uma determinada atividade, causadora de dano, como culposa. De longa data, prevalecia o sistema de divisão da culpa, em "lata", "levis" e "levíssima", de que decorriam consequências jurídicas diversas. Fora de dúvida que a culpa grave, ou média, ou leve, produzem consequências suscetíveis de serem reparadas por via da indenização. Se essas hipóteses apresentam-se com clareza não comportando sequer a mínima divergência, o mesmo não há de suceder com o conceito de culpa levíssima. Culpa levíssima dizia-se ser peculiar atividade de quem não fosse diligentíssimo. Cuidava-se sempre de comparar a conduta concreta com a de um paradigma, para fazer, do resultado dessa comparação, fluir a responsabilidade, ou não, do autor. Esse método é de características nitidamente subjetivas. Sem abolir a pessoa e a exigência de existir pelo menos culpa no agente parece demonstrar isto, sem levar as soluções jurídicas ao campo do confronto com o paradigma, de que resultam em grande medida, não só incerteza, mas, o que é bem mais grave, arbítrio julgador. Considera-se, entretanto, culposo o ato em que se manifestam os vícios aludidos no art. 159, excluindo-se, a nosso ver, a culpa levíssima. Esta, fundamentada em ficção, que se deduz depois que o ato se verificou, equipararia o sistema de nosso Código ao da responsabilidade sem culpa além do limite estreito do absolutamente necessário ao tráfico moderno. O princípio geral é assim, entre nós, o da responsabilidade por culpa. A culpa levíssima faria com que apenas fossem circunstâncias excludentes de responsabilidade o caso fortuito e a força maior, e todos os demais seriam, conforme o paradigma ideal e diligentíssimo, suscetíveis de previsão, de que resultaria a responsabilidade.

10.2. A responsabilidade por dolo

A culpa, que é menos do que o dolo, já é suficiente para acarretar a responsabilidade. Todavia, em certos casos, somente o dolo poderá amparar o pedido de responsabilidade, por perdas e danos. Nosso Código Civil, no art. 157, exara o princípio de que "nos contratos unilaterais, respondem por simples culpa o contraente a quem o contrato aproveite, e só por dolo aquele a quem não favoreça". Alguns têm como denunciador de dolo apenas o ato cometido com o conhecimento da injuridicidade da ação (Esser, p. 196). Na doutrina, há divergência no fato de ser necessário, ou não, que o efeito antijurídico tenha de ser querido pelo agente. Essa é a teoria dominante no direito penal. Para outros basta a previsão ou consciência do efeito (Palandt-Danckelmann, *Kommentar*, p. 237, 1962). Para logo, exclui-se a necessidade de que o agente tenha o propósito ou mesmo desejado o efeito; tenha-o querido como *causa finalis*. Desde que para caracterizar o dolo, há necessidade de investigar a conduta dos figurantes, a primeira pergunta a respeito diz com a circunstância de influir, no tipo, a verificação de existência de "erro" na conduta do agente. Tem-se, como excludente de dolo, a existência de erro, ainda *error iuris* e mesmo inescusável. Todavia, se o erro disser com os efeitos jurídicos do ato, é irrelevante (Palandt-Danckelmann, 237).

10.3. Culpa

A culpa pode ser por ação ou omissão, desde que dessa atividade resulte dano. Tem-se, nas hipóteses de culpa, ao revés da de dolo, a circunstância de não participar da caracterização de seu tipo a vontade ou consciência da antijuridicidade do ato. As atividades humanas estão sujeitas a um arquétipo abstrato, em nosso direito, definido pelo art. 159, que exige que as pessoas não pratiquem ações com imprudência ou negligência. Tanto agir prudentemente, como não agir negligentemente, são cuidados exigíveis, de todos e de cada um, no tráfico jurídico. Vê-se, assim, que não difere, essencialmente, o disposto no § 276 do BGB do que se contém no art. 159 do Código Civil. A jurisprudência nacional, todavia, não cuida, em sua maioria, do exame propriamente casuístico, como exige o art. 159, pois fixou-se em *standards* que, no geral e, praticamente, pela admissão de hipóteses de "culpa levíssima", equiparam o princípio da culpa com o do risco. Somente seriam excludentes o caso fortuito e a força maior. A jurisprudência germânica, ao contrário, palmilhou o rumo oposto e, com base no disposto no § 257, leva em consideração, para aferir a culpa, concepções existentes inclusive nos "pequenos círculos sociais", onde se manifestou o evento danoso. Também, o tempo em que dito fato ocorreu é digno de conta. A exigência da conduta é, também, diversa com relação a grupos humanos desiguais, tendo-se em vista a profissão, o modo de vida e a formação. Contudo, não se leva em conta a personalidade de cada um, mas sua inclusão em determinado grupo (Palandt-Danckelmann, p. 238).

10.4. Nexo causal

Um dos aspectos importantes para que decorra o dever de indenizar é o da verificação da relação de causa e efeito entre o evento danoso e o ato de alguém, ou ainda, ato-fato, que se vincule, por igual, a alguma pessoa.

O dever de indenizar nem sempre se refere à atividade de alguém, ou mesmo sua omissão, mas pode inclusive estar relacionado com modificações no mundo natural, de que decorra vantagem em favor de um, correlacionado com perda em desfavor de outrem, como sucede, por exemplo, em se tratando de acessão.

Em matéria de responsabilidade, com fundamento em ato, temos de examinar o nexo de causalidade. K. Larenz (*Schuldrecht*, I, p. 148 e segs., 1962) refere a hipótese de alguém haver sofrido um desastre em razão do qual se lhe tornou impossível fazer determinada viagem em certo dia. Mais tarde, curado, tomou outro avião, vindo este último a cair, falecendo o viajante. Nessa situação, com desconhecimento de maiores detalhes a respeito dos princípios governantes do problema da responsabilidade, poder-se-ia, talvez, admitir a culpa do causador do primeiro acidente. Tal solução não encontra abrigo, em razão da necessidade de que a causalidade seja adequada. Esse princípio tem específico significado jurídico e se não confunde com o conceito meramente popular de adequação, dentro do qual, no sentir de alguns, talvez fosse possível inserir o fato que estamos analisando. Contudo, o que se deve entender por causalidade adequada é coisa diversa. Tem-se como tal quando o fato ainda que distante, em geral e não em circunstâncias especiosas, totalmente inverossímeis e que no curso normal das coisas não devem ser consideradas, tenha sido adequado ao surgimento de determinado efeito (p. 148). Vê-se assim não caber no conceito o fato de alguém ter-se acidentado e por essa razão feito viagem em avião, que não pretendia utilizar. Todavia, para o exame do conceito de causalidade adequada é indício o tempo em que ocorre o fato e o em que se verifica o evento. Mas, a distância, se maior ou menor, para fundamentar a adequação, não é propriamente a temporal, mas a lógica. O nexo de causa e efeito é o aspecto lógico de verificação de causação do dano. Assim, não é o tempo propriamente que revela a responsabilidade pela causação do dano, mas a proximidade lógica. Fatos ocorridos há muito tempo podem determinar certo evento danoso, estando mais próximos logicamente do que outros, realizados pouco antes do acontecimento (Esser, p. 234). São portanto, adequados. A questão da causalidade, antes de interessar ao direito, foi objeto de profundo estudo relativo à teoria das ciências e em particular foi examinado nas Ciências Naturais. Em realidade, quem primeiro mencionou o conceito de causalidade adequada foi o fisiólogo J. V. Kries (1888). Outras teorias surgiram, sendo a principal a teoria da condição ou da equivalência, definida desse modo: causa é toda condição que contribuiu para o efeito. Seu campo de aplicação foi e tem sido, sobretudo, o direito penal, mas vige também no direito civil. Como podem ser harmonizadas essas diferentes teorias? O problema da causalidade adequada deve ser proposto apenas quando se verificou a causalidade no sentido da teoria das condições ou da equivalência.

Aludiu-se que é necessário que o fato em geral possa ser causador do dano. A valorização, porém, não é subjetiva. Não pode ser respondida em abstrato, mas em face da situação concreta (Esser, p. 239). Se alguém lançou uma pedra contra outrem, atingindo-o, temos o problema. Lançar uma pedra contra outrem pode acarretar-lhe a morte. Dependerá da força, do lugar, das condições físicas de quem a recebeu. A primeira parte do enunciado no exemplo revela a adequação geral, em outras palavras, a possibilidade do evento danoso. Se alguém morreu logo após receber a batida, temos a presunção de que esta foi a causa, ou pelo menos, a concausa. Mas, poderia também não significar elemento capaz de gerar a morte e nessa hipótese estaria excluída a participação de quem a lançou no nexo de causalidade. Ainda que a pedra e a força com que foi enviada pudessem causar a morte (condição geral), é necessário examinar o caso concreto para verificar, se o evento sucedeu em decorrência do impacto. Seria pensável a hipótese em que alguém expele o objeto, ao mesmo tempo, que outro, de longa distância o fulmina com certeiro tiro. Não se perguntará, portanto, se, em geral, o golpe sofrido poderia acarretar morte; mas, se em concreto a morte seria resultado do impacto sofrido (Esser, p. 239). Por igual, correm à conta do agente a circunstância de ser débil, física ou organicamente, a vítima. O estar lesionado, ou ferido, por outro agente, não exclui a participação do autor do segundo golpe. O necessário, para colhê-lo nas malhas do nexo de causalidade, é que seu ato possa, em geral, ocasionar o evento. Em segundo momento, verificar-se-á se foi causa ou concausa, *in concreto*, ou se não contribuiu para o acontecimento.

10.5. Concausa de dano

Por vezes, o resultado danoso é produto de participação de mais de uma pessoa. Nessa hipótese, diz-se que houve concausa de dano, e o dever de reparar atinge aos que participaram ou concorreram para o acontecimento. Os responsáveis são coautores, porque houve concausas, e não uma causa só, ou pluralidade de causas para resultados diferentes, que deram ensejo ao dano. Os concausadores ou são instigadores ou cúmplices, ou causadores, sem ligação, do mesmo dano que, nenhum deles, sozinho, poderia determinar (Pontes de Miranda, *Tratado*, v. 22, p. 192).

É, aliás, o que está expresso no art. 1.518 e parágrafo único do Código Civil: "Os bens do responsável pela ofensa ou violação do direito de outrem ficam sujeitos à reparação do dano causado; e se tiver mais de um autor a ofensa, todos responderão solidariamente pela reparação". E, no parágrafo único afirma-se: "São solidariamente responsáveis com os autores os cúmplices e as pessoas enumeradas no art. 1.521". No art. 1.521 mencionam-se outras pessoas, tais como o pai a respeito dos atos dos filhos menores que estiverem sob sua guarda; o tutor, pelo pupilo; o curador, pelo curatelado; o patrão, amo ou comitente, em relação a seus empregados ou serviçais, e os que gratuitamente houverem participado no produto do crime, até a respectiva quantia.

Nosso Código, nos artigos antes mencionados, afora a responsabilidade de pessoas que não participaram diretamente, como as previstas no art. 1.521, na causação do dano, alude a autores e cúmplices. Quanto aos autores, dúvida alguma existirá em que eles devam responder. O mesmo afirma-se a respeito dos cúmplices, isto é, daqueles que participaram do evento sem serem propriamente autores. Na autoria, inclui-se também não só a material como a intelectual. Pouco importa, quanto à cumplicidade, que ele tenha existido desde o início, ou que tenha se manifestado em algum momento posterior ao início das atividades delituosas, mas é necessário que se tenha verificado antes do dano. Nosso Código Civil não distinguiu quanto aos autores e nem a respeito dos tipos ou momentos em que se verificar a cumplicidade. A própria participação no produto do crime, ainda que gratuitamente, pode gerar responsabilidade, embora atenuada (art. 1.521, inc. V). Essa participação aqui prevista há de se diferençar de qualquer hipótese de autoria ou de cumplicidade, sob pena de incidir, ao invés do aludido inc. V do art. 1.518 e seu parágrafo único. Problema interessante a resolver, à vista do disposto nesses artigos, é o pertinente à pluralidade de atividades, cada uma delas, insuficiente para causar o dano, mas que todas em conjunto o são. Se for a hipótese de agentes isolados, sem revelar, portanto, cumplicidade ou coautoria, em atos tendentes cada um deles em deflagar o resultado final, hipótese em que haverá procedimento doloso, não haverá concausa, porquanto cada um responderá pelos danos que, de modo independente, causou. Há concausas quando cada uma delas separadamente não produziria o dano, mas todas em conjunto são adequadas à sua produção (Pontes de Miranda, *Tratado*, v. 22, p. 192).

10.6. Divisão de responsabilidade

Responsabilidade contratual e extracontratual: Tradicionalmente, a responsabilidade é tomada sob duplo ângulo – a contratual e a extracontratual ou aquiliana. Denomina-se contratual, quando a responsabilidade emerge por descumprimento de dever que tem seu fundamento em negócio jurídico. Extracontratual é a responsabilidade derivada de atividade que fere dever que não tem seu fundamento no negócio jurídico, mas na própria lei.

Quem não envia mercadoria a que estava contratualmente obrigado a fazer, descumpre obrigação, e a responsabilidade é de natureza contratual. Os autores germânicos denominam a essa possibilidade de "quebra positiva de contrato". Aquele que por imprudência violar o direito de propriedade de alguém, como por exemplo pode suceder com o condutor de um veículo que, por imperícia, fá-lo bater contra uma casa, não viola dever contratual algum, pois não existe negócio jurídico entre o dono do automóvel e o proprietário da casa. A hipótese é de culpa extracontratual.

Alguns autores enxergam substancial divergência entre o fundamento da responsabilidade, se contratual ou extracontratual, pois afirmam que a doutrina moderna, ao contrário do que apregoa a tradicional, marcha para a unidade da culpa; e que ambas as espécies, contratual e extracontratual, revelam a mesma ideia ética. Os autores franceses distinguem, ainda, no pertinente à culpa extracontratual, certas hipóteses denominadas por eles de responsabilidade pré-contratual. A divergência de terminologia revelaria, entretanto, consequências diferentes em ambas as hipóteses de culpa extracontratual. A responsabilidade pré-contratual diria respeito às situações ocorrentes na ocasião de contratar, ao tempo das discussões, punctuações e tratativas, de que deveria decorrer a feitura definitiva de um contrato. As consequências jurídicas resultantes das atividades pré-contratuais se assemelhariam às dos contratos, ao invés das que fluem do gênero a que pertencem: responsabilidades extracontratuais.

Os autores germânicos sustentam, nessa hipótese, existir *culpa in contrahendo*, conforme terminologia da lavra de Jhering. Outros, mais modernos, têm como suporte fático para incidência desses deveres, que promanam do princípio da boa-fé, em se tratando de atividades prévias ao contrato, o contato social. Assim, esquematizando o problema, a solução deve atender a certas particularidades. Existem diferenças ontológicas quanto aos deveres que promanam de um negócio jurídico e os necessários ao tráfico social. Os que têm por fundamento um ato jurídico são deveres concretos dirigidos a determinadas pessoas. O fundamento da responsabilidade contratual tem seu ponto de gravidade no descumprimento desses deveres concretos. A responsabilidade pré-contratual a seu turno constitui-se, também, em descumprimento de deveres genéricos que não guardam paridade, nesse ponto essencial, com os emergentes de um contrato. A possibilidade de confusão é a que muitos desses deveres genéricos, afora a circunstância de se dirigirem a todos indistintamente, guardam semelhança com os deveres, cuja fonte seja uma relação negocial. Temos assim deveres gerais, de vigilância, guarda, ou proteção, também encontradiços em figuras contratuais determinadas. O depositário, e.g., tem deveres de guarda relativamente ao objeto do depósito. O condutor de um veículo tem, por igual, dever de vigilância relativamente ao objeto que comanda e orienta. Mas, diferenciam-se ambos os deveres, porque o primeiro é de natureza concreta, em favor do outro contratante e o segundo, meramente genérico, em face da coletividade. Tem-se o dever do depositário como real, e o do condutor do veículo como suposto. Verifica-se a existência desse último depois de efetivado o acontecimento. Houve colisão; teria o autor agido com imprudência? Então vai-se verificar se ele estaria em ação dentro dos requisitos regulamentares. O fundamento da responsabilidade extracontratual é sempre a lei. Cuida-se de descumprimento de deveres *ex lege*. O da responsabilidade contratual, ao contrário, é sempre negócio jurídico.

10.7. Princípios que comandam as diferentes espécies de responsabilidade

Existem alguns princípios comuns a ambas as espécies de responsabilidade. No art. 1.060, formula-se o axioma de que "ainda que a inexecução derive de dolo do devedor, as perdas e danos só incluem os prejuízos efetivos e os lucros cessantes por efeito dela direto e imediato". O princípio aqui fixado diz respeito tanto à culpa contratual, quanto à extracontratual. É necessário que os prejuízos que fazem parte e integram o conceito de indenização sejam decorrência direta e imediata da inexecução. Com o termo inexecução procurou o legislador inscrever a norma como endereçada somente à responsabilidade contratual. O princípio, contudo, que o Código revela em matéria de inexecução contratual cobre em realidade âmbito muito maior, pois diz respeito às indenizações em geral. Todavia, a obrigação de dar coisa certa, desde que não cumprida, dá margem a que possa o prejudicado formular o pedido de perdas e danos, para haver o interesse positivo, expresso no art. 1.059: "Salvo as exceções previstas neste Código, as perdas e danos devidas ao credor, abrangem além do que ele efetivamente perdeu, o que razoavelmente deixou de lucrar". Na culpa extracontratual, nem sempre se poderá aplicar o referido dispositivo. Em se tratando de responsabilidade pré-contratual, somente deverá prestar em favor do prejudicado o interesse negativo, isto é, o que efetivamente perdeu ou gastou, na confiança da realização do negócio, e não o que deixou de lucrar.

10.8. Restituição *in natura*

O importante, porém, para compreender o sistema sobre que se fundamente responsabilidade civil não é tanto, ou somente, o fundamento, se contratual ou extracontratual, mas o objeto que sofreu o dano: se tinha, ou não, caráter patrimonial; se foi a destruição de um bem ou a cessação de um negócio; se foi descumprimento de uma obrigação de prestar em dinheiro ou se do ato ilícito resultou a perda de determinada quantia. É preciso, portanto, verificar, no que respeita à indenização, o princípio matriz. As alternativas, que a esse respeito se abrem ao hermeneuta, são duas. Em princípio, poderá haver o axioma da restituição em natureza ou a transformação em perdas e danos apuráveis em dinheiro, na hipótese do desaparecimento do bem. Em segundo momento, depois de assentado qual dos dois princípios vige, tirar as consequências.

Em matéria contratual, não vigora, apesar de autorizadas manifestações em sentido contrário, o princípio da restituição *in natura*. É, aliás, o que se contém no art. 865, c.c. o art. 863. No art. 863 dá-se ao credor a faculdade de recusar, em se tratando de obrigação de dar coisa certa, a oferta de outra, ainda que mais valiosa. E no art. 865, *in fine*, afirma-se que na hipótese de não se poder adimplir, por haver-se perdido a coisa (perdido tem, aqui, o significado de desaparecimento do objeto, da *res*), por culpa do devedor, deverá este responder pelo equivalente mais perdas e danos. Como a espécie é de prestar coisa certa, tem-se que o equivalente, a que alude o artigo mencionado, há de referir-se ao valor da coisa em dinheiro. Não se vislumbra, assim, em matéria contratual, seja o princípio básico o da restituição *in natura*, quando se tratar de obrigação de dar ou restituir, sempre coisa certa. No BGB, em matéria de perdas e danos, referente ao conteúdo da relação jurídica e cujos princípios vigem em todo o direito, estatuiu-se, no § 249, a regra fundamental: "quem estiver obrigado a prestar perdas e danos, tem de repor o estado, que existiria, se não tivesse sucedido o fato que obriga a indenizar". E deu-se na parte final do § 249 ao credor a *facultas alternativa* de exigir, ao invés da reposição, o pagamento em dinheiro das perdas e danos. Tal princípio deveria estar expresso nos arts. 1.059 a 1.061 que lançam os princípios gerais em matéria de perdas e danos. Certo nosso Código, modo similar a outros, ao situar em capítulo especial, as obrigações decorrentes dos atos ilícitos (arts. 1.518 e segs.).

No art. 1.541 exara-se o princípio de que "havendo usurpação, ou esbulho do alheio, a indenização consistirá em se restituir a coisa, mais o valor de suas deteriorações, ou faltando ela, em se embolsar o seu equivalente ao prejudicado". No art. 1.543, define-se o que seja equivalente, dando-se o critério de aferição: "Para se restituir o equivalente, quando não exista a própria coisa, estimar-se-á ela pelo seu preço ordinário e pelo de afeição, contando que este não se avantaje àquele". Do exposto, pode-se deduzir que não temos princípios semelhantes ao do § 249 do BGB, segundo o qual a indenização se dirige, em primeiro lugar, à restituição *in natura*, pois sempre que se alude ao pagamento do equivalente a perdas e danos, não se cuida propriamente de restituição *in natura*.

Com base no § 249, alude Esser à circunstância de que, no direito germânico, a reparação pode suceder através da reposição do bem lesado ou indenização pela deterioração não reparável através da aludida restituição. Denomina-se a primeira das possibilidades de reposição natural e a segunda, de indenização em dinheiro (§ 48, p. 162).

No § 252 do BGB encontra-se o seguinte princípio: Desde que a reposição seja impossível ou insuficiente para indenizar o credor, tem o obrigado de reparar seus danos em dinheiro. Pontes de Miranda, quanto ao direito brasileiro, tem como princípio fundamental o da reposição *in natura* com âmbito igual ao previsto nos §§ 249 e 251 do BGB: Para a reposição ou restabelecimento do estado anterior, com os mesmos elementos ou elementos equivalentes, o princípio primeiro é o da reposição natural (*Tratado*, v. 22, § 224). Seria, aliás, curial que nosso Código houvesse adotado os princípios constantes do Código Civil alemão. Cuida-se, porém, de saber em que hipótese poderá surgir o dever de repor. Parece-nos que o mesmo não tem em nosso direito a amplitude que se encontra no BGB. Já mencionamos que, em matéria de impossibilidade (art. 863), não se contém o princípio, sucedendo o mesmo na hipótese de esbulho (arts. 1.541 e 1.543). Por igual, se o obrigado houver procedido a reparação a seu alvedrio, de modo a restaurar a coisa em seu primitivo estado, não terá o credor interesse para exigir as perdas e danos, pelo menos na parte relacionada com a aludida reposição. Seria aliás ir contra a boa-fé, abuso de direito, que não poderia ser objeto de acolhimento. Não haveria, por outro lado, o interesse em agir a que alude o Código de Processo Civil, em seu art. 2º. Mas, não é essa situação pré-figurada. Não se pretende analisar qual a consequência jurídica emergente do fato de haver o devedor reposto as coisas no seu estado anterior, porém examinar se tem o credor a pretensão e ação contra o devedor para exigir a restituição *in natura,* caso este não deseje efetivá-la. Eis o problema. Apenas em uma hipótese parece existir tal possibilidade. É a que trata dos efeitos da anulação.

No art. 158 do Código Civil tem-se os efeitos da anulação, cuja sentença é constitutiva negativa: Anulado o ato, restituir-se-ão as partes ao estado em que antes dele se achavam e, não sendo possível restituí-las, serão indenizadas com o equivalente.

Temos, no artigo, a regra da restituição *in natura,* que não foi formulada com o caráter geral dos parágrafos antes mencionados do BGB. Dirige-se, assim, e somente, às hipóteses de anulação dos atos jurídicos e diz respeito às consequências jurídicas decorrentes da desconstituição, por invalidade. Não se pode pretender o caráter de generalidade para o princípio que o art. 158 exara.

Seria lógico e atenderia melhor ao estado atual da dogmática fosse a restituição havida como axioma fundamental, de molde a irradiar-se por todo o direito civil, como faculdade do lesado. Mas, entre nós, tal não sucedeu. O sistema de nosso Código não acolheu, com amplitude, o princípio da restituição *in natura.*

10.9. Reparação em dinheiro

O art. 1.509 do Código Civil formula princípio a ser aplicado às perdas e danos: "Salvo as exceções previstas neste Código de modo expresso, as perdas e danos devidas ao credor abrangem, além do que ele efetivamente perdeu, o que razoavelmente deixou de lucrar". Temos expresso neste artigo a fórmula clássica a respeito das indenizações: reparação do *damnum emergens* e do *lucrum cessans.* Como dano emergente do ato delituoso está a satisfação do prejuízo sofrido efetivamente por alguém; como lucro cessante, o que o prejudicado deixou razoavelmente de lucrar. Se dúvida alguma há no caracterizar o âmbito do que seja dano emergente, a mesma ausência de dificuldades que não se contém no pertinente ao conceito de lucro cessante. Os lucros cessantes que se indenizam estão adstritos ao critério de razoabilidade. O art. 1.060 completa o enunciado do art. 1.059, com a afirmação: Ainda que a inexecução resulte de dolo do devedor, as perdas e danos só incluem os prejuízos efetivos e os lucros cessantes por efeito dela, direto e imediato.

No direito alemão, a indenização em dinheiro abrangerá, além do dano emergente (§ 251), também o lucro cessante (§ 252), o que aliás sucede em quase todas as legislações. O § 252 do BGB tem a seguinte redação: "Os danos a serem indenizados abrangem também o lucro cessante. Como lucro cessante tem-se o que, na conformidade do curso normal das coisas ou em virtude de circunstâncias especiais, como medidas e providências tomadas, podia, com probabilidade, ser esperado".

A definição legal do que se deva ter como lucro cessante é de fundamental importância, porque fixa o limite ou âmbito a que deve obedecer a reparação. Em princípio, vige o axioma de que a reparação é total, pois que as perdas e danos devem, na realidade, cobrir todo o prejuízo sofrido por alguém. Por isso, alguns autores afirmam que a indenização é sempre a maior possível. Para logo, torna-se evidente o sentido do artigo e, mais do que o sentido, sua importância, quando se atenta que a regra exposta nos arts. 1.059 e 1.060 dá a medida do que se pode exigir a título de indenização. Nosso Código Civil, com redação melhor do que o § 252 do BGB, que foi objeto de críticas, pois não definiu perfeitamente o que fosse lucro cessante (Palandt-Danckelmann, § 252, p. 206), fixou dois princípios a serem observados: 1º critério do que alguém razoavelmente deixou de lucrar (art. 1.059, *in fine*); 2º os lucros cessantes só incluem os efeitos diretos e imediatos da inexecução (art. 1.060, *in fine*).

Em rigor de sistema, a indenização do lucro cessante, bem como do dano emergente, flui, de modo direto, do princípio da reposição, *in natura* (Palandt-Danckelmann, § 252, p. 206). Nosso Código, todavia, acompanhou o sistema do Código Napoleônico e não admitiu senão em escassa medida a aludida regra. Ficou, assim, com o defeito por nós apontado. No que diz com os lucros cessantes, já ao tempo dos glosadores e comentaristas, havia discussões intermináveis, atentos os juristas de então às manifestações de usura. Assim o lucro do lucro, o *fructus fructum*, o *fructus usurae* era proibido nas reivindicações, embora admitido ou afirmado na hipótese de *hereditas petitio*. (H. Lange, *Schadensersatz und Privatstrafe in der mittelalterlichen Rechtstheorie*, p. 39, 1955).

O critério de que se deve prestar "o que razoavelmente deixou de lucrar" (art. 1.059) provém de certas Glosas (*Glosa Faciant* ao D. 47, 2, 28; *Facturus esset* ao D. 47, 2, 72, 1; *Poena vel damno* ao D. 4, 6, 18; *Lucratus non sit*, D. 4, 6, 27. H. Lange, p. 40). A discussão era proposta com base no *Corpus Iuris*. Bártolo convenceu-se de que não era possível obter uma solução unitária e procurou dividir e subdividir as causas de que proviria o dever de indenizar. Tenta, então fundamentar, de novo, a antiga distinção entre causa próxima e remota e depois a existente entre o *lucrum contigens circa ipsam rem* e *ex re ipsa*. No direito moderno, procuraram-se critérios para verificação do que se deve haver como lucro cessante.

Nosso Código, ao fixar o princípio da razoabilidade do que se deixou de lucrar, remeteu a um exame casuístico, em que o aplicador deverá concretizar a "cláusula de razoabilidade" atendendo às circunstâncias concretas.

Os efeitos da inexecução não podem, por igual, ser outros que não os diretos e imediatos. Com isso, circunscreveu-se a possibilidade de pretenderem-se danos que não se relacionem diretamente com o evento. As situações que se indenizam são as que já se constituíram à época em que se deu o evento. Assim, se alguém teve seu automóvel destruído antes de competir, não pode almejar como lucro cessante o prêmio que poderia, ou mesmo, em certa circunstância, estaria quase obtido. Todavia, se ele já fosse detentor de um prêmio, condicionado apenas à participação no certame, sua impossibilidade de comparecer, em virtude daquele evento, determinará como consequência direta ou imediata a perda do mesmo, constituindo-se na hipótese um lucro cessante. O lucro cessante incluiu-se entre os danos imediatos. Todavia, a primeira dúvida é a de saber se reparáveis são somente os danos decorrentes de situações já formadas ou em adiantamento de formação, ao tempo em que se manifestou o evento. No direito germânico houve dúvida a este respeito, em face da redação da alínea 2ª do § 251. Cuida-se sempre de exame concreto. K. Larenz é de opinião favorável, em face do direito germânico, a dar maior elasticidade abrangendo situações todavia não existentes à data do evento (I, § 14, p. 156/157). Encontra-se, em nosso Código, a fórmula da probabilidade no parágrafo único do art. 1.059: "o devedor, porém, que não pagou no tempo e forma devidos só responde pelos lucros que foram ou podiam ser previstos na data da obrigação". Este princípio endereça-se à responsabilidade contratual. Todavia, incluiu-se regra limitativa a respeito da previsibilidade do dano. O exame comparado dos dispositivos leva, assim, à conclusão de que nosso Código procurou limitar, evitando abusos de aplicação, a extensão do que deveria ser indenizado, exigindo o critério de razoabilidade, de previsibilidade no momento em que ocorreu o evento, sem levar, portanto, em conta situações posteriores, e exigiu que os danos fossem efeito direto e imediato da inexecução, regras estas aplicáveis às indenizações em geral.

10.10. Dívida de dinheiro e dívida de valor

Um dos aspectos fundamentais que caracterizam as indenizações é serem as quantias que satisfazem o prejuízo dívidas de valor. Por esse motivo, devem ser reajustadas ao tempo da solução, de modo a abranger, seu quantitativo, os déficits de inflação. Em matéria de direito contratual, surgem, também, as aludidas dívidas de valor.

O art. 1.061 do Código Civil determina que as perdas e danos, as obrigações de pagamento em dinheiro, consistem nos juros de mora e custas, sem prejuízo da pena convencional.

Este dispositivo tem sua aplicação, quando a prestação principal do negócio jurídico for de dinheiro. Nas hipóteses em que o dinheiro é mero elemento conversor de valor de certa coisa, já não se trata propriamente de dívida de prestar em dinheiro e não incide o art. 1.061. Cuida-se, na hipótese, de dívida de valor. Nas dívidas de valor tem-se em conta a depreciação da moeda. Examina-se seu "poder latente de compra" para verificar se o mesmo diminui, ou não, suas virtualidades. Na hipótese de haver sucedido perda de seu poder de compra, essa diminuição corre por conta do devedor, que deverá prestar acrescida quantia. As moedas de todos os países estão sujeitas ao princípio do nominalismo que é, aliás, de ordem pública. Assim, o valor das moedas oscila, e os preços das utilidades se vão, aos poucos, adaptando a essas vicissitudes. A perda de substância do dinheiro tem de ser posta pelo devedor, pois que, sem isso, não haveria reparação, quando se cuidar de indenização, ou aquelas dívidas, emergentes de contrato, cuja prestação principal não seja em dinheiro.

10.11. Dano moral

As diferentes espécies de indenização sobre as quais estamos versando dizem respeito a danos de caráter patrimonial. Um dos problemas mais discutidos na atualidade é o da possibilidade de reparação de danos não patrimoniais.

Algumas legislações admitiram expressamente tal tipo de indenização. Nosso Código, contudo, silenciou a respeito. Mesmo nas legislações que admitem a indenizabilidade do dano moral, apenas uma dor moral não autoriza reparação. O BGB, no § 253, formula o princípio de que "por motivo de algum dano, que não seja patrimonial, somente se pode exigir indenização em casos especificamente determinados em lei". No § 847 expõe-se regra referente a certas hipóteses: No caso de lesão do corpo ou da saúde, como nas hipóteses de prisão em cárcere privado, pode o lesado "exigir reparação e dinheiro de danos, ainda que não patrimoniais". Nosso Código somente admite indenização de danos que não têm caráter patrimonial nas hipóteses expressamente normadas. Não são indenizáveis, portanto, o puro e simples dano moral. Contudo, nosso Código admite a reparação em certos casos especificamente normados. O art. 1.547 determina que a indenização por injúria ou calúnia consistirá na reparação do dano que delas resulte ao ofendido. E no parágrafo único diz-se que "se este não puder provar prejuízo material, pagar-lhe-á o ofensor o dobro da multa no grau máximo da pena criminal respectiva". No art. 1.548, deu-se à mulher agravada em sua honra o direito a exigir do ofensor, se este não quiser ou não puder reparar o mal pelo casamento, um dote correspondente à sua própria condição e estado. As hipóteses em que se concretiza a aludida pretensão são expressas nos incisos do mesmo artigo:

"I – Se virgem e menor, for deflorada;

II – Se, mulher honesta, for violentada ou aterrada, por ameaça;

III – Se for seduzida com promessa de casamento;

IV – Se for raptada."

Nos demais crimes, di-lo o art. 1.549, de violência sexual ou ultraje do pudor, arbitrar-se-á judicialmente a indenização. A reparação prevista nesses artigos não tem, entretanto, o caráter de pena ou de punição, como ocorre nos sistemas da *Common Law* com as *exemplary dammages*.

A própria pretensão em razão de defloramento (em princípio *duet et dota* e posteriormente *due aut dota*) é também mera reparação e não tem caráter de punição (Esser, § 49, p. 175).

Em razão de certos ferimentos podem resultar deformidades ou aleijões que prejudiquem a pessoa quanto à sua capacidade laborativa e/ou diminuem no referente às suas possibilidades de convívio social. Se da ofensa resultar ferimento ou lesão que impossibilite a pessoa de poder trabalhar, a indenização não dirá respeito a dano moral e estará sujeita ao disposto no art. 1.538 e, em certos casos, à legislação específica, se o acidente houver sucedido em trabalho. Se o ofendido for mulher solteira, ou viúva, ainda capaz de casar, surge o problema. O § 2º do art. 1.538 prevê indenização, que é devida não só quanto às ofensas físicas (ferimentos), mas também quanto às que alteram a saúde (art. 1.538), em seu mais amplo sentido, somático e psíquico. De uma ofensa pode resultar neurose ou mesmo psicose. Essa conclusão, no direito germânico, está amparada pelo § 847, com âmbito semelhante ao do art. 1.538. A neurose pode impedir a pessoa de exercer seus afazeres normais e pode prejudicá-la até, em definitivo, quanto ao seu relacionamento. Se for pessoa solteira, ou viúva, capaz de casar, tal disfunção repercutirá de modo igual, ou mais gravemente ainda, do que uma mera deformidade. Nessa hipótese, atenta à gravidade e a permanência altamente previsível do mal, é de se aplicar o § 2º do art. 1.538.

É preciso, porém, que se trate de neurose ou psicose que não se confunda com as denominadas "neuroses de renda" ou o desejo consciente ou inconsciente de haver indenização. Em tal hipótese, não cabe a indenização antes aludida (Esser, § 49, p. 176).

Além dessas hipóteses de indenização de ofensas sem conteúdo diretamente patrimonial, ou mesmo indiretamente, incluiu nosso Código o dever de reparar que cabe àqueles que ofendam a liberdade de uma pessoa. Tal ofensa à liberdade pode suceder, por reclusão em cárcere privado; por prisão em razão de queixa ou denúncia falsa ou de má-fé; e, finalmente, por prisão ilegal, ou não amparada em lei (art. 1.551, itens I, II e III). Na última hipótese se, de prisão ilegal, responde a autoridade que ordenou a prisão.

10.12. Danos pessoais com reflexo no patrimônio

Entre esses danos estariam os causados pela perda da liberdade, a que já aludimos. Além desses, têm-se, como incluídos em seu número, os casos em que em virtude de ofensa resulte a morte ou deformidade ou ainda doença. A mais importante das hipóteses de dano é a resultante do homicídio. Nosso Código estabeleceu dupla ordem de reparação para o caso: satisfação do que foi gasto com o tratamento da vítima, seu funeral e o luto de família (art. 1.537, I); e prestação de alimentos à pessoa a quem o defunto os devia (art. 1.537, II).

Procurou-se, portanto, amparar a família, devendo o ofensor prestar os alimentos devidos. Coube à jurisprudência estabelecer o critério a respeito. Quanto aos alimentos, é necessário ter-se presente quanto percebia o defunto e qual o número de seus dependentes. Calcula-se, também, o limite de vida provável do ofendido, tendo-se, entre nós, a idade de 65 anos. Descontam-se do montante por ele percebido suas despesas pessoais, calculadas, estas, em cerca de 30% de sua renda mensal. Tem-se como pessoas as quais se devem prestar alimentos os filhos menores de 21 anos, masculinos ou femininos, desde que não emancipados. A dívida de prestar alimentos é cláusula *rebus sic stantibus*, de modo que no processo de sua fixação, leva-se em conta a desvalorização da moeda. O padrão de vida, a que estava acostumada a família, por se tratar de dívida sujeita à cláusula *rebus sic stantibus*, é também objeto de ponderação. No conceito de que a indenização deve ser, quanto possível, reparação total, há de deduzir-se que o pagamento dos alimentos deve atender à condição social dos beneficiários.

No caso de ferimento, di-lo o art. 1.538, ou outra ofensa à saúde, o ofensor indenizará o ofendido das despesas de tratamento e lucros cessantes até o fim da convalescença, além de lhe pagar a importância da multa no grau médio da pena criminal correspondente. Esta soma, nos termos do § 1º do aludido artigo, será duplicada se, do ferimento, resultar aleijão ou deformidade.

É possível, porém, que do ferimento tenha resultado diminuição de capacidade de trabalho do ofendido. Submetido a tratamento médico e reparado na forma prevista nos artigos mencionados, sucedeu que o ofendido, depois de curado, não pode mais exercer, na totalidade ou em parte, seus trabalhos. Por força do nexo de causalidade entre o evento e a sua situaçãom de deficitário, quanto às atividades que exercia, que é o que importa para efeitos de indenização, tem ele certamente direito a que se lhe pague uma pensão, a qual venha compensá-lo do dano sofrido (art. 1.539, *in fine*).

10.13. Responsabilidade por fatos de outrem

O tráfico moderno tem suscitado problemas de grande interesse para a teoria da responsabilidade. Certo é que grande desenvolvimento da indústria e do comércio tem alterado sensivelmente o conceito tradicional de responsabilidade. Um dos aspectos característicos da vida moderna relaciona-se com a responsabilidade por fatos praticados por uma pessoa que repercutem na esfera jurídica de outra, que deles não participou, e que, entretanto, deve prestar por igual, a reparação. Algumas dessas soluções constituem na atualidade a teoria do risco. Afora isso, temos certas presunções de culpa, como as existentes na denominada *culpa in elegendo,* que faz alguém responsável por atos praticados por outra pessoa. A regra está exposta, quanto às pessoas de direito público, no art. 15 do Código Civil: As pessoas jurídicas de direito público são responsáveis por atos dos seus representantes que, nessa qualidade, causem danos a terceiros, procedendo de modo contrário ao direito ou faltando a dever prescrito por lei, salvo o direito regressivo contra os causadores do dano. No art. 1.521, inc. III, está o princípio de que responde o patrão, amo ou comitente, por seus empregados, serviçais e prepostos no exercício do trabalho que lhes competir, ou por ocasião dele. Estendeu-se essa regra, por força do art. 1.522, às pessoas jurídicas que exercerem exploração industrial.

No pertinente à culpa das pessoas enumeradas no art. 1.521, incisos I a IV, e no art. 1.522, por força do art. 1.523, a responsabilidade seria presumida, presunção esta, *juris tantum*. Todavia, há a tendência de admitir, para aplicação do art. 1.523, inclusive a mencionada culpa levíssima, tudo se cifrando em saber qual a extensão do conceito de negligência previsto na parte final do art. 1.523. Tal seja ela, em verdade, haveria, praticamente, a presunção *juris et de jure* da culpa concorrente do preposto, pelo menos em certos casos. Parece ser esta a melhor interpretação do art. 1.523, sob pena de tornar-se, na maioria

— 199 —

das vezes, impossível o ressarcimento do dano, que supõe sempre a possibilidade econômica de quem deva prestá-lo. Mas, mesmo que o princípio, em verdade, deva ser o da culpa presumida, presunção esta, *juris et de jure*, nem assim se teria como hipótese de responsabilidade por risco.

A circunstância de ser a responsabilidade do preponente no caso, "como se" tivesse havido culpa, exclui, juridicamente, a hipótese de risco (a respeito de ficções, vd. H. Vaihinger, *Die Philosophie des Als Ob*, p. 46, 1918).

10.14. Caso fortuito e força maior

O art. 1.058 exprime a regra de que o "devedor não responde pelos prejuízos resultantes de caso fortuito, ou força maior, se expressamente não houver por eles se responsabilizado, exceto nos casos dos arts. 955 e 957".

O fundamento da responsabilidade é a culpa. O artigo 1.058 faz porém depender a irresponsabilidade do devedor da existência de caso fortuito e força maior, o que poderia ensejar, em hermenêutica, a suposição de que, em não havendo aquelas situações, seria de presumir-se a culpa do agente.

Tudo se cifra em saber o que deve entender-se por caso fortuito e por força maior. A distinção entre ambas as espécies de causas excludentes de responsabilidade era mais importante para o direito romano, pois, conforme ocorresse uma ou outra, as consequências eram diversas. Por motivo de caso fortuito (*casus*), acontecimento do mundo natural, a impossibilidade de prestar, dele derivada, corria por conta do comprador (*res perit emptori*), que deveria pagar o preço.

A remissão ou perdão legal de dívida, que, por vezes sucedia, com grande âmbito de eficácia, e que era ato de direito público (*tabulae novae*), acarretava o desfazimento ou comoriência, na hipótese de contrato, de ambas as obrigações, ainda que uma das partes já houvesse solvido a sua. Labeão sustentava esse efeito de comoriência, em virtude da boa-fé, pois perante a vontade pública todos os contraentes são iguais e nenhum deve ser favorecido ou prejudicado. Assim, na hipótese de ato de direito público, de força maior portanto, não se podem aplicar as regras comuns a respeito do *periculum*, pois que estas dizem respeito à ocorrência de caso fortuito. Em se tratando de força maior, a regra era *res perit domino*. (Affolter, *Geschichte der intertemporalen Privatrecht*, I, § 5, p. 43, 1902).

Admite-se, modernamente, com muitas vacilações entre os autores, que há caso fortuito, quando a inexecução ou o fato, ainda que extracontratual, foi devido a acontecimentos do mundo natural, no qual o agente nenhuma participação teve. Os juristas ingleses denominam ao "caso fortuito", de *act of God*, para demonstrar a inexistência de participação do homem.

Estabelecido, porém, que a culpa é o fundamento da responsabilidade e que esta se verifica quando há, de parte do agente, conduta em que se manifesta imprudência ou negligência (art. 159), ter-se-ia de admitir que existem outros elementos excludentes que não o caso fortuito ou força maior em sentido estrito. Pode não ter havido acontecimento do mundo natural e ainda assim ter sido impossível impedir se manifestasse o evento danoso. Há portanto que alargar o conceito de *casus* de modo a possibilitar que nele se insiram outras situações que tradicionalmente nele não se encontravam. Desde que se cumpra o que pode ser exigido de alguém, no tráfico, não há lugar para o problema de responsabilidade. Força maior, ao invés de acontecimento involuntário, de modo geral independente de fatores físico-naturais, diz respeito com os atos de direito público, tornando impossível a execução de um contrato. No seu número, inclui-se a desapropriação e demais medidas capazes de tolher o exercício de poderes inerentes à propriedade.

Lavra, na doutrina, discussão a respeito de saber qual o verdadeiro âmbito da culpa. Alguns autores afirmam que haverá ato suscetível de indenização, desde que não se manifestem hipóteses de caso fortuito ou força maior em sentido estrito. Portanto, o raciocínio desses autores é por subtração: não houve caso fortuito, nem força maior, o agente responde.

O fundamento da responsabilidade haveria de encontrar-se na culpa levíssima que, praticamente, se equipara ao próprio risco. A duplicidade de pontos-de-vista dos autores a respeito do fundamento da reparação deriva, em última análise, de interpretações fragmentadas do Código Civil. Os que sustentam o predomínio da noção clássica ou estrita de caso fortuito ou força maior atêm-se ao dispositivo do art. 1.058, sem relacioná-lo com o do art. 159, definidor da noção de culpa dentro de todo o direito civil.

10.15. Responsabilidade por risco

O tráfico moderno alterou sensivelmente o problema do fundamento da responsabilidade. A partir do direito romano clássico, para que alguém respondesse havia necessidade, de regra, que houvesse culpa. Todavia, o pretor, em certos casos, concedia a ação *de deiectis vel effusis*, por deixar alguém cair coisas ou derramar líquidos. A responsabilidade não se cingia a própria pessoa, mas esta era também responsável por estes danos, quando causados pelos filhos, escravos ou hóspedes. Ação semelhante era a de *positis ac suspensis,* que nascia por motivo de serem colocadas certas coisas nas janelas ou no lado de fora das casas. As obrigações que nela tinham sua fonte eram *quasi ex delicto.* Importa ressaltar que o dono do prédio assumia o risco, de modo que, se dano houvesse, a ele competia o dever de reparar. Essas hipóteses tradicionais encontram-se regradas na maioria ou totalidade dos Códigos. Outras, contudo, são produto da vida moderna, do comércio e indústria em massa, em que as necessidades da produção de certos artigos não se compadecem com o conceito tradicional de culpa, no pertinente aos danos decorrentes de sua utilização. Temos, assim, quanto ao fundamento da responsabilidade, (por que alguém responde?), duas respostas: De regra, é necessária a culpa; em casos excepcionais, o dever de reparar assenta no risco. Nos Códigos, os casos de responsabilidade sem culpa são praticamente ampliações dos fatos que autorizavam a *actio de deiectis et effusis* e *actio de positis ac suspensis.* Temo-las, assim, regulamentadas no art. 1.529: "Aquele que habitar uma casa, ou parte dela, responde pelo dano proveniente das coisas que dela caírem ou forem lançadas em lugar indevido". Entendem alguns que constituem casos de responsabilidade por risco, além da constante no art. 1.529, as espécies dos arts. 1.528 e 1.546. Tal é a posição de Orlando Gomes (Obrigações, nº 212, p. 411, ed. 1961). No art. 1.528 temos a regra de que "o dono do edifício ou construção responde pelos danos que resultarem de sua ruína, se esta provier de falta de reparo, cuja necessidade fosse manifesta". Não temos, obviamente, a regra pura e simples de responsabilidade por risco de desabamento de edifício ou construção, de modo que o seu dono não assume, em face do artigo 1.528, essa eventualidade. Pois, bem ao contrário, o dever de reparar o dano causado está na dependência de que a ruína do edifício ou da construção haja seu fundamento na necessidade manifesta de reparos: *culpa in vigilando.* No artigo 1.546 exprime-se o princípio de que "o farmacêutico responde solidariamente pelos erros e enganos de seu preposto". A hipótese é perfeitamente igual, no que toca à responsabilidade, a prevista no art. 1.521, inc. III, salvo a solidariedade, não existente na última. Mas, enquanto no art. 1.521, inc. III, não se alude à necessidade de erros e enganos de seu preposto, o que poderia ensejar interpretação divergente, essa condição está expressa no art. 1.546, hipótese de culpa *in eligendo.* Não é, de modo algum, responsabilidade com fundamento no risco. Assunção de risco haveria se, sem erro ou engano, fosse o preponente ou o preposto responsável. Cuida-se, no art. 1.546, de hipótese e de responsabilidade por fato culposo de outrem. As situações, portanto, em que se manifesta responsabilidade sem culpa, formam objeto de legislação específica, à margem do Código Civil. O mesmo tem sucedido com a maioria dos Códigos que trata do assunto através de legislação especial. Entre nós, temos a responsabilidade das empresas ferroviárias, disciplinada na Lei nº 2.681, de 7 de dezembro de 1912, aplicada, por força da jurisprudência, não apenas aos acidentes ferroviários, mas também aos acontecidos em bondes urbanos. Em matéria de acidentes do trabalho, há, por igual, responsabilidade com base no risco e, finalmente, no respeitante ao tráfico aéreo, temos o disposto no Código Brasileiro do Ar, promulgado com o Dec. nº 483, de 8 de julho de 1938.

10.16. Fundamento da responsabilidade objetiva

Além dos dispositivos do Código Civil e leis complementares já mencionados, é necessário, por sua real importância, aludir ao disposto no art. 105 da Constituição do Brasil de 1967, referente, embora, às pessoas jurídicas de direito público: "As pessoas jurídicas de direito público respondem pelos danos que os seus funcionários, nessa qualidade, causem a terceiros". E no parágrafo único acrescentou-se: "Caberá ação regressiva contra o funcionário responsável, em caso de culpa ou dolo".

Em face desse artigo pode parecer que a responsabilidade das pessoas jurídicas de direito público seja objetiva, quanto a danos causados por seus funcionários (V. Ruy Cirne Lima, *Princípios*, § 24, I, p. 198, ed. 1954). No direito público, o problema tem particularidades. É necessário saber se a administração responde por todos os danos causados por seus funcionários e servidores, ainda que não haja culpa. Em última análise, a questão tem seu centro de gravidade em saber se as pessoas jurídicas de direito público interno assumem sempre a responsabilidade pelos atos de seus funcionários ou servidores, ainda que não culposos. Alteraria, portanto, pela simples circunstância de ser o Estado responsável, o sistema de reparação, de culposo (regra sem dúvida, dentro do direito privado), para o sistema com base no risco. Por fim, resultaria em admitir que não é a atividade exercida que dita o sistema a ser aplicado no tocante à responsabilidade, mas simplesmente o fato de ser agente do dano o funcionário de uma pessoa jurídica de direito público. O problema da responsabilidade, se objetiva ou culposa, não diz respeito à circunstância de ser o Estado agente, ou o particular. Está, ao revés, intimamente vinculado com as tarefas que se exercem. O fundamento, pelo qual o Estado responde, não é diverso do que fundamenta a reparação pelo particular. Sucede que as tarefas do Estado, dirigidas ao bem comum, e com a gama de atribuições que, modernamente lhe são conferidas, criam mais do que aos particulares situações de risco, pelas quais terão de responder.

Aparentemente, pela multiplicidade dessas situações, poder-se-ia pensar ou admitir que o fundamento da responsabilidade do Estado seria o objetivo e não o subjetivo. Ao estender redes imensas de eletricidade, ao canalizar gases através de cidades, ao construir oleodutos gigantescos, ao operar com explosivos de altíssimo poder de destruição e cujas emanações nem sempre comportam reclusão absoluta, o Estado assume o risco dos danos resultantes dessas utilizações.

Os casos em que o Estado deve assumir o risco, por força das atividades a que se propõe, são em número muito maior do que as dos particulares. Mas o fundamento da responsabilidade está na tarefa ou indústria que se exerce.

Em se tratando de pessoa jurídica, no pertinente à responsabilidade com base no risco, há que atentar para a circunstância de concomitante responsabilidade dos que titulam seus órgãos, ou mesmo de seus empregados e prepostos. Se a hipótese for de responsabilidade por risco, em razão da indústria exercida pela pessoa jurídica, pode suceder, ainda assim, que o evento danoso, dentro do círculo de risco assumido, decorra de culpa de um empregado. No parágrafo único do art. 105, o problema é proposto com referência às pessoas jurídicas de direito público. Temos, na hipótese, duas relações: por força do risco assumido, responde a pessoa jurídica haja ou não, culpa de seu funcionário. No caso de ter este último procedido com imperícia ou negligência, ou ainda dolosamente, internamente, em segundo momento, desenvolve-se nova relação. A pessoa jurídica, que solveu o dano, tem ação regressiva contra o agente que, culposa ou dolosamente, o causou.

No art. 15 do Código Civil estatuiu-se, também, a responsabilidade do Estado por ato de seus agentes que procederem de modo contrário ao direito ou faltando a dever prescrito em lei. Essas hipóteses são de culpa. Realmente, a conduta exigível dos funcionários decorre da observância de todas as normas de atividade do Estado, bem como o cumprimento de seus deveres. O princípio, tal como foi formulado, tem seu fundamento histórico no direito administrativo do século passado, para o qual a administração esgotava suas funções no puro e simples cumprimento de leis e deveres prescritos. Modernamente, com novas atribuições e amplíssimas obras a executar, o Estado é formador do meio econômico e social, e não mero executor de normas. Daí deriva, quanto ao Estado, a alteração de sua responsabilidade. Ainda que, no referente a tarefas de que decorre a assunção de risco, o agente da pessoa jurídica de direito público tenha obedecido pontualmente o direito e cumprido todos os deveres, se resultar dano, deve indenizá-lo. Na responsabilidade, por força da culpa, o direito toma em consideração a conduta dos partícipes do evento danoso.

Na hipótese de responsabilidade por risco, impera a justiça distributiva, e o evento danoso é satisfeito por quem o assumiu. A dificuldade, porém, está em saber se, por falta de legislação específica, a responsabilidade pode ser por risco.

No direito alemão, não há regra legislada com essa amplitude, determinando estejam certas atividades sujeitas ao princípio do risco (Esser, § 201, p. 830), embora haja elaboração casuística.

A praxe comprimiu para dentro do conceito de direito delitual todos os riscos sociais, como hipóteses fáticas de responsabilidade objetiva. O princípio, portanto, que, no fundo, comanda a elaboração judicial e doutrinária é o de que a responsabilidade, por risco, atende a atividade exercida pela pessoa, ainda que transcenda as hipóteses prefiguradas em lei como de responsabilidade objetiva. Por outro lado, ao disciplinar certas hipóteses como tendo seu fundamento na culpa, não pode o intérprete ultrapassar os limites da lei, para haver o fato como sujeito ao risco. Na ampla faixa das situações, não diretamente normadas, cujos fatos não encontram prefiguração exata dentro do direito civil, mediante processo hermenêutico, de casuísmo, foi-se revelando o princípio que, na verdade, comanda o problema da reparação; e este é o que, na matéria, se deve atender à tarefa, à indústria que se exerce. Há, assim, subjacentemente, certo conflito. Mas as disposições do Código Civil dizem respeito, apenas, aos fatos que lhe formam o corpo de doutrina e não se dirigem, propriamente, a outros setores em via de constituírem ramos autônomos, como, por exemplo, o direito da economia, cujos princípios, por força de seu objeto, não podem ser perfeitamente iguais aos do direito civil. E é nessa parte que haverá de ser proposta a questão com as soluções aqui aventadas.

— 11 —

O conceito de empresa no Direito brasileiro

Sumário: Introdução; 11.1. O conceito de empresa na doutrina; 11.1.2. A empresa como objeto de direito; 11.1.2. A empresa como sujeito de direito; 11.2. O conceito de empresa no Projeto do CC e na Lei das Sociedades Anônimas; 11.2.1. A empresa como organização; 11.2.2. Organizações que não são empresas; Conclusão.

Introdução

No presente ensaio, visa-se a determinar o conceito de empresa e sua aplicação no Projeto do CC Brasileiro, atualmente em exame no Senado Federal, e na Lei de Sociedades Anônimas. Poder-se-ia pensar que o modelo jurídico da empresa seria uma criação do direito, algo que não se encontraria num mundo pré-jurídico ou social. Todavia, assim como sucede com a família, com o contrato e com tantos outros modelos jurídicos, a empresa é apenas reconhecida pelo direito, pois a sua existência a ele antecede. Há, por igual, uma concepção econômica da empresa. Pois é precisamente essa dualidade de concepções que estabelece uma relação dialética ou uma tensão entre os dois modelos de empresa. E, por isso, torna-se difícil defini-la, porque como aludem Farjat e Yves Guyon "la notion d'entreprise est encore mal dégagée par notre droit. Wile ne se rencontre guère que dans le Droit du Règlement Judiciaire et de la Liquidation des Biens".[1] Essa situação é a do direito brasileiro.

No pensamento de muitos juristas, prevalece uma visão política e econômica da empresa, sem que se tenha uma ideia exata do seu conceito jurídico. Tornam-se, assim, esses autores presa fácil de uma cadeia de argumentos puramente retóricos com que se qualifica a moderna sociedade industrial capitalista. É necessário conceituar o modelo da empresa, partindo da existência da propriedade privada, pois, de outro modo, a questão do seu conceito, como algo diverso do de sociedade, com toda a certeza não se proporia.

---

[1] Fariat, Droit Économique, Paris, 1982, p. 124; Yves Guyon, Droit des Affaires, Paris, 1982, p. 619.

— 207 —

Em que medida, entretanto, é valido utilizar-se da expressão "direito de empresa", e não "direito de sociedade"; ou seria, talvez, o caso de considerar-se ambas as denominações como sinônimas? Há, ainda, uma outra dificuldade a superar, pois o conceito de empresa não é sempre o mesmo em sua relação com o direito.

A doutrina considera a relação entre a empresa e o direito por dois modos: o primeiro – e o mais antigo – responde a questão de saber como a empresa em sentido econômico – uma organização de que resulta uma unidade econômica – é considerada pela ordem jurídica; e o segundo indaga sobre a possibilidade de superar-se o "conflito de classes" entre os titulares do capital e os prestadores do trabalho na organização interna da empresa, através de sua participação nos órgãos diretivos da empresa.

Analisaremos o conceito de empresa na doutrina, o modo como repercute no direito a "unidade econômica", em que se traduz, tradicionalmente, a concepção econômica da empresa; e também a empresa vista na perspectiva de modelo suscetível de superar o conflito entre o capital e o trabalho (I). E, por fim, o conceito de empresa adotado pelo Projeto do CC Brasileiro e pela nova Lei de Sociedades Anônimas (II), esclarecendo que o conceito de empresa, sofreu, no Projeto do CC Brasileiro, forte influência do direito italiano.

11.1. O conceito de empresa na doutrina

É interessante observar que a doutrina, às vezes imperceptivelmente, formula dois conceitos de empresa ou a considera como um modelo duplo. Os autores nem sempre se dão conta das duas acepções do conceito de empresa, que revelam problemáticas distintas e atendem a estágios diversos do desenvolvimento desse conceito. A empresa é um tipo de organização, cuja conceituação jurídica leva em conta muitas notas, mas não todas, do conceito econômico de empresa.

O primeiro dos dois conceitos de empresa é o da empresa como objeto do direito; outro é o da empresa como sujeito de direito.

11.1.2. A empresa como objeto de direito

Já vimos que o conceito de empresa antecede ao seu reconhecimento pela ordem jurídica. Essa constatação é importante, porquanto salienta a existência de forças sociais que exigem uma constante resposta do direito. A concepção da empresa "como unidade econômica" e não como "unidade jurídica" reside na circunstância de o conceito de pessoa jurídica ser próprio e exclusivo do direito. Essa afirmação é óbvia, pois é fácil constatar a existência de uma só empresa, de uma só unidade econômica, ainda quando esta unidade se fracione juridicamente, como objeto patrimonial de diversas pessoas jurídicas. Se diversas sociedades se encontrarem controladas por uma outra sociedade, e se elas estiverem organizadas para a obtenção de determinados fins, o patrimônio, juridicamente separado de cada uma delas, é, entretanto, sob o ponto de vista econômico, uma unidade. A sociedade que a dirige é, assim, a titular de uma empresa, ainda quando o conceito pudesse não ter, juridicamente, nenhuma relevância. Sob esse ângulo, a empresa apresenta-se como objeto de direito. E durante muito tempo, dessa concepcão nenhuma repercussão importante resultou no campo jurídico. O direito societário não foi o mais sensível à noção econômica de empresa.

No direito brasileiro, o direito do trabalho foi o primeiro a regulamentar a responsabilidade da empresa, ou do grupo de empresas, em face do contrato de trabalho. O art. 2º da Consolidação das Leis do Trabalho[2] considerou solidariamente responsáveis todas as sociedades pertencentes a um grupo de empresas pelas indenizações decorrentes do contrato de trabalho realizado com apenas uma das sociedades. Durante muito tempo, essa foi a única disposição que considerou um grupo de sociedades como uma "unidade econômica", como elemento importante e necessário de garantia do contrato de trabalho. Depois, o direito dos balanços começou a considerar as sociedades integrantes de um grupo, como uma unidade econômica, daí decorrendo a necessidade dos balanços consolidados, com descrição, por vezes minuciosa, das atividades negociais entre as sociedades integrantes do grupo.

No direito fiscal, foram inumeráveis as tentativas – quase sempre infrutíferas, ou com resultados parciais – de considerar os grupos de sociedades como "uma unidade jurídica, como resultado da unidade econômica, pois essa orientação poderia reduzir em muito o crédito fiscal. No campo dos direitos das sociedades, se da "unidade econômica" viesse sempre a resultar uma "unidade jurídica", desapareceria o conceito de "grupo de empresas", uma vez que, nesse caso, se teria uma situação semelhante à fusão. Todavia, a definição jurídica de "grupo de empresa" supõe uma pluralidade de pessoas jurídicas, de sociedades, e uma unidade econômica, que não afasta a aludida pluralidade. Tendo em vista a particularidade de a empresa já existir anteriormente à sua normação jurídica, e ao mesmo tempo o fato de o seu conceito influir amplamente em certos setores do direito, procurou-se conceituar a empresa como instituição. Essas concep-

---

[2] Decreto-Lei n. 5.452, de 1º.5.43.

— 209 —

ções institucionalistas tiveram ingresso através de Hauriou, e depois disseminaram com os mais diversos matizes e temperamentos. Em suma, é uma concepção objetiva em que se reduz a eficácia do poder da vontade. Já faz algum tempo, Fritz Brecher[3] examinou a aplicação do conceito de instituição para qualificar o conceito de empresa no plano jurídico. Não adotou essa concepção institucional, por não vislumbrar uma possibilidade de composição entre uma visão subjetivista, como é a da sociedade e a outra impessoal, objetiva, como exige o conceito de instituição. Todavia, por não existir essa oposição radical entre o conceito de instituição e certas posições subjetivas, é que se tem buscado uma composição entre uma compreensão institucional e uma concepção subjetivista na estrutura de vários modelos jurídicos. Na verdade, os aspectos subjetivos e objetivos encontram-se mesclados na empresa; são, até mesmo, complementares. Não seria necessário, decerto, salientar que o direito, algumas vezes, valorize o aspecto subjetivo e, em outros, o aspecto objetivo, ou institucional, havendo na constituição interna de muitos modelos jurídicos uma tensão permanente entre essas duas noções.

Numa certa medida, a empresa separou-se do próprio empresário, tendo em vista a sua relevância social, como fator de progresso econômico e de criação de emprego. E nesse sentido ultrapassou os limites estritos do direito comercial.[4]

Em razão dessa dualidade de interesses, do interesse individual do empresário, e do interesse social da empresa, as regras jurídicas ora tutelam os interesses dos titulares do capital (tutela subjetiva) ora a própria empresa (tutela objetiva ou institucional).

Tradicionalmente, a noção de empresa e de sociedade apontava tão somente para os interesses subjetivos, dos titulares do capital, não havendo sentido na afirmação de a empresa dever ser tutelada independentemente da vontade de seus proprietários. A tutela institucional nem sempre está prevista na legislação pertinente. Mas não é difícil surpreender, no exame da jurisprudência, certas restrições não previstas à extinção das sociedades, com a afirmação do princípio da continuidade das sociedades ou das empresas.

---

[3] Das Unternehmen als Rechtsgegenstand, Bonn, 1953, p. 124, n. 138. O conceito de instituição pode ser compreendido de modo secularizado, podendo ser considerado como complementar a uma visão subjetivista da empresa, como sustenta Ludwig Raiser (Rechtsschutz und Institutionenschutz im Privatrecht, in Die Aufgabe des Privatrechts, Kronberg, 1975, p. 124/144); em verdade, não é inexata a afirmacão de Hauriou, pelo menos no campo econômico – e a teoria da empresa é um bom exemplo – de que "ce ne sont pas les règles de droit qui font les institutes", mas são estes que fazem aquelas (Hauriou, La Théorie de l'Institution et de la Fondation, Paris, 1925, p. 44).

[4] Ver, por todos, Michael Despax, L'Entreprise et le Droit, Paris, 1957, p. 31 e segs.

Não faz muito, discutiu-se na França o caso de uma empresa francesa, Berliet, que havia feito um contrato de exportação com a China continental. Essa empresa francesa encomendou vagões de carga à Fruehauf francesa, subsidiária da Fruehauf Corporation americana para serem exportados para a China. A Companhia Fruehauf francesa recebeu ordem da Fruehauf americana para não entregar os aludidos vagões à Berliet em razão da legislação americana que impedia o comércio com a China. Os membros da Diretoria da Fruehauf francesa, representantes dos sócios minoritários franceses, perceberam que, se não cumprissem o contrato com a Berliet que, à época, consumia cerca de 40% de sua produção, as perdas e danos levariam à falência a Fruehauf francesa. Em consequência, requereram junto ao Tribunal de Comércio que fosse nomeado um administrador para a Fruehauf de sorte a determinar o cumprimento do contrato de entrega dos aludidos vagões. O administrador foi nomeado, e a decisão foi confirmada pela Corte de Apelação de Paris, através de decisão de 22.5.65. A operação foi feita ainda quando a ordem da direção fosse em sentido diverso.[5] O interesse na manutenção da empresa superou a vontade expressa da maioria dos detentores do capital.

Em suma, a concepção da empresa como unidade econômica levou a alterações no tratamento jurídico da sociedade, por força de uma concepção institucional da empresa. Esses aspectos fazem com que a noção clássica de sociedade, com fundamento na vontade incontrastável dos sócios, tende a modificar-se em favor de uma concepção diversa, em que a tutela subjetiva se mescla com a proteção objetiva ou institucional da empresa.

11.1.2. A empresa como sujeito de direito

Há, porém, outro conceito de empresa, no qual não se considera a empresa objeto, mas, sim, sujeito de direito. A solução dos conflitos entre os detentores do capital e dos prestadores do trabalho encontrou a sua disciplina específica na legislação do trabalho. Mas se a empresa resulta, em última análise, da conjunção desses dois fatores não seria impensável que uma concepção moderna da empresa devesse reproduzir, em seus órgãos diretivos, esses elementos fundamentais.

---

[5] Rec. Dalloz, Sirey, 1968, p. 147 e segs. As interpretações da decisão pelos juristas estrangeiros foram em parte divergentes. Alguns, como Werner Flume (Allgemeiner Teil des bürgenlichen Rechts, I, 2°, Die juristiche Person, Berlim, 1983, p. 59 e segs.), consideraram como uma discrepância entre os interesses da sociedade ou da empresa e os dos sócios; outros, porém, apontam para o interesse social na manutenção da empresa, como Craig (Application of the Trading with the Enemy Act to foreign Corporations owned by Americans – Reflections on Fruehauf v. Massardy, in: Harvard Law Review 83, 1969/70, p. 579 e segs.). Essa concepção social da empresa não se adaptaria, porém, ao direito norte-americano.

Tradicionalmente, a direção das sociedades é competência exclusiva dos sócios; todos os órgãos da sociedade, a começar pelo mais importante deles, a assembleia geral, se estruturam com base nesse princípio. Em alguns sistemas, foi adotada, em data recente, a cogestão, reconhecendo-se aos empregados o direito de participar de certas decisões. A denominada cogestão – *Mitbestimmung* – foi introduzida no direito alemão na zona de ocupação inglesa. O sistema não existia anteriormente e por estranho acaso estava no poder, na Inglaterra, o partido trabalhista, não sendo desarrazoado pensar que a cogestão tenha sido, no fundo, uma ideia inglesa – e ainda quando não estivesse, como não está ainda hoje, em vigor na Inglaterra, salvo nas empresas nacionalizadas – imposta ao direito germânico.[6] É certo, por igual, que alguns juristas alemães atribuem essa ideia a certas concepções do início do século, como a da "empresa em si" ("Unternehmen an sich") de Walter Rathenau.[7] A questão da objetividade da empresa – do tratamento da "empresa em si" – leva consigo o perigo de reduzir a nada o direito dos acionistas, proprietários da empresa. Seria admitir que a sociedade tem fins próprios absolutamente diversos dos de seus acionistas. A teoria da "Unternehmen an sich" fez a sociedade anônima em si mesmo objeto da tutela jurídica.[8] Em verdade, existe uma tensão permanente entre o elemento subjetivo e objetivo da empresa, sem que se possa tutelá-la como "empresa em si".

Essa última concepção salienta, apenas, os aspectos objetivos da empresa. Para sua aceitação, contribuiu o pronunciado e progressivo absenteísmo dos sócios não mais interessados nas decisões sociais. Na grande empresa, eles se transformam quase sempre em investidores,[9] o que levou a considerar-se a administração como simples "trustee" dos sócios, situação não muito diversa do que sucede com os fundos de in-

---

[6] É certo que houve, anteriormente, uma lei de 4.2.20, relativa à participação dos trabalhadores no Conselho das empresas, depois revogada. Entretanto, a cogestão poderia ter sido ideia do Partido Trabalhista inglês, porque muitas das indústrias do aço e do carvão se localizavam em zona britânica e nessa ocasião estavam os trabalhistas no poder. Nelas vigorava a praxe de a direção ser composta de cinco representantes dos proprietários e cinco representantes dos empregados e um membro eleito pelos dez membros da direção. Por força da Lei n. 27, de 16.5.50, essas indústrias foram transferidas para as novas sociedades constituídas, segundo a lei alemã, que não previa a cogestão. Em razão disso, houve uma greve dos sindicatos, e o Parlamento alemão introduziu a cogestão (ver Michael Gruson –Wienand Meilicke, The New Co–determination Law in Germany, in: Business Lawyer, 32, 2, 1977, p. 572 a 589). Na Inglaterra, a tentativa recente de estabelecer um certo tipo de cogestão nas empresas privadas (Bullock Report) fracassou em face das concepções vigentes no direito sindical inglês.

[7] Vom Aktienwesen, Berlim, 1917.

[8] Para uma análise a respeito da concepção da "empresa em si", e do desenvolvimento dessa ideia no Direito Germânico, ver Curt Eduard Fischer, Rechtsschein und Wirklichkeit in Aktienrecht, in: Archiv für die civilistiche Praxis, 154 (1955), p. 101.

[9] Ver, por último, B. Grossfeld, Zur Stellung des Kleinaktionars im Wirtschaftssystem, in: Die Aktiengesellschaft, 1985, p. 3 e segs.

vestimento (*investment trusts*) que se disseminaram em todo o mundo. Não se estava longe da adoção da ideia de cogestão. Ela se configura, pois, com a inclusão em certos órgãos diretivos, especialmente no conselho de supervisão, de representantes dos empregados ao lado dos do capital. Não há, nos países que adotaram a cogestão, um órgão semelhante à assembleia geral, composto somente de empregados com uma competência a ela concorrente; se essa fosse a hipótese, haveria uma estrutura dicotômica da sociedade, que poderia paralisar o desenvolvimento normal dos negócios sociais. Para evitar essa paralisação, ter-se-ia de criar um *pouvoir neutre* com a faculdade de harmonizar os órgãos sociais em crise, na hipótese de impossibilidade de seu funcionamento. Não seria muito diverso, no plano das sociedades, das concepções de Benjamin Constant, no plano político, ao examinar os poderes do Rei num regime constitucional.[10] Ainda quando essas ideias possam ter difícil aplicação prática, têm-se discutido novas formas de composição entre os interesses dos detentores do capital e dos prestadores do trabalho, com o abandono, por alguns autores, da noção tradicional de sociedade e a adoção de um novo conceito de empresa. Essa concepção é bem mais recente do que o conceito de empresa como unidade econômica, e suas projeções jurídicas.

Há autores que pretendem seja substituída a denominação "sociedade anônima" por "empresa anônima", tendo em vista que a uma alteração substancial na estrutura de uma entidade deve corresponder uma nova denominação. A ideia, pois, suporia uma legislação específica, não sendo do meu conhecimento a existência de países que tenham ido além da cogestão, isto é, da simples inclusão de representantes de trabalhadores nos órgãos de direção das sociedades.[11]

---

[10] Cours de Politique Constitutionelle, Paris, I, 1972, p. 167 e segs. As diversas posições a respeito da "Mitbestimmung" tornam difícil a admissão de um modelo unitário, seja nos países que compõem o mercado comum, seja nos demais, tendo em vista as diferentes concepções relativas ao direito do trabalho e ao direito das sociedades (ver Harm Peter Westermann, Tendenzen der gegenwartigen Mitbestimmungsdiakussion in der Europaischen Gemeischaft, in Rabels Zeitschrift 48, 1984, 123-182, especialmente a ampla bibliografia citada).

[11] Ver Pierre Sudreau, La Réforme de l'Entreprise, Paris, 1975. Na Alemanha discutiu-se o problema e estabeleceu-se uma polêmica entre Wolfgang Schilling (Das Aktienunternehmen, in: Zeitschrift für das gesamte Handels-und Wirtschaftsrecht, 144/ 136 e segs., 1980) e Fritz Rittner (Aktiengesellschaft oder Aktienunternehmen? in: Zeitschrift für das gesamte Handels–und Wirtschaftsrecht, 144/330 e segs., 1980), em que aquele autor sustenta que, a partir da lei de cogestão de 4.5.76, não se deveria mais falar de sociedade anônima e, sim, de empresa anônima. Segundo Wolfgang Schliling as sociedades que estão sujeitas à lei da cogestão não se caracterizam como sociedades, pois o seu substrato está constituído pela reunião dos titulares das ações, pelos empregados e pela sua direção. Como se sabe, a lei alemã de cogestão, de 4.5.76, pretendeu consagrar uma estrita paridade entre os titulares do capital e os prestadores do trabalho, mas nas discussões do projeto de lei foi introduzida uma disposição para o fortalecimento dos acionistas, segundo a qual o Presidente poderia votar pela segunda vez. Em suma, a cogestão relaciona-se com o Conselho de Supervisão, que não é, na prática, o órgão decisivo (ver F. Kübler, Gesellschaftsrecht, Karlsruhe, 1981, § 32, p. 320). Tem razão F. Rittner em considerar inadequada a equiparação entre sociedade e

Se se fizer um balanço de ambas as concepções da empresa como objeto e como sujeito do direito, que não são estanques, ver-se-á que a noção da empresa como objeto do direito levou a modificações mais importantes, ao acentuar não só o aspecto subjetivo dos titulares do capital, como também o aspecto objetivo, da tutela da organização. Com a diminuição do poder dos sócios, surge naturalmente a ideia de os empregados participarem da administração, o que constitui o substrato da concepção da empresa como sujeito de direito. Enfim, essa concepção objetiva deixa de considerar a distinção tradicional entre sociedades civis e comerciais, que têm o fundamento na prática de determinados atos, os atos de comércio, e não na organização posta para consecução de determinados fins. A distinção supõe, por igual, uma separação muito nítida entre comerciantes e não comerciantes, o que é um modo de qualificar eminentemente subjetivo. Se o importante é a empresa, comerciante, ou não, o seu titular, as regras jurídicas deveriam ser as mesmas, razão pela qual se tem preferido, em muitos países, a expressão empresário e não a de simples comerciante. Além disso, o termo é mais abrangente e inclui não só o comerciante, como também o industrial; não só o que comercializa, mas também o que produz o bem destinado à circulação. Em consequência, a noção de empresa deve levar à superação da distinção entre o direito obrigacional comercial e civil, constituindo, portanto, num fator importante de unificação de ambos os setores do direito.

Essa unificação ocorreu no direito suíço, que tem um Código próprio para o direito das obrigações, fora do CC, e também no direito italiano, em que o CC de 1942 unificou o direito das obrigações e adotou inclusive um conceito de empresa próximo ao do Projeto do CC. Contudo, ao unificar o direito civil e o comercial trouxe consigo – o que não sucede no projeto – uma carga ideológica, porquanto a existência de dois Códigos dividiria a sociedade em classes.[12] Atualmente, a unificação resulta da própria noção de empresa que transcende a disciplina comercial, em nome de uma visão mais realista do comércio e da produção.

11.2. O conceito de empresa no Projeto do CC e na Lei das Sociedades Anônimas

Muito antes que o Código Suíço das Obrigações, ou que o CC da Itália consagrassem a unificação do direito obrigacional, Teixeira de

---

empresa, o que faria com que esta última fosse considerada como sujeito de direito. Em suma, existem, na Alemanha, três espécies de cogestão: a das empresas integrantes da "Montanindustrie"; a das que se constituiram como sociedades de capital mas não são de grande porte econômico "Drittelparitat" (lei de 15.11.72); e, por fim, a das sociedades de capital de grandes dimensões econômicas, com mais de 2.000 empregados submetidos à lei de 4.5.76 (§ 1º).

[12] Galgano, Diritto Privato, Pádua, 1981, p. 41.

Freitas, jurista brasileiro do século passado, ao propor um novo CC para o Brasil insistia na unificação do direito obrigacional. E ao que consta, foi o primeiro dentre os juristas a expressar esta ideia. Durante muito tempo, discutiu-se se seria o caso de unificar ambos os setores do direito, mas o CC, em 1916, não consagrou a ideia. Ela persistiu em trabalhos destinados a renovar a legislação privada brasileira, bastando lembrar o Projeto do Código de Obrigações de 1940, e especialmente o Projeto do Código de Obrigações de 1965, que chegou mesmo a ser enviado ao Congresso Nacional, sendo depois retirado pelo próprio governo que o enviara.

O Projeto do CC (Projeto n. 118, de 1984), atualmente em discussão no Senado Federal, contém um sistema diverso do CC Italiano de 1942 – que também unificou o direito das obrigações – porquanto não disciplina o direito do trabalho e possui uma parte geral, que exara regras a serem aplicadas, é certo que com temperamentos, em todos os demais setores em que se divide o projeto, como o direito das obrigações, das empresas, das coisas, da família e das sucessões. Vejamos, pois, como o projeto cuidou do direito das empresas.

11.2.1. A empresa como organização

Convém esclarecer que o direito das empresas apareceu como o elemento necessário à unificação das sociedades civis e comerciais. Primeiramente, toda essa matéria estava englobada num livro do Projeto de CC (Livro II, da Parte Especial), sob a denominação de "Atividade Negocial", que se poderia considerar como sinônimo de atividade empresarial, pois era de conceito de empresa que cuidava o livro mencionado. Após, uma emenda na Câmara Federal veio a alterar a denominação "Da Atividade de Negocial" para "Do Direito de Empresa", adequando melhor a denominação do Livro II, da Parte Especial, à matéria por ele tratada.

O Projeto do CC caracteriza, no art. 969, o empresário como sendo aquele que "exerce profissionalmente atividade econômica organizada para a produção ou circulação de bens ou serviços".

Essa definição corresponde com exatidão ao disposto no art. 2.082 do CC Italiano e foi aceita, porque as notas da definição reproduzem, em grande medida, o conceito econômico de empresa. A empresa pode ser exercida por uma pessoa isoladamente, o empresário, pessoa física, ou por uma sociedade, e teremos, então, a sociedade empresária.

Diversamente do CC italiano, não se fez a distinção entre empresário comercial e agrícola. Em verdade, a qualidade de empresário

— 215 —

não é somente "ontológica", pois resulta da inscrição no registro das empresas,[13] uma vez preenchidos os requisitos.

O sistema do Projeto do CC difere do CC Italiano, pois houve uma preocupação maior na disciplina da empresa; neste último, essa noção aparece em meio ao direito do trabalho. Não se separam, em consequência, as regras desta disciplina das demais do direito privado, para normar, segundo um sistema que se poderia denominar de corporativo, o capital e o trabalho, o direito dos empresários e o direito dos trabalhadores. No Projeto do CC assim não sucede, pois no direito das empresas não há regras relativas ao direito do trabalho.

Além disso, o CC Italiano é mais analítico e regula minuciosamente a empresa agrícola,[14] disciplinando os contratos rurais de "mezzadria",[15] a "colonia parziaria",[16] a "soccida",[17] para, enfim, dispor a respeito das empresas comerciais e de outras empresas sujeitas a registro.[18]

O CC inclui um compósito de institutos que no direito brasileiro são regulamentados em leis especiais, como, por exemplo, no Estatuto da Terra.[19] Mais próximo à classificação tradicional, o Projeto de CC não adotou o sistema do CC Italiano, ainda, quando alguns artigos tenham nele encontrado a sua fonte inspiradora. Em princípio, a definição econômica e jurídica de empresários coincide, pois as notas que se contêm no art. 969 do Projeto de CC reproduzem o conceito econômico. Há, porém, particularidades. Não atenderia a uma concepção econômica do direito, ao conceito do homem como "maximiser of his own interests" a determinação de que toda organização, ainda quando diminuta, devesse ser submetida a registro em razão dos custos daí resultantes. Por esse motivo, há empresas ou organizações que não estão obrigadas a registro.[20]

A sociedade empresária tem por objeto – assinala o art. 985 – o exercício de atividade própria a empresário e é sujeita a registro. A sociedade, portanto, que exercer, duradouramente, atividade econômica organizada para a produção ou a circulação de bens ou serviços qualifica-se como sociedade empresária e estará sujeita ao registro no re-

---

[13] Projeto do CC, art. 970.

[14] Arts, 2.135 e segs.

[15] Art. 2.1 41.

[16] Arts. 2.164 e segs.

[17] Arts. 2.170 e segs.

[18] Art. 2.1 88.

[19] Lei n. 4.504, de 30.11.64.

[20] Art. 973.

gistro das empresas de sua sede.[21] Há uma particularidade a ressaltar. Segundo o sistema adotado pelo Projeto de CC, as sociedades podem ser personificadas, ou não, e as personificadas dividem-se em sociedades empresárias ou simples. Os tipos de sociedades – e observe-se que o Projeto não admite a combinação de tipos sociais – são as sociedades em comum e sociedade simples (sociedades não empresárias) e as sociedades empresárias, entre as quais se incluem a sociedade em nome coletivo,[22] a sociedade em comandita simples,[23] a sociedade limitada,[24] a sociedade anônima,[25] e a sociedade em comandita por ações,[26] sendo que as regras básicas da sociedade cooperativa, sociedade simples, estão prescritas nos arts. 1.093 e 1.096.

A particularidade dessas sociedades, com exceção das sociedades anônimas e das sociedades em comandita por ações, é que elas são regidas pelas normas das sociedades simples, no que for omissa a sua regulamentação. Sendo assim, a sociedade simples – embora não seja sociedade empresária – é, entretanto, o modelo fundamental, pois complementa, em suas omissões, as regras da sociedade em comum, da em nome coletivo e da sociedade limitada. Quanto às sociedades anônimas, vale observar que elas foram, em data recente, reguladas por lei especial.[27]

Atualmente, discute-se, com vigor, a respeito da sociedade unipessoal adotada na Alemanha[28] e mais recentemente na França.[29] O Projeto de CC preferiu não acolher as sociedades unipessoais, ainda quando se reconheça a sua progressiva admissão, pois o conceito de sociedade deveria pressupor a existência de pelo menos dois sócios.[30]

A regulamentação dos tipos de sociedade, da sociedade em nome coletivo, da sociedade limitada obedeceu a um modelo que progressivamente se difundiu em todo o mundo. As sociedades limitadas são sociedades de pessoas; mas tal seja a sua constituição e número

---

[21] Art. 978.

[22] Arts. 1.042 a 1.047.

[23] Arts. 1.048 a 1.054.

[24] Arts. 1.055 a 1.087.

[25] Arts.1.088 a 1.089.

[26] Arts. 1.090 a 1.092.

[27] Lei n. 6.404, de 1976.

[28] Lei de 4.7.80. Sobre o conceito de sociedade unipessoal de responsabilidade limitada, ver Werner Flume, Allgemeiner Teil, l, 2, cit., p. 144 e segs.

[29] Lei n. 85.697, de 11.7.85; ver Gilles Flores e Jacques Mestre, L'Entreprise Unipersonnelle à Responsabilité Limitée, in Revue des Sociétés, 1986, p.15 e segs.

[30] No direito brasileiro, a Lei n. 6.404/76, Lei das Sociedades Anônimas, criou, em seu art. 251, a subsidiária integral, considerando-a, ainda, como sociedade, muito embora a sociedade dominante fosse proprietária de todas as ações.

de sócios pode o seu regramento aproximar-se da sociedade anônima, modelo que serve de paradigma para as sociedades de capital e para a grande empresa. Não conviria analisar mais amplamente as sociedades limitadas como sociedades empresárias, porquanto essa problemática se concentra sobretudo nas sociedades anônimas, sem desconhecer, entretanto, que não são poucas as sociedades *holdings* que têm como sociedade dominante uma sociedade limitada. Como quer que seja, é nas sociedades anônimas – por serem sociedades de capital – que se concentra uma valorização objetiva, de onde podem partir ideias que poderiam levar a uma concepção da "empresa em si" "Unternehmen an sich", como preconizam Walter Rathenau e Michel Despax.

A Lei n. 6.404, de 15.12.76, Lei das Sociedades Anônimas, preocupou-se muito com os aspectos sociais da empresa, ao ponto de o art. 154 determinar que "o administrador deve exercer as atribuições que a lei ou o estatuto lhe conferem para lograr os fins e no interesse da companhia, satisfeitas as exigências do bem público e da função social da empresa".

Combinaram-se, nessas disposições, princípios da tutela subjetiva – persecução dos fins societários – com os critérios objetivos, ao dar-se relevo à "função social da empresa". À sua vez, foi regulamentado o contrato de formação de "grupo de empresa",[31] modalidade dos denominados contratos de controle, *Beherschungsvertrage*, previstos na lei alemã de 1965.[32] Esclareça-se "que nas ciências econômicas os grupos de empresas são considerados como uma única empresa. Nega-se, em consequência, a independência de cada uma das sociedades de que se compõe o grupo de empresas. É que a planificação empresarial não leva em conta os fins próprios de cada um dos componentes do grupo, pois tudo é feito em favor da unidade econômica geral e não do benefício de cada uma das sociedades integradas no grupo de empresas.[33]

Nesse ponto, manifesta-se o problema central do "grupo de empresa", a circunstância de a planificação geral ou o benefício para o grupo como totalidade ou unidade econômica poder representar prejuízo para uma ou algumas das sociedades nele integradas, pois o benefício para o todo nem sempre o será para as partes de que ele é composto. Por isso, são importantes as disposições constantes no

---

[31] Lei n. 6.404, arts. 265 e segs.

[32] §§ 291 e segs.

[33] Emmerich-Sonnenschein, Konzernrecht, München, 1973, p. 35; ver Mestmacker, Wettbewerbsrecht und Privatrecht, in: Archiv für die civilistiche Praxis, 168, p. 257 e segs. E, por último, Werner Flume, Allgemeiner Teil, I/56 e segs., 2, cit.

"contrato de controle" ou de formação de grupo, pois ele regula a "combinação de recursos e esforços, a subordinação dos interesses de uma sociedade aos de outra, ou do grupo, e a participação em custos, receitas e resultados de atividades ou empreendimentos".[34]

Se a atividade for abusiva, ou não se realizar na conformidade do "contrato de controle", terão os sócios minoritários da sociedade filiada ação contra os seus administradores e contra a sociedade de comando do grupo.[35] O aludido contrato determina os limites da atividade dos administradores do grupo, existindo, ainda quando no seu silêncio, o dever de respeitar a existência da sociedade controlada.

Não se conclua que, por não estarem expressas no aludido contrato de controle os seus limites, não existam diversas restrições à faculdade de instruir as diretorias das sociedades pertencentes ao grupo. O princípio primeiro, vigorante sempre, é o do respeito à existência da sociedade.

Em razão do fato de as sociedades instituírem um grupo, e se submeterem a uma planificação global, passou a ser importante o balanço consolidado, considerando-se todas as sociedades que nele se integram como uma unidade econômica, especialmente quando se tratar de sociedade aberta. A Lei n. 6.404, de 1976, vai mais longe, pois ainda quando não se institua um grupo de empresas, podem elas ser obrigadas a elaborar balanço consolidado. A isso está obrigada a companhia aberta que tiver mais de 30% de patrimônio líquido representado por investimento em sociedades controladas,[36] podendo a comissão de valores mobiliários determinar a inclusão de sociedades que, embora não controladas, sejam financeira ou administrativamente dependentes da companhia controladora.[37]

O direito dos balanços foi o primeiro a sofrer a tensão entre o princípio jurídico de que as sociedades são pessoas independentes e a circunstância de que, quando constituídas em grupo, deem lugar a uma unidade econômica, que se projeta na dimensão jurídica, determinando a formação de balanços consolidados.

Em suma, a organização, como decorrência da administração moderna, levou ao conceito de empresa. Mas não se conclua que toda a organização seja, só por isso, uma empresa. Há organizações que não detêm essa categoria, pois assim não são consideradas pelo ordenamento jurídico, no caso, pelo Projeto de CC.

---

[34] Lei n. 6.404, art. 276.

[35] Lei n. 6.404, art. 276.

[36] Lei n. 6.404, art. 249.

[37] Lei n. 6.404, art. 249, parágrafo único.

11.2.2. Organizações que não são empresas

Já vimos que a empresa supõe a existência de uma organização, porquanto ela põe meios necessários à execução de seus fins. Não se pense, porém, que toda a organização tenha de ser uma empresa. Compete à ordem jurídica determinar os fatos que compõem o modelo jurídico da empresa. Ainda quando se configura como organização, algumas vezes o direito não lhe dá categoria de empresa.

O Projeto do CC[38] não considera empresário quem exercer profissão intelectual, de natureza científica, literária ou artística, ainda que com o concurso de auxiliares ou colaboradores. Essas pessoas mesmo que tenham uma organização, ou seja, que ponham bens e serviços com a finalidade de conseguir determinados fins, não se configuram, entretanto, como empresários, a não ser que a organização seja parte ou elemento de uma empresa. Nesse caso, essa atividade passa a ser, igualmente empresarial.

A noção de empresa supõe, além da organização, uma certa importância econômica ou uma atividade qualificada, própria ao escambo de bens e serviços. Por esse motivo, foram dispensados de inscrição, não sendo empresários em princípio, o agricultor, que exerce uma atividade destinada à produção agrícola, silvícola, pecuária ou outras conexas;[39] e também o pequeno empresário, cuja figura deva ser definida por decreto, à vista de certas condições, como a natureza artesanal da atividade, predominância do trabalho próprio e de familiares, capital efetivamente empregado, renda bruta anual e condições peculiares da atividade reveladoras da exiguidade da empresa exercida.[40] Todavia, o empresário rural pode, se assim entender, inscrever-se no registro de empresas, tornando-se um empresário com os direitos e deveres que lhe são próprios.[41]

O Projeto de CC conhece várias espécies de sociedades não empresárias, como a sociedade em comum.[42] Um aspecto que sempre gerou perplexidade é o de saber como qualificar uma sociedade antes ainda de ser registrada. O Projeto de CC não a considera como sociedade irregular ou sociedade de fato, mas como uma "sociedade em comum". No direito brasileiro, não se sabe por que, sempre foi difícil admitir uma sociedade que não fosse personificada, pois a personificação sempre foi considerada essencial ao modelo jurídico de socieda-

---

[38] Lei n. 6.404, art. 249, parágrafo único.

[39] Projeto do CC, art. 973, I.

[40] Projeto do CC, art. 973, II.

[41] Projeto do CC, art. 974.

[42] Projeto do CC, arts. 989 e segs.

de.[43] O Projeto de CC rompe com essa tradição, pois prevê a sociedade "em comum", como verdadeira sociedade, ainda quando não personificada, pois em fase anterior à efetivação do registro. À sociedade em comum, aplicam-se, no que couberem, as regras da sociedade simples.[44] O patrimônio da sociedade detém a categoria de "patrimônio especial".[45] Por força do "patrimônio especial", há o benefício de ordem, devendo os bens da sociedade ser executados em primeiro lugar e, posteriormente, os dos sócios, excluindo-se, entretanto, desse benefício o sócio que houver obrigado os bens sociais. O Projeto de CC inclui entre as sociedades não empresárias a sociedade em conta de participação, muito embora esta não tenha existência externa, pois é sociedade apenas entre o sócio ostensivo e o prestador de capital.[46] Estas são as duas únicas hipóteses, no direito brasileiro, de sociedades não personificadas. As demais são sociedades personificadas, muito embora nem todas sejam sociedades empresárias. Entre as sociedades personificadas que não são empresárias, ainda quando tenham uma organização, está a sociedade simples.[47]

Se essas atividades forem exercidas por uma sociedade, a sociedade não será empresária. Ela se constituirá no que se denomina de sociedade simples, que é o modelo primário de sociedade, que se contrapõe às sociedades empresárias, tanto que a sociedade simples não necessita ser registrada no registro das empresas, mas sim no registro que lhe é próprio.

Entre as sociedades simples encontram-se as sociedades cooperativas. No Projeto de CC, a sociedade simples não se confunde com a sociedade civil prevista no CC brasileiro. Enquanto que no CC brasileiro, a sociedade civil pode revestir-se de qualquer das formas previstas para as sociedades comerciais, com exceção da sociedade anônima que é sempre comercial, a sociedade simples do Projeto de CC assemelha-se em muito com a sociedade em nome coletivo, porquanto não se pode impor cláusula restritiva da responsabilidade ao capital, pois os sócios respondem subsidiariamente pelas dívidas sociais. Há,

---

[43] Na verdade, o direito brasileiro conhece sociedades civis não personificadas (CC, arts. 1.365 e segs.) e personificadas (CC, arts. 20 e 1.364), embora seja corrente a afirmação de a sociedade civil ser pessoa jurídica dependente de registro. Todavia, nosso CC conhece dois modelos de sociedades civis, não personificadas e personificadas, o que não é comum na legislação de outros países. As sociedades civis não personificadas (CC, arts. 1.365 e segs.) têm um regime jurídico próprio, diverso do das personificadas e independem de registro. No direito germânico, vigora o sistema de as sociedades civis não serem personificadas, resultando daí que o patrimônio pertence em "mão comum" ao grupo de sócios.

[44] Art. 989, *in fine*.

[45] Art. 991.

[46] Arts. 994 e segs.

[47] Arts. 1.000 e segs.

em consequência, o benefício de ordem, e a regra é a de que os sócios participam nas dívidas da sociedade com o seu patrimônio próprio na mesma proporção em que participariam nas perdas sociais.[48]

Em suma, a sociedade simples exara as regras vigorantes para todos os outros tipos de sociedade de pessoas, para a sociedade comum, à sociedade em nome coletivo, e até mesmo à sociedade limitada, embora estas sejam sociedades empresárias.

Conclusão

Não há, como vimos, um conceito unitário de empresa. Porque a lei deve determinar os fatos que a qualificam, o modelo jurídico da empresa difere sempre, em muito, do seu conceito econômico. Observa-se, em consequência, uma permanente tensão entre o tipo econômico e jurídico de empresa. Desse fato, resulta a maior objetivação do modelo jurídico da empresa, ainda quando não se possa falar de uma "empresa em si", como objeto de tutela jurídica. No tipo jurídico da empresa, integram-se momentos subjetivos e objetivos; por vezes, na solução de conflitos concretos prevalece um ou outro desses elementos. Nem sempre se leva na devida conta o fato de a empresa poder ser vista como objeto ou sujeito de direito.

Todavia, considerar a empresa como sujeito de direito é ainda excepcional, muito embora haja tentativas de superar o conceito de sociedade, colocando, em igualdade de situações, o capital e o trabalho. Essa solução não é ainda a da cogestão, pois nesta última não se duplicam os órgãos que governam a sociedade. Na cogestão, permite-se apenas que os representantes dos trabalhadores participem dos órgãos diretivos da sociedade. Ainda assim é necessário conciliar a participação dos empregados das empresas com o direito de propriedade que, entre nós, é garantido constitucionalmente,[49] tanto quanto a própria cogestão.[50] Se a aludida participação ultrapassar certos limites, a lei, que eventualmente a consagrar, pode tornar-se inconstitucional.

O Projeto de CC Brasileiro define a figura do empresário, acentuando o conceito de organização para a produção de bens e serviços de um modo profissional. Desse fato, não se conclua que toda a organização é uma empresa. A empresa é, por igual, um conceito quantitativo, pois as pequenas organizações não são empresas; e, também, qualitativo, pois as organizações agrícolas, ainda que de grandes dimensões,

---

[48] Projeto do CC, arts. 1.026 e 1.027.
[49] Constituição do Brasil, art. 153, § 22.
[50] Constituição do Brasil, art. 165, V, *in fine.*

não são, entre nós, empresas. As cooperativas serão sempre sociedades simples, o que importa em dizer que não serão empresas, em seu sentido jurídico, segundo as regras do Projeto de CC.